原来你是这样的宋朝 ②

吴钧 著

长江出版传媒 | 长江文艺出版社

图书在版编目（CIP）数据

原来你是这样的宋朝. 2 / 吴钩著. -- 武汉 : 长江文艺出版社， 2019.5
ISBN 978-7-5702-0859-3

Ⅰ. ①原… Ⅱ. ①吴… Ⅲ. ①中国历史－宋代－通俗读物 Ⅳ. ①K244.09

中国版本图书馆 CIP 数据核字(2019)第 031221 号

责任编辑：周　聪　　　　责任校对：毛　娟
封面设计：颜森设计　　　　责任印制：邱　莉　胡丽平

出版：长江出版传媒 | 长江文艺出版社
地址：武汉市雄楚大街 268 号　　邮编：430070
发行：长江文艺出版社
http://www.cjlap.com
印刷：中印南方印刷有限公司

开本：700 毫米×1000 毫米　1/16　印张：19　插页：1 页
版次：2019 年 5 月第 1 版　　2019 年 5 月第 1 次印刷
字数：229 千字

定价：39.80 元

目录

第一辑

第二辑

第三辑

第四辑

第五辑

第六辑

第七辑

第八辑

附录：

代自序

一个一直活在乡亲心里的王朝

在离开故乡15年后，突然生出一个强烈的念头：写写自己的家乡。以往从没有这样的想法，就好比是，有一颗种子在土壤中埋了15年，一直悄无声息，却不知不觉间已经发芽破土。

我想讲讲散落在家乡山野、海角间的各处“宋迹”，讲讲一个王朝穷途末路之际在故乡留下的悲怆背影，讲讲千百年来乡亲对这个王朝永不忘却的纪念。

南宋咸淳九年（1273年），樊城、襄阳为元兵攻破，临安门户大开，蒙古军团顺长江而下，直指临安。德祐二年（1276年）正月，元兵占领临安，谢太皇太后带着五岁的宋恭帝赵显投降。但此时，南宋尚未灭亡，因为恭帝的哥哥益王赵昰、弟弟卫王赵昺在殿前都指挥使江万载的保护下，顺利逃出临安城，一路南下，在婺州时，得礼部侍郎陆秀夫带领一部分宋朝大臣来投，在温州时，又召回宰相陈宜中、大将张世杰。二王与将臣在温州登船入海，自海路抵达福州。五月，众人在福州拥立赵昰为帝（是为宋端宗），以福州为行在，改元景炎。

但是，元兵穷追不舍，福州已非久留之地，南宋小朝廷只能离开福州，流亡南下。景炎元年（1276年）十二月，端宗君臣经海路进入了我家乡县境内，在一处叫作“甲子门”的港口登陆。元兵很快杀到，危难之际，当地渔民首领郑复翁率领疍民击退元军。方志载：“郑复翁，甲子港人。宋端宗至甲子时，元兵追至，复翁椎牛誓众，率义兵攻袭之，夺其兵船多艘。”自此，郑复翁追随端宗左右，直至后来在崖山（今在广东新会）迎战元兵，覆舟而死。“扶大厦之将倾，挽狂澜于既倒”是了不起的盖世功业，而明知狂澜已不可挽，仍然为之赴汤蹈火、在所不辞，更加令人肃然起敬。

郑复翁击退元兵后，敝县乡绅范良臣也捐献粮草、犒劳宋师。“行朝”（流亡政府）得父老乡亲之助，惊魂稍定，驻扎甲子港，在此度过了春节。宋师停驻的渡口，有一怪石嶙峋的山头，因宋师在此待渡，故名“待渡山”。明朝万历年间，驻守甲子所城的参将张万纪、守备胡文恒在山上修建了一座“进食亭”，亭内立了陆秀夫、范良臣给宋帝献食的石像；亭下又建有一处“将军宿”，纪念勤王报国的郑复翁。至今在广东陆丰甲子古镇，还可以找到“进食亭”“将军宿”等遗迹。

景炎二年（1277 年）正月，在郑复翁带领的五百名义兵护送下，南宋“行朝”从甲子港出发，沿着海岸线往南行驶，进入家乡东部的东溪，准备将战船驻泊于水陆交通便捷的丽江浦，以此作为抗元大本营，并在此等候与文天祥率领的部队会师。

明清时期，闽广商船可以从福建泉州航海而下，再经敝县境内的东溪至西溪，从丽江浦出海，直抵广州湾，从而绕开海岸线弯曲、暗礁密布、波涛汹涌的遮浪半岛。但是在南宋末年，这条航线尚未开辟，因为东溪至西溪是断开的，中间“一望沃野，水道不通”。宋师至此，发现东溪至西溪相距最近处不及四里，且地势低洼，乃决定开凿一条运河，贯通东西溪。

南宋“行朝”遂暂时驻扎于东溪，一面休整，一面命士兵开挖运河。宋师开凿的这条运河，后来被命名为“宋溪”，宽约 60 米，深为 5 米，长为 1500 米，笔直无曲，将东溪与西溪连接起来。其后宋师全部覆灭于崖门，但他们在我家乡留下的宋溪，却遗泽于后人，方便了商旅往来，明清时，“闽广商船”“由广贩盐诸舶，往往聚此”。

宋溪之畔，后来形成了一个村落，叫作“宋溪头村”；村北五里处的山岭，有宋师为运输之便而夯筑的土阶，长约 500 米，后人取名“宋师岭”；村西有一圆形小山，相传宋端宗与其弟赵昺曾在上面扎营，称为“宋王山”。如今故迹尚存，常有文人墨客至此凭吊。

可惜东西溪已凿通，元兵却步步迫近，南宋“行朝”只得在景炎二年（1277年）年底左右，从丽江浦泛舟出海，又开始了在海上的漂泊、流亡。

撤退之际，端宗曾在敝县境内的鲘门镇平岭扎营夜宿，半夜地震，地动山摇，宋帝大惊，相传陆秀夫用草鞋蘸泥，在一块大石头挥书“壮帝居”三字，居然得片刻安静。明嘉靖年间，一位叫作雍澜的备守道佥事途经敝县，听闻这一传说，前往平岭凭吊，并在岩壁上题刻了“壮帝居”三个大字；清代乾隆年间，本地乡绅集资在“壮帝居”石刻下建造了一座庵寺，名“宋存庵”，取“江山永在，宋室长存”之意。今庵寺只存残瓦颓垣，门额依稀可见“宋存”二字，残壁犹存二联，其中一联曰：“风雨难磨王者字，君臣犹享宋时山。”大宋虽亡，但怀念它的乡亲，却以修庵祭祀的方式，隐讳地表达了“宋室长存”的愿望。

景炎三年（1278年）春夏之际，南宋“行朝”在海上漂泊之时，年仅十岁的端宗皇帝承受不了颠沛流离、担惊受怕的流亡生活，不幸在湛江硇洲岛病逝。陆秀夫、张世杰又拥立端宗之弟赵昺为帝，改元祥兴，进驻崖山。

这个时候，在江西辗转作战的文天祥追寻着“行朝”足迹，赶至敝县丽江浦，但此时宋端宗已退走，君臣终不能会师。恰好邻近的潮阳县，有盗贼陈懿勾结元将张弘范，进攻县城，文天祥遂移师潮阳，对付陈懿。张弘范闻讯驰援陈懿，迫使文天祥退回敝县。祥兴元年（1278年）十二月二十日，文天祥部在敝县五坡岭埋灶做饭，为元军围困，全军覆没。文天祥吞服下随身携带的冰片，欲自尽殉国，却因药力失效，未能死成，为元兵所执。

三年后，文天祥在元大都就义，死前留下绝笔《衣带铭》：“孔曰成仁，孟曰取义，唯其义尽，所以仁至。读圣贤书，所学何事，而今而后，庶几无愧。”

两百年后，明正德十年（1515年），敝县邑生吴子昌提请广东提学在五坡岭上建立表忠祠，祭祀文天祥；惠州守备陈祥又建“方饭亭”于祠后；惠州知府甘公亮复从庐陵取来文天祥画像，勒像于石，并于画像碑题刻文天祥《衣带铭》，立于亭内；又于亭柱铭刻一联：“热血腔中只有宋，孤忠岭外更何人。”

“热血腔中只有宋”的孤臣孽子，其实又何止文丞相一人？祥兴二年（1279年）春，南宋“行朝”与张弘范率领的元军在崖山展开最后一战，宋师大败，陆秀夫背负宋帝昺蹈海而死，数以万计的宋朝军人与遗民投水殉国。张世杰突围而出，却于海面遭遇台风，将士劝他登岸，他说：不必了。复登上柁楼，仰天大呼：“我为赵氏，亦已至矣，一君亡，复立一君。今又亡，我未死者，庶几敌兵退，别立赵氏，以存宗祀耳。今若此，岂天意耶？若天不欲复存赵祀，则大风覆我舟。”言毕，风涛愈烈，舟果覆，张世杰落水溺亡。

宋师全军覆灭的消息传回畈县，一名正准备驰往崖山勤王的南宋将士，望着西南方向恸哭，随后在“壮帝居”附近跳岩而亡。乡亲不知其姓名，称其为“岩公”，后又在其跳岩处修建了一座“岩公庙”，庙内奉祀文天祥、陆秀夫、张世杰、岩公四忠烈。

畈县乡亲与南宋末代朝廷的交往，以“待渡山”代表的勤王启幕，复以“岩公庙”象征的殉国落幕。在乡亲心目中，那一个他们生死相随的王朝从未远去，一直活在庵寺、祠庙联结起来的平行世界中。

尽管蒙元代宋已经是铁一般的事实，但相传畈县乡亲从不承认元朝这么一个王朝，他们不使用元朝的国号与年号，若家中老人去世，其子孙只修墓，不立碑，以避免墓碑上出现元朝国号、年号。我第一次听到这样的传说时，心里非常震撼，想不到家乡的先人会以如此决绝的态度拒绝新朝、缅怀旧宋。

我无法判断这一传说的真伪，但在2007—2011年的全国文物普查期间，畈县发现了多处宋墓、明墓与清墓，以及若干座灰沙夯筑的无碑古墓，从其形制、建筑风格看，正是宋元墓风格，似乎可以与那个古老的传说相印证。其实，即使传说的内容不可信，但这一传说出现本身，已经显示了人心所向。

这些年来，我一直热衷于讲述宋朝故事，追寻大宋文明，现在回过头一想，我写的那些文字，大概与乡亲们在故乡“宋迹”上建造的庵寺、祠庙差不多吧，都是为了向一个虽已覆灭、却永远活在我们彼此心里的王朝及其忠烈致以敬意，存之纪念。

第一辑

宋朝人的“春晚”会表演哪些节目

宋朝也有“春晚联欢晚会”吗？不太严格地说，有的。因为按照惯例，每年元旦（正月初一），朝廷要举行国宴，参与宴会的有宋朝君主、文武百官，以及辽国、西夏、高丽、大理等派来的“贺正旦使”。席间，照例有教坊伶人进演歌舞、百戏、杂剧等文娱节目。这一套在元旦国宴上表演的文娱节目，我们不妨称为宋朝人的“春晚”。

宋朝的“春晚”不但有文娱表演，还有节目主持人，或者说，有报幕员，叫作“竹竿子”，因为他们登场报幕时，总是手持一根“竹竿拂尘”。宋朝国宴上的所有大型文娱表演，都有“竹竿子”主持节目。

“竹竿子”念的报幕词，宋人称之为“教坊词”，一般由翰林学士撰写，我们熟悉的苏轼学士就写过好几套“教坊词”，其中包括元祐四年（1089年）的《紫宸殿正旦教坊词》，翻译成现在的话，便是“1089蛇年紫宸殿春节联欢晚会主持人串词”。苏大学士“教坊词”的文风，还真的挺像20世纪80年代的报幕词。为了让诸位看官领略一下报幕词的风采，我下面会将苏轼的一部分“教坊词”翻译成报幕词体。

通过苏轼撰写的“教坊词”，并参考《东京梦华录》对天宁节（宋徽宗寿辰）国宴文娱会演的描述，我们可以还原出宋代“春晚”的大致过程。

宋朝的春节国宴，照例要喝九盏御酒，每喝一盏酒，则欣赏一段文娱节目。第一盏酒与第二盏酒的文娱节目，都是歌舞：先由“歌板色”

（教坊歌手）唱曲子；然后舞者入场，“对舞数拍”。

第三盏酒表演的节目，是非常精彩的“百戏”：“艺人或男或女，皆红巾彩服。殿前自有石鐫柱窠，百戏入场，旋立其戏竿”——表演“百戏”的艺人登场，在宴殿的“石鐫柱窠”竖起戏竿。为什么要竖立戏竿呢？因为宋人所说的“百戏”，是指“上竿、跳索、倒立、折腰、弄盏注、踢瓶、筋斗、擎戴”等节目，都是在戏竿上表演，即今天的杂技。

第四盏酒时，“竹竿子”要登台致辞，讲一些吉祥喜庆的祝福语，如苏轼元祐四年（1089 年）给紫宸殿正旦国宴撰写的教坊致语是这样的：“恭惟皇帝陛下，躬履至仁，诞膺眷命。法天地四时之运，民日用而不知；传祖宗六圣之心，我无为而自化。九德咸事，三年有成。始御八音之和，以临元日之会。人神相庆，夷夏来同。”

“竹竿子”致辞完毕，教坊众伶人齐声喊口号：“九霄清跸一声雷，万物欣荣意已开。晓日自随天仗出，春风不待斗杓回。”然后，“竹竿子”用朗诵腔说道：“东风送来了春天的旋律，舞者迎来了春天的阳光。我们饮酒迎春，我们载歌载舞。有请教坊合曲。”（苏轼原文：东风应律，南籥在庭。饯腊迎春，方庆三朝之会；登歌下管，愿闻九奏之和。上悦天颜，教坊合曲。）教坊伶人登场合唱。

合唱毕，饮第五盏酒，轮到小儿队登场表演大型舞蹈。“竹竿子”先出来报幕：“各位艺人的表演如此精彩，让我们每一个人都跃跃欲试。值此春回大地之际，小朋友也忍不住要登台献艺。下面有请教坊小儿队。”（苏轼原文：工师奏技，咸踊跃以在庭；稚孺闻音，亦回翔而赴节。方资共乐，岂间微情。上奉宸欢，教坊小儿入队。）

教坊小儿队由 200 多名年约十二三岁的少年艺人组成，他们身着绯绿、紫青色花衫，手执花枝，分成四列进场。领头的四名紫衫少年手举贴金牌子，擂鼓而进，牌子上面写着小儿队的队名：“仙山来绛节，云海戏群鸿。”

“竹竿子”先问小儿队的领队：“今日登场献演，可有什么感想要说?”（苏轼原文：何彼垂髫之侣，欲陈振袂之能。必有来诚，少前敷奏。）少年领队上前致语，讲些吉祥话。随后，“乐作，（众少年）群舞合唱，且舞且唱”。

小儿队舞毕，教坊伶人上场演杂剧。宋代的杂剧跟元明清时期的杂剧不一样，元明清杂剧是完整的戏剧；宋杂剧则是简短的滑稽表演，所以又称“滑稽戏”，同今日的相声、小品差不多。国宴上的杂剧通常会表演两段，前段叫作“艳段”，由杂剧伶人临场发挥，意在逗人一笑；后段为正杂剧，是有剧本的戏剧表演。

宋朝伶人表演“艳段”，喜欢将时务编入戏中，专拿高官开涮。我们耳熟能详的宋代权臣，如王安石、蔡京、秦桧、韩侂胄、史弥远等，都曾被杂剧伶人狠狠讥讽过。对了，撰写多篇“教坊词”的苏轼也被伶人开过玩笑。

◎宋人《杂剧图・眼药酸图页》，北京故宫博物院藏

为让列位看官见识见识宋代杂剧讥讽时政的风格，我转述宋徽宗时期内廷表演的一出滑稽戏吧：

三名杂剧伶人饰演成儒生、道士与僧人，各自解说其教义。儒生先说："吾之所学，仁义礼智信，曰'五常'。"然后采引经书，阐述"五常"之大义。道士接着说："吾之所学，金木水火土，曰'五行'。"亦引经据典，夸说教义。

轮到僧人说话，只见他双掌合十，说："你们两个，腐生常谈，不足听。吾之所学，生老病死苦，曰'五化'。藏经渊奥，非汝等所得闻，当以现世佛菩萨法理之妙为汝陈之。不服，请问我。"

儒生与道人便问他："何谓生？"僧人说："内自太学辟雍，外至下州偏县，凡秀才读书，尽为三舍生。华屋美馔，月书季考，三岁大比，脱白挂绿，上可以为卿相。国家之于生也如此。"

又问："何谓老？"僧人说："老而孤独贫困，必沦沟壑。今所在立孤老院（宋朝的福利养老院），养之终身。国家之于老也如此。"

又问："何谓病？"僧人说："不幸而有病，家贫不能拯疗，于是有安济坊（宋朝的福利医院），使之存处，差医付药，责以十全之效。其于病也如此。"

又问："何谓死？"僧人说："死者人所不免，唯穷民无所归，则择空隙地为漏泽园（宋朝的福利公墓），无以殓，则与之棺，使得葬埋，春秋享祀，恩及泉壤。其于死也如此。"

最后问："何谓苦？"僧人"瞑目不应"，神情很是悲苦。儒生与道人催促再三，僧人才"蹙额"答道："只是百姓一般受无量苦。"

杂剧伶人演这出戏，是讥讽宋徽宗与宰相蔡京当时推行的"国家福利政策"，导致税负沉重，老百姓因此遭受"无量苦"。宋徽宗听后，"恻然长思，弗以为罪"。由此也可见宋朝杂剧伶人胆识之过人。

不过，宋朝伶人在"春晚"上表演杂剧，还是要讲点分寸，"不敢深作谐谑"，因为有外国的"贺正旦使"在场，不可有失体统。换句话说，若没有外国使者在场，杂剧伶人的表演会非常放肆。

我们都知道，宋朝流行蹴踘，球技傲视全世界，“春晚”中当然要露一手。于是，在饮第六盏酒时，“殿前旋立球门，约高三丈许，杂彩结络，留门一尺许”，大宋两支“皇家足球队”登场：左军十六人，身着红锦衫；右军十六人，皆着青锦衣，双方立于球门两边对垒（没错，宋朝蹴踘的球门设在球场中间），得胜的一方可获得“银碗锦彩”。

第七盏酒的节目是女童队献演。女童队由400余名“容艳过人”的妙龄少女组成，表演形式跟小儿队差不多。

第八盏酒，又是“歌板色”唱曲子。

饮至第九盏酒，大宋“皇家相扑手”上场表演相扑赛。

随着第九盏酒饮毕，相扑比赛表演结束，“竹竿子”登台作谢幕词：“难忘今宵，盛世的歌声我们同分享；难忘今宵，明日的乐章我们再谱写。让我们拜别陛下，尽欢归去。”（苏轼原文：酒阑金殿，既均湛露之恩；漏减铜壶，曲尽风流之妙。望彤墀而申祝，整翠袖以言归。再拜天阶，相将好去。）

至此，大宋“春节联欢晚会”降下帷幕。

宋朝人是怎么发“开工红包”的

春节过后，回来上班，未免有些慵懒；不过，上班第一天照例有“开工利是”可领，总算聊可安慰。“利是”一词，最早为粤方言区的习惯写法，实际上是一种误写，准确的写法应该是“利市”。

“利市”则是一个相当古老的词，在宋元人的用语中，“利市”已很常见；明清时期的世俗小说也大量出现“利市”的说法。

宋人罗大经曾在《鹤林玉露》中考证过“利市”一词的来历：“俗语称‘利市’，亦有所祖。《左氏传》：郑人盟商人之辞曰：‘尔无我叛，我无强贾，尔有利市宝贿，我勿与知。’”春秋时期，郑国国君与商人立有契约：商人不得背叛国家，国家也不干预商人经商自由。“利市”便出现在这份盟约的誓词中，意为“买卖”。

元朝人陶宗仪也在《南村辍耕录》中考证过“利市”的出处：“‘利市’之说，到处皆然。《易·说卦》：巽为利市三倍。”“利市”出自《易传》“说卦”的爻辞，意为“利润”，“利市三倍”意指获得多倍利润，引申为“生意兴隆”之意。

不管怎么说，“利市”的词源，显然跟经商有关。

不过，在宋朝时期，人们常说的“利市”，又有了“赏钱”的含义。按宋时风俗，春节之前，“市井迎傩，以锣鼓遍至人家，乞求利市”。这里的“利市”，即指赏钱。宋人的婚俗，也有“讨利市”的习惯：成婚之日，新郎官请人抬着花轿到女方家迎娶新娘，新娘子上了花轿，迎娶的队伍照例不肯起步，嬉嬉闹闹，“求利市、钱酒”，女方家给各人派了“利市”，大伙才高高兴兴抬起花轿，送新娘子过门。此处之“利市”，亦是指赏钱，即我们现在所说的“红包”。

粤语区的人，习惯将“红包”叫成“利是封”。这种用来装“利市”的“利是封”，至迟在宋朝时已经出现了，周密《武林旧事》说，每一年的除夕，皇帝照例要给各位嫔妃送上“岁轴儿及珠翠、百事吉、利市袋儿、小样金银器皿，并随年金钱一百二十文”。“利市袋儿”相当于今天的“利是封”，“随年金钱”便是压岁钱。这利市袋儿与随年金钱，“旋亦分赐亲王贵邸宰臣”，也就是说，过年时，皇帝还要给王公大臣发“红包”。

宋人所说的“利市”，还含有“吉利”“发财”之意。北宋东京有一座香火很旺的万寿宫，据说非常灵验，“宫东之市肆商贾居民，必固邀游街，以求利市，竞争牵挽”。这里的“求利市”，即祈求好运气、好财运。

宋时已有腊月二十四祭灶神、正月初四迎灶神的习俗，南宋人范成大有一首《祭灶词》诗写道：“送君醉饱登天门，杓长杓短勿复云，乞取利市归来分。”祈祷灶王爷年初四带着“利市”归来，开工大吉。宋人又有正月初五迎财神之俗，而在宋人祭祀的众财神中，有一位财神爷就叫作“利市仙官”。现在有些商家还供奉这“利市仙官”。

通过对“利市”词义的考察，我们可以知道，宋朝人常说的“利市”，既可以指“生意兴隆”，也可以指“赏钱”，还包含有“吉利”“发财”的祝愿。将这三层含义结合起来：给生意人发“利市”，祝他们在新的一年里，生意兴隆、大吉大利，便是“开工利是”嘛。

这样的“开工利是”，宋朝时已经有了吗？

是的。不过，宋人发“利市”的时间点跟今天略有不同。我们现在领“开工利是”，通常是在正月初七、初八，因为年后开工的日期就是正月初七、初八，而宋朝生意人领“开工利是”的时间，是在元宵节放花灯的第五夜——不奇怪，古人生活节奏慢，过年的热闹气氛要维持到元宵收灯，才渐渐平复下来。

那么谁给宋朝生意人发“开工利是”呢？嗯，就是宋朝政府。我们先来看周密《武林旧事》的一段记载：元宵节放灯期间，“终夕天街鼓吹不绝，都民士女，罗绮如云，盖无夕不然也。至五夜，则京尹乘小提轿，诸舞队次第簇拥，前后连亘十余里，锦绣填委，箫鼓振作，耳目不暇给。吏魁以大囊贮楮券，凡遇小经纪人，必犒数十，谓之‘买市’。至有黠者，以小盘贮梨、藕数片，腾身迭出于稠人之中，支请官钱数次者，亦不禁也”。

这段话的意思是说，元宵放灯第五夜（宋时，元宵放灯一般从正月十四开始，第五夜即正月十八，亦即放灯的最后一夜），临安府的府尹会坐着小轿，出来拜会市民，轿子前后簇拥着长龙一般的舞队，一路敲锣打鼓，煞是热闹。临安府的吏员，跟在轿后，背着大麻袋，里面装着楮券（即南宋流通的会子），碰上做小生意的商贩（小经纪人），便给他们派钱，每人数十文，祝他们新年生意兴隆。

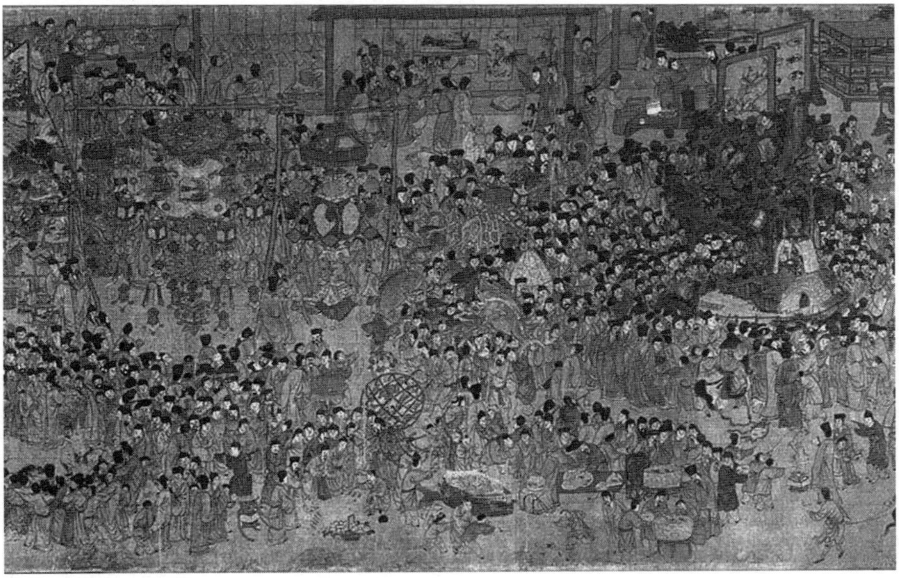

◎明代《上元灯彩图》，北京故宫博物院藏

有一些狡黠的市民，用小托盘放着梨、藕数片，装扮成小商贩的样子，在人群中钻来钻去，重复领“利市”，官府也不去计较——说到这里，忍不住会心一笑，我工作的单位，大年初八开工，集团领导一个办公室一个办公室巡回派“开工利是”，有些贪玩的年轻同事，在这个办公室领了红包后，又飞快跑到另一个办公室，找张椅子坐下来，等着领导再来发红包。跟南宋杭州市民中的“黠者”，是一样一样的。

南宋临安府尹给小经纪人派发“开工利是”的习俗，宋人称之为“买市”。它可能源自南宋皇室的一项惯例：隆兴年间，太上皇宋高宗居住的德寿宫，位于闹市中，正对着杭州城内的商业与娱乐中心——中瓦子。这里也是元宵花灯最繁盛的地方，放灯期间，宋孝宗通常都会来德寿宫陪伴父皇宋高宗，“看灯买市”。怎么个“买市”法？“帘前堆垛现钱数万贯”，宣唤市井商贩前来做生意，凡叫价一贯钱的商品，皇室往往用二贯钱买下来。

此时的“买市”，是指皇室或政府召集商人，用高于市价的价钱购买商品，意在鼓励商业、繁荣市场。到了周密生活的南宋后期，“买市”已经没有“买”的行为，而是由官府直接给小商贩派“利市”。对领到“利市”的小商贩来说，这几十文赏钱就是新年的“开工利是”啊。

可惜宋朝之后，这种由政府给小商贩派“利市”的“买市”习俗，似乎消失了，因为我们在明清时期的史料中，再找不到关于“买市”风俗的记载。

对这项习俗的消失，我觉得挺可惜的。

清明其实是一个欢快的节日

又到清明时节，正是慎终追远的时刻。不由想起几年前的旧闻：清明节前夕，四川乐山某居民小区挂出横幅，上写“恭祝全体业主节日快乐”；陕西渭南的电信运营商给四星客户群发节日祝福短信：“您好！清明将至，提前祝您节日快乐。”看到祝福语的小区业主与手机用户都很郁闷：清明节不是祭拜先人、寄托哀思的日子么？怎么可以祝“节日快乐”？

其实，从节日渊源与传统民俗的角度来说，古代的清明节确实是一个充满欢笑声的节日，古人过清明，是很快乐的。

这得从春季的三大传统节日说起：上巳、寒食、清明。我们现在所继承的清明节，实际上是融合了上巳节、寒食节与清明节而来。历史上，这三个节日的时间非常接近，上巳是农历三月初三；寒食节按夏历计算，为冬至后第一百零四日至一百零六日，连续三天；而寒食节一结束，即是清明节。也因此，古人基本上将上巳、寒食、清明连着过。

因为时间靠得太近，使得三个节日的民俗相互融合。不过，若要溯源，它们的节日内涵还是不同的。简单地说，上巳节的主要习俗是在水边饮宴游乐，所以杜甫有诗说：“三月三日天气新，长安水边多丽人。”著名的“曲水流觞”便是上巳节的传统节目。

寒食节则是一个伤感的日子，节日期间要禁火三天，只能吃冷食，故名“寒食”，相传是为了纪念先秦时被火烧死的名士介子推。纪念逝者、吃冷食，决定了这个节日的冷色调，民间也渐渐形成了“寒食上坟”的习俗。

到唐朝时，政府正式将寒食节确定为扫墓的日子，玄宗皇帝于开元二十年发布敕令：“寒食上墓，礼经无文，近世相传，浸以成俗。士庶有不合庙享，何以用展孝思？宜许上墓，用拜埽礼，于茔南门外奠祭撤馔讫，泣辞，食余于他所。不得作乐。仍编入礼典，永为例程。”所以白居易有“寒食诗”写道：“丘墟郭门外，寒食谁家哭。风吹旷野纸钱飞，古墓累累春草绿。棠梨花映白杨树，尽是死生离别处。冥寞重泉哭不闻，萧萧暮雨人归去。”

而清明节呢？是开始新生活的日子，因为此时寒食刚刚结束，从皇室到民间，要重新生火，取得新火种，开始正常的生活。宋朝时，每至清明日，皇家都要举行“钻燧改火”的仪式：命小内侍用榆木钻火，先取得火种者，赏赐金碗、绢三匹，并宣赐臣僚巨烛。民间也有清明日馈赠新火的习俗。

从节气来看，历书说：“清明，时万物皆洁齐而清明，盖时当气清景明，万物皆显，因此得名。”清明时节正是万物滋长、生命萌动的好时节，所以，古人也习惯在清明时节出游踏青，不负春光。陆游有一首《春游》诗，写的正是宋时绍兴市民游镜湖的盛况：“镜湖春游甲吴越，莺花如海城南陌。十里笙歌声不绝，不待清明寒食节。”你看，莺花如海，十里笙歌。古人过清明，哪里有一丝一毫的忧伤？不必奇怪，因为唐宋时期，清明本来就是欢快的日子。

你若不信，我们可以继续来看宋朝人对清明习俗的描述——

《东京梦华录》载：北宋时，每年的清明节，开封的市民都会出城赏春，“往往就芳树之下，或园囿之间，罗列杯盘，互相劝酬。都城之歌儿舞女，遍满园亭，抵暮而归”。

《梦粱录》载：南宋时杭州，每至清明日，“车马往来繁盛，填塞都门。宴于郊者，则就名园、芳圃、奇花异木之处；宴于湖者，则彩舟画

◎宋　李公麟（传）《丽人行图》，台北故宫博物院藏

舫，款款撑驾，随处行乐。此日又有龙舟可观，都人不论贫富，倾城而出，笙歌鼎沸，鼓吹喧天。虽东京金明池，未必如此之佳。殢酒贪欢，不觉日晚，红霞映水，月挂柳梢，歌韵清圆，乐声嘹亮”。

明人《西湖游览志余》也载，宋时杭州西湖，清明之日，总是“车马阗集，而酒尊食罍，山家村店，享馂遨游，或张幕藉草，并舫随波，日暮忘返。苏堤一带，桃柳阴浓，红翠间错，走索、骠骑、飞钱、抛钹、踢木、撒沙、吞刀、吐火、跃圈、觔斗、舞盘，及诸色禽虫之戏，纷然丛集”。不但游客云集，而且有各色艺伎人表演杂技，以娱游人。

多么欢快的节日。如果我们向宋朝人送上“清明节快乐”的祝福，他们一定欣然接受，心里不会有什么芥蒂。

我们前面说过，饮宴游乐本是上巳节的习俗，但宋朝人习惯在清明时节出游宴乐，等于是将上巳节的民俗挪到了清明节，如此一来，上巳节便显得有些多余了，于是渐渐的，上巳节便在宋代衰落下去，没有人再过上巳节。这是节日融合的一个表现。

我们还说过，唐朝时政府将寒食节确立为上坟扫墓之日。但是，基于种种原因，扫墓不可能在一日之内全民完成，只能是陆陆续续、分散进行，用宋人的话来说：“或寒食日阴雨，及有坟墓异地者，必择良辰，相继而出。”由于祭祖活动“经月不绝”，民间又有谚语称“寒食一月节”，意思是说，寒食节之后一个月时间，都可以上坟。清明日自然也会有扫墓活动。宋时甚至出现“凡新坟，皆用此日拜扫”之俗，大概是因为，宋人祭拜新坟要烧纸钱，而寒食禁火，烧不了纸钱，须等到清明日才可以生火。就这样，寒食节与清明节也发生了融合。

祭拜逝者的淡淡哀思，并不影响宋人清明游春的欢愉。由于墓冢总是建于山野间，扫墓与踏青正好同时进行。祭拜完祖坟之后，宋人往往会放松心情，游乐一番。有一首宋诗这么写道：“节序愁中都忘却，见人插柳是清明。登陴成出吹弹乐，上冢船归语笑声。”

宋朝之后，寒食上坟的民俗完全融入清明节，寒食节便逐渐消失了，就像之前上巳节的消失。祭祖扫墓遂成了清明节最重要的习俗。尽管如此，清明出游的传统也一直保留下来，踏青与扫墓同步，比如在明代，清明祭祖之人，例要给墓冢除草添土，焚烧纸钱，“哭罢，不归也，趋芳树，择园圃，列坐尽醉”。

这可能体现了中国人的生活哲学：“祖宗虽远，祭祀不可不诚”；人世美好，也值得纵情享受。节日的哀思送给先人，清明的美景留给人间。“上帝的归上帝，恺撒的归恺撒。”

在这清明时节，草长莺飞，杂花生树，我们祭拜先人，慎终追远；我们也珍惜当下，不负春光。如此说来，送上一句“清明快乐”的祝福，又有何不可？当然，我写此文，倒不是想替乐山小区的物业管理处与渭南的电信运营商辩护，相信清明节的节日渊源与文化内涵，他们也未必晓得，他们发祝福语，不过是“无心插柳”罢了。

——哦，对了，“插柳”也是传统清明节的习俗，但今人应该忘得差不多了。

七夕不是情人节

在中断了几十年之后，当传统节日之一的七夕重新回到都市人的视野时，已经被改造成不伦不类的“中国式情人节”。在商业力量的包装下，“约会”被塑造为七夕的主题，围绕这一主题，鲜花店（总得送女朋友一束鲜花吧）、餐饮店（总得请女朋友吃一顿饭吧）、酒店（前面的铺垫不就为了最后的开房吗?）的生意被调动了起来，红男绿女们想象着自己就如牛郎织女一样赴一场爱情之约，荷尔蒙飞扬，其实呢，不外是满足了自己的物欲、成全了商家的生意而已。

如果一位古人穿越来到现代，看到七夕被过成了所谓的情人节，一定大惑不解。不是古人不解风情，而是按以前的习俗，民间谈婚论嫁都要避开七夕：“七月七日，迎亲嫁女避节。”古代的卜筮类书籍《日书》说：“戊申、己酉，牵牛以取（娶）织女，不果，三弃”；“戊申、己酉，牵牛以取（娶）织女，不果，不出三岁，弃若亡”。在古人的观念中，牛郎织女是“凶日”成婚的象征。即使用今天的眼光来看，七夕所代表的婚姻爱情也是完全不值得羡慕的：夫妻长年两地分居，一年只得相会一次。谁愿意自己婚后的夫妻生活是这样子的？今人将七夕当成了情人节，简直莫名其妙。

古人过七夕，并不是想仿效牛郎织女鹊桥约会，而是为了向织女星乞求巧智。旧时的女儿家，都希望自己心灵手巧，就好比现在的女孩子都希望自己胸大颜美，而在中国的传说中，织女正是巧星，姑娘们相信在七夕之夜向织女星祈愿，可以让自己变得手巧心灵。也因此，七夕又叫作“乞巧节”。

怎么个“乞巧”法呢？《东京梦华录》载，北宋时，每至七夕，“贵家多结彩楼于庭，谓之‘乞巧楼’。铺陈磨喝乐、花瓜、酒炙、笔砚、针线，或儿童裁诗，女郎呈巧，焚香列拜，谓之‘乞巧’。妇女望月穿针，或以小蜘蛛安盒子内，次日看之，若网圆正，谓之‘得巧’”。《梦粱录》载，南宋时，“富贵之家，于高楼危榭，安排筵会，以赏节序，又于广庭中设香案及酒果，遂令女郎望月，瞻斗列拜，次乞巧于女、牛。或取小蜘蛛，以金银小盒儿盛之，次早观其网丝圆正，名曰‘得巧’”。

从宋人的记载，我们可以知道，宋朝姑娘的七夕乞巧是非常有趣的：七夕之夜，姑娘们会在自家庭院里（或楼台上）陈列各种奇巧之物，设香案，摆酒果，然后向着满天星斗列拜，对着月亮引线穿针，这叫作“乞巧”。又捉来一只小蜘蛛，养在盒子里，次日早晨再打开盒子察看，若发现蜘蛛所织之网圆圆正正，则可以确定为“得巧”，意思是说，祈愿的姑娘家已获得了织女星赐予的巧智。

到清代时，姑娘们评价是否“得巧”的方法，改为使用豆芽。《郧县志》载，“七夕为牛、女会银河之期。前期，人家幼女用豌豆浸水中，令芽长数寸，以红线束之，名曰‘巧芽’。至是夕，妇女幼稚焚香于庭，献天孙以乞巧。用瓷碗盛水，取芽投之，复于月光下照之，影如彩针、花瓣、或似鱼龙游戏，谓之‘得巧’”。七夕之夜，姑娘们以碗盛水，将豆芽投于水面，观看碗底的投影，若影子如同游鱼、花瓣，则认为已得巧智。

有些地方则用小针代替豆芽，《燕京岁时记》载，“京师闺阁，于七月七日以碗水曝日下，各投小针，浮之水面，徐视水底日影，或散如花，动如云，细如线，粗如椎，因以卜之巧拙”。由于水面有一层薄薄的水膜，若动作小心翼翼，是可以将一枚小针放于水面，让其漂浮着的。

七夕当然也不仅仅是姑娘们乞巧的节日。宋朝的商家在七夕期间也会争逞巧智，推出各种奇巧的小玩意，“皆于街心彩幕帐设出络货卖”，那都是卖给孩子们玩耍的精致小玩具。来看看吧——

一种小玩具叫作“水上浮”，用黄蜡制成凫雁、鸳鸯、龟鱼的样子，涂以彩画，饰以金缕，若放在水上，能够漂浮不沉。

一种叫作“谷板”，是反映乡村景物的微缩模型：“以小板上傅土，旋种粟，令生苗，置小茅屋花木，作田舍家小人物，皆村落之态。”

一种叫作“种生”，是奇趣小盆景：“以绿豆、小豆、小麦于磁器内以水浸之，生芽数寸，以红蓝彩楼束之。”

◎清　陈枚《桐荫乞巧图》，北京故宫博物院藏

还有一种是既可以玩赏、又可以吃的“果食花样”，用“油面糖蜜”做成人物或动物的形状，“奇巧百端”。如果你跟商贩购买一斤以上，里面便会有一对门神造型的“被介胄者”，制作得十分精细，宋人称之为“果食将军”。

最特别、也最受宋朝儿童欢迎的七夕玩具，叫作“磨喝乐”。“磨喝乐”显然是一个音译过来的名词，有时也写成“摩睺罗”“摩侯罗”“摩睺罗”“魔合罗”，来自佛经，原为形象凶猛的印度神祇。但宋朝的“磨喝乐”却是造型十分娇憨、可爱的泥娃娃。一只做工考究的“磨喝乐”，人物的手足、面目、毛发都会做得栩栩如生，还要配上漂亮的乾红背心、青纱裙儿，“亦有著背儿戴帽儿者”，总之跟现在的“芭比娃娃”差不多。

每年七夕，汴京开封的潘楼街东、宋门外瓦子、州西梁门外瓦子、北门外、南朱雀门外街及马行街内，“皆卖磨喝乐”，其中名贵者，“悉以雕木彩装栏座，或用红纱碧笼，或饰以金珠牙翠”，一对需要数千文钱。又以吴中名匠袁遇昌制造的“磨喝乐”最为神奇，“其衣襞脑囟，按之蠕动”，即泥人内部设有机械装置，摁下机关，“磨喝乐”会自行活动。价格自然不菲，一对索价“数十缗”。

尽管价钱昂贵，但这些制作精良的“芭比娃娃”深受欢迎，“禁中及贵家与士庶为时物追陪”。一般人家买不起名贵品，却少不得要买一对普通的“磨喝乐”。可以这么说吧，“磨喝乐”在宋人心目中的地位，就如“芭比娃娃”在今人心目中的地位。宋朝孩子喜欢玩“磨喝乐”，还喜欢模仿“磨喝乐”的造型，“市井儿童，手执新荷叶，效摩睺罗之状。此东都（汴京）流传，至今不改”。大人们夸奖一个孩子可爱迷人，会说“生得磨喝乐模样”。有些女孩子在乞巧的时候，也会陈列“磨喝乐”等奇巧物件，以展示巧智之美。

正如我们今天所看到的，商业力量的参与是决定一个民间节日是否获得活力的重要因素。七夕在宋代成为最热闹的大节之一，也是得益于商业对节日的渗透：“自七月一日，车马嗔咽，至七夕前三日，车马不通行，相次壅遏，不复得出，至夜方散。”今天的商家，也在努力地创造七夕的节日气氛。不同的地方是，宋人做七夕的生意，突出的主题为“乞巧”“呈巧”，而今人包装出来的七夕气氛，最后都直奔“约会”的主题。

时代变得更庸俗、粗鄙了。

宋朝人的一年四季都有佳节

宋朝应该是法定节假日最多的历史时期。据宋人笔记《文昌杂录》，纳入国家法定节假日的节日包括："元日、寒食、冬至各七日，天庆节、上元节同；天圣节、夏至、先天节、中元节、下元节、降圣节、腊各三日；立春、人日、中和节、春分、社（春社）、清明、上巳、天祺节，立夏、端午、天贶节、初伏、中伏、立秋、七夕、末伏、社（秋社）、秋分、授衣、重阳、立冬，各一日；上中下旬各一日。……百司休务焉。"

可以看出来，宋代的法定节假日主要有两大类：一是元日（春节）、寒食、冬至等传统大节；一是"天庆节""天圣节""先天节""降圣节""天贶节"几个官方设立的政治性节庆日。遇到这些法定节日，宋政府都会放假若干天。再加上每月三天的旬休，宋朝人一年当中共有100多天的节假日，与今日的节假日（含周末、周日）天数差不多。

今日，国家开始提出要"实施中国传统节日振兴工程，丰富春节、元宵、清明、端午、七夕、中秋、重阳等传统节日文化内涵，形成新的节日习俗"。说到振兴传统节日，我们有必要先来看看宋朝人是如何过节的。

春节：履新之吉

一元复始，万象更新。正月初一元旦（春节）是农历年的开端，也是一年当中第一个隆重的节日。

◎宋　马远（传）《月下把杯图》，天津博物院藏

过年当然离不开年货。时序一进入腊月，宋朝人就开始准备年货了：家家户户用猪肉、羊肉、鱼肉腌制腊味；商铺“竞售锦装、新历（新年日历）、诸般大小门神、桃符、钟馗、狻猊、虎头及金彩缕花、春帖幡胜之类，为市甚盛”；小贩沿街叫卖“锡打春幡胜、百事吉斛儿”等，“以备元旦悬于门首，为新岁吉兆”。这里的门神、桃符、钟馗、狻猊、虎头、金彩缕花、春帖幡胜、百事吉斛儿，都是过年时张贴、悬挂的吉祥物。

腊月的最后一天是除夕。这一天，士庶“不论大小家，俱洒扫门闾，去尘秽，净庭户，换门神，挂钟馗，钉桃符，贴春牌，祭祀祖宗，遇夜则备迎神香花供物，以祈新岁之安”。这套习俗，至今在广东潮汕一带仍得以完整保留下来：过年前，家家户户都要洒扫门庭，叫作“扫除”；都要贴门神、春联、年画；都要在除夕这天祭拜天地、社神、祖先，这叫作“团年”。

吃过年夜饭之后，宋朝的城市迎来了彻夜不眠的大年夜，“士庶之家，围炉团坐，达旦不寐，谓之‘守岁’”。孩子们跑到外面，绕街唱儿歌：“卖痴呆，千贯卖汝痴，万贯卖汝呆，见卖尽多送，要赊随我来。”这叫作“卖痴呆”，儿童以此相戏谑，也寄托人们希望来年变得聪明的意愿。近代广州仍有类似风俗，不过不是“卖痴呆”，而是“卖懒惰”。

“爆竹声中一岁除，春风送暖入屠苏。”今天许多地方还保留着过年放鞭炮、烟花的风俗习惯，这一风俗应该是宋代形成的，因为此时火药的技术已经很成熟，可以用来制成响亮的炮仗、璀璨的烟花，在节日里燃放，图个热闹与喜庆。宋朝的除夕之夜，要算宫禁之内的爆竹最响，“禁中爆竹山呼，闻于街巷”。皇室使用的炮仗不但响亮，造型也非常华丽，制成人物、果子的样子，甚至做成屏风，“外画钟馗捕鬼之类，内藏药线”，点燃后可连响百余声。民间市井，也是灯烛烟花“红映霄汉；爆竹鼓吹之声，喧阗彻夜”。

正月初一，新年伊始，宋人谓之“元旦”“元日”。这一天，市民“不论贫富，游玩琳宫梵宇，竟日不绝。家家饮宴，笑语喧哗，此杭城风俗，畴昔侈靡之习，至今不改也”；即使是生活贫困的市民，过年了，也要穿上“新洁衣服，把酒相酬”。按照惯例，宋朝政府会宣布：春节期间，放开赌禁三天，即正月初一、初二、初三这三天，市民尽可纵情赌博。到了夜晚，贵家仕女也结伴出来逛街，进入赌场看人们赌博，到夜店饮宴，“惯习成风，不相笑讶”。

元旦之日，朝廷还要举行盛大、隆重的大朝会。一大早，皇帝起身上朝，先虔诚上香，“为苍生祈百谷于上穹”。随后，皇帝给太后拜年：“元正启祚，万物惟新。伏惟皇太后陛下，膺时纳佑，与天同休。”太后回皇帝：“履新之祐，与皇帝同之。”然后文武百官向皇帝拜年：“元正令节，不胜大庆，谨上千万岁寿。”皇帝回答诸大臣：“履新之吉，与公等同之。”

正月初七之后，年算是过完了。不过在宋朝，节日的气氛并未消散，反而越来越浓厚，因为，一个更加热闹、更加盛大的传统大节——元宵节即将来临。

端午：驱瘟辟邪

“沾衣欲湿杏花雨，吹面不寒杨柳风”的春天过去了，天气渐热，夏季到了。农历五月初五端午节是夏天的一个大节。

此时百花盛放，宋朝人在端午节前后，家家皆插鲜花。《西湖老人繁胜录》说：从五月初一开始，杭州城内外“家家供养，都插菖蒲、石榴、蜀葵花、栀子花之类”，“虽小家无花瓶者，用小坛也插一瓶花供养，盖乡土风俗如此。寻常无花供养，却不相笑，惟重午不可无花供养。端午日仍前供养”。以至有的花农，“一早卖一万贯花钱不啻。何以见得？钱塘有百万人家，一家买一百钱花，便可见也”。

宋人也有端午吃粽子的习俗，而且宋人吃到的粽子品种极多样，“端午粽子，名品甚多，形制不一，有角粽、锥粽、茭粽、筒粽、秤锤粽，又有九子粽”。南宋有位吴姓厨娘，写了一本食谱《中馈录》，里面便介绍了粽子的做法：“用糯米淘净，夹枣、栗、柿干、银杏、赤豆，以茭叶或箬叶裹之。一法：以艾叶浸米裹，谓之艾香粽子。”杭州的商家喜欢将粽子“揍成楼阁、亭子、车儿诸般巧样，开铺货卖，多作劝酒，名为巧粽”。

好赌博的宋朝人还发明了一种叫作“解粽叶”的赌博游戏：“京师人以端五日为解粽节，又解粽为献，以叶长者胜，短者输，或赌博，或赌酒。”陆游《过邻家》诗写道：“端午数日间，更约同解粽。”说的便是端午节诗人跟邻居相约一起解粽，小赌怡情。

端午之日，宋朝人家家户户还要在门楣悬挂葵花、薄叶、艾草等物，诸宫观这一日也“以经筒、符袋、灵符、卷轴、巧粽、夏橘等送馈贵宦之家”，市井上的僧道，亦会送人符篆之类。五月五日午时，宋人又有

“采艾柳桃蒲，揉水以浴”的习惯，认为取“午时水”沐浴之后，“一年疫气不侵”。大人还会用丝线制成“百索”、用艾叶剪成虎形的“艾虎”，给小孩子随身佩戴。

不管是门首悬挂的艾草，还是寺院赠送的符篆，抑或是小孩子佩戴的“百索”，都被认为是祛邪之物。大概在宋朝人的观念中，端午节过后，便是炎炎夏日，容易流行疫病，所以需要用这些祛邪之物驱赶瘟邪。

宋代的湖湘一带，已经形成了端午时节赛龙舟的习俗，赛龙舟也被宋人赋予祛邪的内涵，宋人笔记《岳阳风土记》说：“其实竞渡也，而以为禳。灾民之有疾病者，多就水际，设神盘以祀神，为酒肉以犒棹鼓者，或为草船泛之，谓之送瘟。”驱瘟辟邪，正是宋朝端午节的鲜明主题。

中秋：家家欢饮

到了金秋时节，宋人又迎来了一个佳节：中秋。宋人过中秋，家家必饮酒。孟元老《东京梦华录》记载，“中秋节前，诸店皆卖新酒，重新结络门面彩楼，花头画竿，醉仙锦旆，市人争饮。至午未间，家家无酒，拽下望子”。宋朝的八月份，正是各酒务、酒库新酒上市之日。中秋节前，各个酒店都会装饰一新，皆卖新酒，到八月十五这日中午前，往往酒家的酒都售完了，放下酒帘子，不再做生意，回家欢度佳节。

赏月是中秋节的保留节目。《东京梦华录》这么描述北宋的中秋之夜：“中秋夜，贵家结饰台榭，民间争占酒楼玩月，丝篁鼎沸。近内庭居民，夜深遥闻笙竽之声，宛若云外。”南宋时也是如此。吴自牧《梦粱录》说：“八月十五日中秋节，此日三秋恰半，故谓之‘中秋’。此夜月色倍明于常时，又谓之‘月夕’。此际金风荐爽，玉露生凉，丹桂香飘，银蟾光满。王孙公子，富家巨室，莫不登危楼，临轩玩月，或开广榭，玳筵罗列，琴瑟铿锵，酌酒高歌，以卜竟夕之欢。至如铺席之家，亦登小小月台，安排家宴，团圆子女，以酬佳节。虽陋巷贫窭之人，解衣市酒，勉强迎欢，不肯虚度。”

拜月祈愿也是宋朝的中秋习俗，据金盈之《醉翁谈录》，“中秋，京师赏月之会，异于他郡。倾城人家子女，不以贫富，自能行至十二三，皆以成人之服服饰之。登楼，或于中庭焚香拜月，各有所期。男则愿早步蟾宫，高攀仙桂，所以当时赋词者有‘时人莫讶登科早，只为嫦娥爱少年’之句。女则澹伫妆饰，则愿貌似嫦娥，员如皓月。俗传齐国无盐女，天下之至丑，因幼年拜月，后以德选入宫。帝未宠幸，上因赏月见之，姿色异常，帝爱幸之，因立为后。乃知女子拜月，有自来矣。旧传是夜月色明朗，则兔弄影而孕，生子必多。海滨老蚌吐纳月影，则多产明珠。比明年采珠捕兔者，卜此夕为验”。

宋人中秋拜月所祈心愿，主要有三：读书人“愿早步蟾宫”，科考高中；女孩子“愿貌似嫦娥”；已婚夫妇愿多生贵子。

中秋之夜，大人们在赏月，拜月，饮酒；小朋友呢，彻夜玩耍，嬉玩至天亮，“闾里儿童，连宵嬉戏，夜市骈阗，至于通晓”。

如此佳节，户户欢庆，夜市当然要通宵营业，周密《武林旧事》载，“御街如绒线、蜜煎、香铺，皆铺设货物，夸多竞好，谓之‘歇眼’。灯烛华灿，竟夕乃止”。吴自牧《梦粱录》也载，“此夜天街卖买，直到五鼓，玩月游人，婆娑于市，至晚不绝。盖金吾不禁故也”。

南宋江浙一带，还有中秋放灯的习俗。与元宵节放花灯不一样，中秋放灯主要是放水灯，称为“一点红”。据《武林旧事》记载，“此夕，浙江放‘一点红’羊皮小水灯数十万盏，浮满水面，烂如繁星，有足观者。或谓此乃江神所喜，非徒事观美也”。

中秋时节，各种应节时新食物也纷纷上市，“是时螯蟹新出。石榴、榅勃、梨、枣、栗、孛萄、弄色枨橘，皆新上市”。那么宋朝人过中秋吃不吃月饼呢？或者说，宋朝时有没有月饼呢？当时有一种中秋时节上市的“小饼”“月团”。苏轼一首咏小饼的小诗写道：“小饼如嚼月，中有酥和饴。默品其滋味，相思泪沾巾。”苏轼写诗之时，正是中秋前后。从诗句“中有酥和饴”中，我们可以知道宋朝小饼里面包有酥油、饴糖做成的馅，跟今天的月饼是差不多的。

冬至：祭天祭祖

季节变换，转眼已是冬天。宋朝人的冬季有一个大节，那就是冬至。孟元老《东京梦华录》载："十一月冬至，京师最重此节，虽至贫者，一年之间积累、假借，至此日更易新衣，备办饮食，享祀先祖。"周密《武林旧事》亦说："都人最重一阳贺冬，车马皆华整鲜好，五鼓已填拥杂遝于九街；妇人小儿，服饰华炫，往来如云。"

从节气上说，冬至过后，阳气渐长，正是万象更新之始，意义不一般。因此，宋人对冬至的重视，半点不亚于过春节。这一天，不管是大人，还是小孩，都要穿戴整齐、光鲜，庆贺往来；"宰臣以下，行朝贺礼，士夫庶人，互相为庆"，并且给亲朋好友馈赠礼品，"馈送节仪"；朝廷也要举行大朝会，庆贺节日；政府还会放开赌禁三天，一如春节。于是三天之内，京师的店铺一概停业过节："店肆皆罢市，垂帘饮博，谓之'做节'。"

宋人过冬至的主题是"祭祀"："太庙行荐黍之典，朝廷命宰执祀于圜丘"；寻常人家也要在这一天享祀先祖，祭品通常为馄饨，因此宋人又有"冬馄饨，年馎饦"之谚，富贵之家求奇，馄饨会做成十几种颜色，"一器凡十余色，谓之'百味馄饨'"；到了冬至凌晨，"晨鸡之际"，朝廷太史官还要"观云气以卜休祥"；民间各个寺庙，也是"炷香者尤盛"。

冬至最盛大、隆重的祭祀，当属君主亲祭的南郊祭天大典。祭天通常是"三岁一亲郊"，即每三年天子赴南郊亲祭一次。作为国家级祭礼的祭天大典，宋代的南郊之礼，场面特别盛大，仪式特别隆重，上自君主，下至百官，常常是上万人的排场。郊祭之日，"御路数十里之间，起居幕次，贵家看棚，华彩鳞砌，略无空闲去处"，开封的市民们都争着去围观龙颜。

每遇南郊大礼之年，朝廷还要提前两个月在宣德门广场"教车象"，即训练大象车队。因为南郊之礼，通常会使用“车象”的仪仗。经过训练，大象行至宣德楼前，懂得“团转行步数遭成列，使之面北而拜，亦能唱喏”。驯象之日，住在宣德门外的“戚里、宗室、贵族之家，勾呼就私第观看，赠之银彩，无虚日”。此时，宣德门外的御街也特别热闹，“游人嬉集，观者如织。卖扑土木粉捏小象儿，并纸画，看人携归，以为献馈”。“土木粉捏小象儿”就是用土木粉末捏成的玩具小象。

清末民初之际，随着帝制的终结，祭天之礼也退出了历史舞台。不过历史地看，古代社会的天子祭天大典，有其不可抹杀的意义，典礼所表达的乃是世俗君王对上天的敬畏之心，以及为天下苍生祈求风调雨顺的愿望。

如果我们穿越回去，伴随着宋朝人走过春夏秋冬，便会发现，在宋朝，一年四季都有佳节，每一个节日都有着不同的内涵与仪式。打个比方说，元日（春节）的节日内涵是贺春履新，节日仪式包括贴门神、放烟花、守岁、拜年，等等；元宵的节日内涵是欢快、热闹、官民同乐，节日仪式是闹花灯。没有文化内涵的节日必定是空洞的，而节日的文化内涵又需要通过特定的节日仪式表达出来。

因此，当我们提到振兴春节、元宵、清明、端午、中秋等传统节日文化时，我们需要重建并丰富传统节日的内涵，传承并创新传统节日的仪式。

苏东坡兄弟的御寒神器

前些天还穿着短袖的衬衫，不想一转眼就入冬了。冬季天寒，菜蔬短缺，对北方人来说，入冬前必做两件事：储存大白菜；打开供暖设施。古时没有集中供暖系统，那么古人过冬又怎么御寒呢？

我们要度过漫漫长冬，离不开一床棉被。古人的床榻之上，当然也有棉被。也许有些朋友会说，棉花传入中国的时间比较晚，古人没有棉花，用怎么填充棉被？其实，中国人种植棉花的时间并不太晚，大概唐宋时期棉花便从边疆传入了内地。南宋时，福建路、广南东路、广南西路、江南、川蜀一带，都出现了棉花种植业，宋人说："闽岭以南多木棉，土人竞植之，有至数千株者，采其花为布，号吉贝布。"

◎宋　马远《晓雪山行图》

宋人习惯将棉花叫成“吉贝”，又常称之为“木棉”，因此今人读史料，很容易跟木棉科的“英雄树”木棉相混淆。宋人所说的木棉，“高仅数尺”，“二三月下种，秋生黄花，其实熟时，皮四裂，中绽出如棉”。符合这一描述的作物，只能是棉花，而不可能是今日的木棉。

由于棉花的种植已相当广泛，宋人的许多纺织品都使用了棉花。苏辙有诗写道：“永漏侵春已数筹，地炉犹拥木绵裘。”诗中的“木绵裘”相当于今天的棉袄；苏辙之孙苏籀也亦有诗：“径从南浦携书笈，吉贝裳衣皂帽帷。”“吉贝裳衣”则是棉布衣。浙江兰溪市南宋墓曾出土一条完整的棉毯，长 2.51 米，宽 1.18 米，纯由棉花织成，双面起绒，现藏浙江省博物馆。可知宋人的棉织技术已相当成熟。

◎浙江出土的南宋拉绒棉毯

用弦弓将棉花弹得松软，填充进被套，便是棉被。许多人以为元明时期才出现“弹棉花”的技术，其实宋朝史料中已有“以竹为小弓，牵弦以弹绵，令其匀细”的记载。不管将棉花用于纺织，还是作为棉被的填充物“棉絮”，都需要先“弹棉花”。不过宋时尚没有“棉被”一词，一般叫作“重衾”“绵衾”。

在寒冷的冬天，棉被的保暖效果是相当不错的，所以白居易老人家才说：“日高睡足犹慵起，小阁重衾不怕寒。”南宋有一个叫华岳的读书人，获赠一床棉被，非常兴奋，也写了一首诗，宣布从此不再担心冬天太寒冷：“一床浪卷芙蓉皱，十幅香重锦绣开。不怕夜寒侵斗帐，却愁春梦到阳台。”

苏辙也有诗歌提及棉被："午鸡鸣屋呼不起，欠伸吉贝重衾里。"他的哥哥苏轼，则有一件棉衣，是儋州土人送给他的："遗我吉贝布，海风今岁寒。"用一件棉衣，足以抵御海南岛的海风了。

但是，如果在北方，冬夜里就算盖上一床棉被，恐怕还是会感到寒冷，"罗衾不耐五更寒"啊。怎么办？苏轼还有一件御寒神器，叫作"暖脚铜缶"。他曾给一位叫杨君素的老人家寄去一只暖脚铜缶，并写信告诉他使用方法："某去乡二十一年，里中尊宿，零落殆尽，惟公龟鹤不老，松柏益茂，此大庆也。无以表意，辄送暖脚铜缶一枚。每夜热汤注满，密塞其口，仍以布单裹之，可以达旦不冷也。道气想不假此，聊致区区之意而已。"

苏轼的这个暖脚铜缶，其实跟我们今天用的"暖水宝"是差不多的，装入热水，拧紧盖子，夜里放进被窝里，可以暖脚。因此，宋人又戏谑地将它称为"脚婆""汤婆子"。

◎汤婆子

苏轼的朋友黄庭坚大概是听了苏大学士的推荐，花了一笔钱买了个"脚婆"过冬御寒："千金买脚婆，夜夜睡天明。"看来"脚婆"的保暖效果还不赖。南宋诗人范成大也写过"戏赠脚婆"诗："日满东窗照被堆，宿汤犹自暖如煨。尺三汗脚君休笑，曾踏靴霜待漏来。"昨夜踏霜的双脚，在"脚婆"的温暖下，居然出了汗；诗人睡到日头晒屁股才醒来，而"脚婆"还是热乎乎的。

你一定会同意，在寒冷的冬天里，在钻进被窝之前，如果能喝上一碗热气腾腾的茶汤，那肯定是一种享受。宋时东京，“冬月虽大风雪阴雨，亦有夜市”，“至三更，方有提瓶卖茶者，盖都人公私荣干，夜深方归也”。这些“提茶瓶人”之所以到了三更半夜出来做生意，是因为下半夜，办公事私事的人下班回家，路上通常都会买一碗茶汤喝，暖暖身子。

可以想象，“提茶瓶人”所卖的茶汤，一定是热腾腾的，因为茶汤得趁热喝；在“风雪阴雨”的大冬天，更是没有谁会掏钱买一碗冷茶。所以，宋朝市井中叫卖茶汤的“提茶瓶人”，必备一个烧汤烹茶的炭炉，叫作“镣炉”，炉子的外面，通常套着用来提挈的编笼。我们从南宋画师刘松年的《茗园赌市图》上，便可以找到这种可以提着走的镣炉。

◎南宋　刘松年《茗园赌市图》局部

我相信，在苏东坡的家里，必定备有烧汤烹茶的镣炉，因为苏轼喜欢烹茶，还特别讲究茶具，比如，他认为煮水煎茶的铫子，最好是石铫，因为“铜腥铁涩不宜泉”。杭州西湖净慈寺的南屏谦师是一名茶艺高手，曾为苏轼点茶，用上了当时非常名贵的兔毫斑黑釉建盏：“忽惊午盏兔毫斑，打作春瓮鹅儿酒。”镣炉是宋人烹茶的标配，热爱烹茶的苏大学士怎么可以没有一套精美的镣炉？在冬天，镣炉还可以用来取暖，你看，陆游有诗曰：“急雨狂风暮不收，燎炉薪暖复何忧。”一炉在手，寒冬不忧。

苏轼不但深谙烹茶之道，而且十分好酒。他自言：“（我）闲居未尝一日无客，客至未尝不置酒。天下好饮，亦无在予上者。”意思是说，天下最喜欢饮酒的人，恐怕没有排在我前面的。不过苏轼酒量不行，他承认：“余饮酒，终日不过五合。天下之不能饮，无在予下者。”意思是说，天下最不能饮酒的人，恐怕也不会比我再差的了。苏轼的酒量是饮酒终日，不超过一斤。要知道宋时流行的是低酒精度的黄酒，而不是高酒精度的白酒（蒸馏酒），一日一斤当然是浅量。

黄酒，一般要烫热了喝，这是饮用黄酒的一大特色。在冬天饮黄酒，更是以温酒为宜。我们知道，饮酒可以暖身子，在寒冷的冬季喝一碗温温的黄酒，是御寒之道。按宋时风俗，时序进入农历十月，“有司进暖炉炭，民间皆置酒，作暖炉会也”。

宋人有专用的温酒器皿，比较常用的叫作“温碗注子”。温碗注子由“温碗”+“注子”组合而成，注子即酒壶，温碗则是承放注子的器皿。饮酒之时，先以注子盛酒，再将注子套于温碗上，温碗可倒入开水，将注子里的酒温热，然后才倒入各人面前的杯盏中。以苏大学士对饮酒的讲究，怎么可能没有一套温碗注子？

◎温碗注子

◎青白瓷孔明碗

冬天的筵席上，酒可以用温碗烫热，菜肴呢？又该怎么保温？宋人发明了一种暖碗，叫作“孔明碗”，又叫“诸葛碗”。名字似乎暗示了此碗与汉末的诸葛亮可能有些渊源，但毫无证据表明诸葛亮与孔明碗有关。从出土的瓷器文物来看，最早的孔明碗来自北宋。

孔明碗的特点是：碗有双层，里层与外层之间中空，外层碗底有孔洞，可以从孔洞灌注热水入夹层，然后塞住孔洞。这样，冬天用灌了热水的孔明碗盛存食物，便可以给食物保温了。

在宋代，如果你的家里备有几床吉贝重衾，以及一套包括孔明碗、温碗注子、镣炉、汤婆子等在内的御寒神器，你的冬天便可以过得既有风度又有温度了。

第二辑

大雅大俗宋朝风

宋朝是一个风雅的时代，我们不妨称其为“风雅宋”。雅，是宋人的生活风尚与审美风格，不管是“极简”的宋瓷、清雅的宋式家具、精美的宋版书、精雕细琢的宋词、雅致的文人画、讲究意境的园林，还是文人间的雅集、文会、品茶、游园、鉴宝等生活时尚，都可以用“雅”字相形容。

宋朝又是一个极世俗的时代，传统社会的俗文化，是到了宋代才蓬蓬勃勃发展起来的，宋朝的城市都有瓦舍，瓦舍之内设立勾栏、乐棚，勾栏中日夜表演杂剧、讲史、傀儡戏、皮影戏、魔术、杂技等节目，“不以风雨寒暑，诸棚看人，日日如是”。从瓦舍勾栏生长出了充满市井气息的俗文化。

在宋朝的士大夫群体中，流行四大雅事：焚香、点茶、挂画、插花。宋人认为，这四件雅事不可草率、马虎，应该以专业的态度对待它。南宋时杭州有民谚说：“烧香点茶，挂画插花，四般闲事，不许戾家。”戾家，便是外行人的意思。由此可见宋人的生活审美风尚：追求雅致、讲究品质。

但是，这么雅致的生活并不排斥市井俗夫，并非不食人间烟火；恰恰相反，它深入于市民的日常生活中。一名市井中人也可以把玩四般闲事，享受焚香、点茶、挂画、插花的雅趣，正如一个文人雅士也可以进入瓦舍勾栏欣赏通俗的文娱表演。

所以，如果让我用一个词来概括宋人的生活审美情趣，我会用“大雅大俗”这个词。宋人审美，雅到极致，又俗得可爱，雅俗共赏，雅俗兼资。

烧香

宋朝人所说的“烧香”，是指作为雅玩的“焚香”，并非“烧香拜佛”的意思。以前“烧香”确指佛堂供香，但宋人将其发展成为文人雅道，“煮茗烧香了岁时，静中光景笑中嬉”，文人雅士的生活离不开焚香，不管是读书、闲居，还是雅集、宴客之时，他们都会烧一炉香，氤氲一室。

宋代的香品，一般都是合成的香料，叫作“合香”，并不是直接将沉香、檀香等拿去烧掉。许多宋朝士大夫都喜欢亲手调香，并将调香当成文人生活的雅趣。我们熟悉的爱国诗人陆游就是一位调香高手，他的《焚香赋》描写的就是调香之法：“暴丹荔之衣，庄芳兰之茁；徙秋菊之英，拾古柏之实；纳之玉兔之臼，和以桧华之蜜。”

宋人对香料品质的要求很高，当时从海外贩入的番舶沉香，由于香味“腥烈，不甚腥者，意味又短，带木性，尾烟必焦”，并不受士大夫欢迎；其中有一种番香，因为在广西钦州集散，被称为“钦香”，其特点是“质重实多大块，气尤酷烈”，宋人便认为它“不复风味，惟可入药，南人贱之”。

不过，也不要以为焚香是富贵之家才玩得起的雅道，清贫的宋人如果有雅兴，同样可以体验香道。宋代有人调制出一种成本十分低廉的“山林四和香”：“香有富贵四和，不若台阁四和，台阁四和不若山林四和。盖荔枝壳、甘蔗滓、干柏叶、茅山黄连之类，各有自然之香也。”宋代的“四和香”是名贵香品，由沉香、檀香、龙脑香、麝香四味珍贵香料合成；而“山林四和香”的原料只是荔枝壳、甘蔗滓等生活废弃物，可谓“变废为宝”。

宋朝市井中也有香道。你到酒店喝杯小酒，只要付一点点小费，招呼一声，便有“香婆”捧着香炉上前，在你的酒桌上给你焚香。南宋周密《武林旧事》说，杭州的酒楼“各分小阁十余，酒器悉用银，以竞华侈。……及有老妪以小炉炷香为供者，谓之香婆”。当然，“香婆”所用香丸，肯定不是名贵香药，好在价格便宜，一般市民都消费得起。

宋人的焚香，你要说它平民化，它又讲究到极致，连“气尤酷烈”的名贵番舶沉香都被士大夫评为“不复风味”，剥夺了其作为焚香品的资质。但你要说它太讲究，它又有十分平民化的一面，寒门子弟用荔枝壳调制出来的合香，也被誉为“有自然之香”。优雅的焚香之道，始终向寒士敞开一扇门扉。

点茶

点茶是宋代特有的茶道。我们现在喝的茶叶，除了少数茶品如普洱茶之外，通常都是炒青过的散茶；但宋朝人的茶叶并不是这样的，他们需要用一套复杂的工艺将茶叶制成茶饼，烹茶的时候再将茶饼敲碎，研磨成茶末，用沸水冲点，这个过程就叫作“点茶”。宋亡之后，点茶的烹茶方式便慢慢消失了。

宋朝人对点茶极为讲究，该怎么制作茶饼，怎么研磨茶末，用什么水点茶，火候以第几沸为宜，配什么茶盏最佳，点出来的茶汤为何种颜色，都有一套严格的标准。好茶的士大夫之家，还必备一整套茶具，南宋人董真卿将这套常备的茶具绘成《茶具谱赞》，共有十二件，故又称“十二先生”，还给它们分别起了人性化的名字：

储放茶团的茶焙笼叫“韦鸿胪”，用于捣碎茶团的茶槌叫“木待制”，磨茶的小石磨叫“石转运”，研茶的茶碾叫“金法曹”，量水的瓢杓叫“胡员外”（因为一般用葫芦做成），筛茶的罗合叫“罗枢密”，清扫茶末的茶帚叫“宗从事”，安放茶盏的木制盏托叫“漆雕密阁”，茶盏就叫“陶宝文”，装开水的汤瓶叫“汤提点”，调沸茶汤的茶筅叫“竺副师”，最后用来清洁茶具的方巾叫作“司职方”。

——什么叫作“精致的生活”“风雅的审美”，这就是了。怪不得宋徽宗敢夸口说：咱大宋的茶道，“近岁以来，采择之精，制作之工，品第之胜，烹点之妙，莫不盛造其极”。对了，宋徽宗本人就是一名点茶的高手，著有一册《大观茶论》。

但是，点茶并不是上层社会的专利。宋朝之时，茶叶已经成为市场上的寻常商品，即便是贩夫走卒，也有点茶、饮茶、斗茶的习惯。用宋人的话来说：“茶非古也，源于江左，流于天下，浸淫于近代，君子小人靡不耆嗜也，富贵贫贱靡不用也。”如果你去看历代以饮茶为题材的绘画作品，便会发现，宋代的茶画，不管是南宋刘松年的《茗园赌市图》与《斗茶图》，南宋佚名的《斗浆图》，元人赵孟頫摹宋画的《斗茶图》，图中饮茶、斗茶的人，多为市井商贩、升斗小民，而不是贵族官宦、文人学士。

茶道在宋朝可以很雅，雅致到被文人雅士列为一年四季的赏心乐事之一，包括三月季春“经寮斗新茶”，十一月仲冬“绘幅楼削雪煎茶”。茶道也可以很俗，俗到成为市井小民一日不可或缺的“柴米油盐酱醋茶”之一。

挂画

宋朝的士大夫多有收藏古器、名家书画的喜好，如苏轼的朋友王晋卿，热衷于“藏古今法书名画，常以古人所画山水置于几案、屋壁间，以为胜玩”；苏轼的另一位朋友米芾，也是“遇古器物、书画则极力求取，必得乃已”。

这些士大夫的厅堂房阁，往往都挂有名家书画；每遇雅集、文会、博古之时，亦会展挂出自己平日收藏的名画，供文友鉴赏。这个过程就叫作“挂画”。你若以为挂画只是将一幅图画张挂起来，谁人不会？那便是望文生义了。其实挂画的学问大着哩，宋人赵希鹄著《洞天清录》，其中有一节专门介绍了挂画的学问：

“择画之名笔，一室止可三四轴，观玩三五日别易名笔。则诸轴皆见风日，决不蒸湿。又轮次挂之，则不惹尘埃。时易一二家，则看之不厌。然须得谨愿子弟，或使令一人细意卷舒，出纳之日，用马尾或丝拂轻拂画面，切不可用棕拂。室中切不可焚沉香、降真、脑子、有油多烟之香，止宜蓬莱笺耳。窗牖必油纸糊，户常垂帘。一画前，必设一小案以护之。案上勿设障面之物，止宜香炉、琴、砚。极暑则室中必蒸热，不宜挂壁。大寒于室中渐着小火，然如二月天气候，挂之不妨，然遇寒必入匣，恐冻损。”

——不简单吧？不过你也别以为挂画只有大富大贵之家才玩得起。其实市井人家亦有机会挂画。当时开封、杭州等大都市都设有一种叫作“四司六局”的商业性服务机构，专门替士庶人家办理宴席、接待宾客：“常时人户，每遇礼席，以钱倩之，皆可办也。”这个“四司六局”替你办的事情，可不仅仅是烧几桌菜，它下设的“帐设司”可以将屏风、绣额、书画等名贵物品租赁给你暂用，“排办局”则专门帮你挂画、插花，将宴会环境布置成士大夫雅集的模样。总而言之，只要你掏一点钱雇佣“四司六局”，它就能够将一场吃吃喝喝的宴会办得非常“高大上”，既有鲜花点缀，又有名家书画可鉴赏。

南宋杭州的食店、茶坊、酒楼也有挂画的风尚，这是从北宋汴京传下来的审美习惯。耐得翁《都城纪胜》载，“（杭城）大茶坊张挂名人书画，在京师只熟食店挂画，所以消遣久待也。今茶坊皆然”。吴自牧《梦粱录》亦说，“汴京熟食店，张挂名画，所以勾引观者，留连食客。今杭城茶肆亦如之，插四时花，挂名人画，装点店面”。你到这些茶坊喝一碗茶汤，便可以欣赏到收藏界的珍品——名家书画。

插花

宋朝是中国插花史上的鼎盛期，插花作为一种生活装饰品，广泛出现在不同阶层的宋朝家庭中。宋代之前，虽然也有插花艺术，但一般只流行于宫廷与贵族家庭，或表现为佛堂供花。到了宋代，插花成了整个社会的生活时尚，深入到寻常百姓家。今天比较追求生活情趣的市民、白领、小资，经常会买一束鲜花回家，插在花瓶中，装饰生活。宋人也是这样。

赵宋皇室与政府部门无疑是宋朝插花潮流的引导者。每逢花季，南宋杭州后苑都要装点一新，用名贵的器皿簇插牡丹等鲜花，陈列于宫禁，供人观赏。洛阳是北宋时著名的花都，牡丹盛开之时，地方政府要举办“万花会”（插花展览会），“宴集之所，以花为屏障，至梁栋柱拱，以筒储水，簪花钉挂，举目皆花”；另一个城市扬州，“芍药为天下冠”，花开之季，扬州太守也会办“万花会”。

风雅的士大夫更是以插花为尚，许多首宋诗都写到宋朝士大夫的插花时尚，如高翥的《春日杂兴》：“多插瓶花供宴坐，为渠消受一春闲。”苏辙的《戏题菊花》：“春初种菊助盘蔬，秋晚开花插酒壶。”有些文人出游，还要携带着桌几，“列炉焚香、置瓶插花，以供清赏”。

◎宋　姚月华《胆瓶花卉图》

寻常人家也热爱插花，比如在洛阳，“春时城中无贵贱皆插花，虽负担者亦然。大抵洛人家家有花”。其实“好花”不仅是“洛阳之俗”，宋人都喜欢在家中摆放一瓶鲜花点缀生活。特别是五月端午节，更是家家户户皆插鲜花，“都插菖蒲、石榴、蜀葵花、栀子花之类”，“虽小家无花瓶者，用小坛也插一瓶花供养，盖乡土风俗如此。寻常无花供养，却不相笑，惟重午不可无花供养。端午日仍前供养”。

宋代插花时尚的流行，催生出高超的插花技艺。你去看看南宋画师李嵩的《花篮图》，便可以真切地领略到宋人精妙的插花艺术与精致的审美情趣。《花篮图》有春夏秋冬四幅，其中《夏花篮图》中的插花作品，以夏天盛放的大朵蜀葵作为主花，栀子花、石榴花、含笑、萱草为配花，衬绕于旁边。《冬花篮图》中的插花作品，以带叶的大红山茶为主花，配上绿萼梅、白水仙、腊梅、瑞香等冬季花卉、绿叶，主次相从。竹篮也编织得非常精巧，与花卉相得益彰。整个插花组合看起来相当惊艳。（此处参考了网友“加斯列莫夫”先生《关于李嵩款《花篮图页》的一点推想》）

雅与俗

为什么宋朝会形成这样一种雅俗兼资的生活时尚与审美风尚呢？一个不可忽略的原因是，正好在宋代，有两个群体都发育成为基数庞大的社会阶层，同时登上了历史舞台，那就是平民士大夫群体与市民群体。

宋代之前，门阀制度犹存，政治—文化资源主要集中在世族手里，通过科举制度脱颖而出的平民士大夫数目有限。由于社会中存在着阶级壁垒，贵族圈子内的高雅审美无法与社会大众的世俗化审美发生碰撞与交流，所以不管是插花，还是焚香，除了寺院，基本上都是贵族在玩。

历史进入宋代之后，贵族制度完全解体，门阀世家消失，大量平民士大夫通过科举制度崛起于市井、田亩间。隋唐时虽说已经推行科举制，但取士之数目有限，每榜不过录取一二十人而已。宋代是历史上第一个全面通过科举取士的王朝，每榜录取的进士数目扩大了10倍以上。据研究者统计，两宋三百余年，总共通过科举考试录取进士及诸科登科人数超过10万名，是唐至五代登科总人数的近10倍、元代的近100倍、明代的近4倍、清代的3.8倍。在这10万多名宋朝进士中，布衣出身之人超过半数。

这个数目巨大的平民士大夫群体，受过良好的教育，一般都拥有闲适的生活，具有较高的审美能力，追求雅致的品位，因此，他们理所当然地成了社会雅文化的引领者。

与此同时，宋朝社会又开始生成了市民阶层。我们知道，宋朝的城市商业很繁荣，你展开《清明上河图》，就可以看到，开封城内商铺林立，街道两边都是酒楼茶舍、饭店客邸，以及各种小吃店、小摊、修车铺、解库（银行）、书棚、香药铺、布帛铺、医馆，等等。繁华的城市商业可以吸纳数量庞大的农业剩余劳动力，使他们能够在城市中安身立足，成为市民群体之一员。

在中国历史上，宋朝是城市化率最高的一个朝代，学者的研究显示，北宋的城市人口占20.1%，南宋时达到22.4%。如果据日本汉学家斯波义信的看法，南宋鼎盛时期的城市化率可能达到30%。而清代中叶（嘉庆年间）的城市化率约为7%，民国时才升至10%左右，到1957年，城市化率也不过是15.4%。

因为城市人口快速增长，宋朝出现了独立的城市户口，当时称为“坊郭户”，与“乡村户”相对。凡居住在城市的官员、士绅、商人、小商贩、城市手工业者、雇佣工、一般居民，都计入坊郭户。坊郭户的出现，显示了市民阶层正式登上历史舞台，一个全新的市民社会正在形成当中。

这个市民群体有着庞大的文化消费需求，还有基本的文化消费能力，他们喜欢追随社会精英阶层的审美情趣，加入士大夫引领的生活风尚之中。于是，文人雅士间热衷于挂画、点茶、插花、烧香，寻常市民也跟着玩起了四般雅事。

一个社会，如果雅文化能够接纳俗文化，俗文化能够融入雅文化，雅俗兼资，这个社会的审美情趣就不会变得非常粗鄙。可惜的是，宋朝兴起的挂画、点茶、插花、烧香四雅事，在宋亡之后都渐渐式微、没落了。倒是这四雅事中的点茶、插花、烧香传到日本，发展成日本人的茶道、花道、香道，算是“墙内开花墙外香”的又一例证。

酒色里有大名堂

入冬了，天气渐寒。这个时节，还有什么比饮一杯温温的小酒更能熨帖我们的身体与心灵的呢？冬天饮酒，酒要烫热，所谓“榾柮无烟雪夜长，地炉煨酒暖如汤”，所谓“风高霜挟月，酒暖夜生春”，宋人饮酒，讲的是享受。

最适宜烫热喝的酒，当推黄酒。宋代是中国黄酒的黄金时代，宋人雪夜围炉畅饮的小酒，当然是黄酒。黄酒源于中国，且唯中国有之，与啤酒、葡萄酒并称世界三大古酒。经典的黄酒，酒液如琥珀，呈金黄色，今人亦以金黄色为黄酒的基色，并以“黄酒”命名。不过，“黄酒”不等于“黄颜色的酒”，按黄酒定义，以谷物作原料，通过酒曲的糖化发酵而酿造出来的非蒸馏酒，可统称为黄酒。在宋人的酒席上，黄酒也并非只有一种颜色，而是酒色丰富，简直可以用“五颜六色”来形容。

明朝的李时珍总结过黄酒的色泽：“酒，红曰醍，绿曰醽，白曰醝。”在古人的酒瓶里，装着的黄酒可能是绿色的，可能是白色的，也可能是红色的。南宋有位高士，叫白玉蟾，好饮，每饮一款酒，都写一首诗。他饮过绿色酒，写道“酒色酤来竹叶青”；他饮过白色酒，写道“白酒黄封冽以妍”；他饮过红色酒，写道“酒杯满泛榴花色”；他当然也饮过金黄色的美酒：“闲倾一盏中黄酒，闷扫千章内景篇。”

绿酒，我们也许会觉得很是奇特，怎么会有绿色的酒？但古人饮用的黄酒，有一些品种，酒色确实呈现出淡绿色，以至于留下一个成语：

“灯红酒绿。”南宋时临安府有两款名酒，叫“竹叶清”“碧香”，从酒名看，可能酒色就是淡青色的。宋人诗词中也有许多描述“绿酒”的诗句，如晏殊词“绿酒初尝人易醉”；王安石诗“令节想君携绿酒”；陆游诗“炉红酒绿足闲暇”。

北宋学者韩维经常跟朋友饮绿酒。他与友人游临淄园林，说“长安绿酒春正美，与子一醉万事齐”；与友人春日对酒，说“绿酒细斟消暇日，朱弦缓拨对春风”；收到友人寄来的美酒，亦说“开壶绿酒金英满，走笔雕章锦段成”。不过，这里的“绿酒”，很可能也是美酒的代称。

也有学者考证，绿酒的绿，是指浮于酒面的酒糟颗粒，因为其色淡绿，其状如蚁，所以古人又称之为“绿蚁”，陆游有诗曰：“酒倾绿蚁满杯浮。”最著名的“绿蚁”诗，当推白居易的《问刘十九》“绿蚁新醅酒，红泥小火炉。晚来天欲雪，能饮一杯无？”

宋人也饮用白酒，不过这里的白酒并不是今人所说的蒸馏酒（烧酒），而是指酒色为乳白色的米酒，诗人张耒笔下的田家小酒：“社南村酒白如饧，邻翁宰牛邻媪烹。”便是宋朝农家自酿的白酒。我曾酿过糯米酒，色泽确如淡白色的米汤。

陆游很喜欢喝白酒，说“君其置之且共酌，白酒方熟黄鸡肥”。由于白酒往往没有过滤、澄清的工序，酒液略浑浊，又名“浊酒”；酒面常常浮着白色酒渣，故而又被称为“白蚁”。黄庭坚有几首诗都写了“白蚁”：“行望酒帘沽白蚁，醉吟诗句入丹枫”；“黄花满篱落，白蚁闹瓮盎”；“黄花尚满篱，白蚁方浮瓮”；诗中的“白蚁”，都是指宋朝白酒。

宋朝白酒的酒精度非常低，夏天时甚至可以拿来当解暑的饮料喝。而在寒冷的冬天，喝一碗烫热的白酒，也不失为一种享受，南宋末诗人方回有诗说：“冲风踏雪须归去，荠菜肥甜白酒香。”

宋人又有诗说：“白酒新篘红酒香。”白酒我们刚刚说过，那红酒呢？宋人喝的红酒，当然不是今天我们熟悉的葡萄酒，而是一种使用红曲酿造的黄酒，其色赤红，宋人常常用“真珠红”相形容，如方岳诗：“糟床夜压真珠红，摩挲醉面迎春风”；韩驹诗“五侯池沼卷东风，酿作真珠滴小红”；秦观词“小槽春酒滴珠红”。

宋人饮酒比较讲究酒器的搭配，酒色赤红的酒，倒入白瓷酒器或银酒器，酒色正好与酒器交相辉映，你看宋人是这么说的：“正嫌酒作鸡冠赤，洗盏惊看白玉腴”；“天台红酒须银杯，清光妙色相发挥”。

诸酒色中，色如琥珀的宋酒品质为最佳，因为要将酒酿出清澈的金黄色，需要优质的酒曲，也需要更成熟的酿酒技艺，还需要耐心等待岁月的沉淀。宋人酿造的黄酒呈现琥珀色，意味着当时的酿酒技术已经非常成熟，品质非浊酒、村酿可以比拟。

宋朝的文人雅士常用“鹅黄”“鹅儿黄”“琥珀”来形容这种高品质的黄酒：“沽来官亭酒，艳流胜琥珀”；“鹅儿黄液重，象鼻碧筒香”。对酒非常讲究的苏轼说：“应倾半熟鹅黄酒，照见新晴水碧天。”这首诗是他写给弟弟苏辙的，苏辙也说：“案上细书憎蚁黑，禁中新酒爱鹅黄。”

◎宋　佚名《花坞醉归图》，上海博物馆藏

宫廷中的御酒，以色如鹅黄为上品。可以想象，当时的皇家名酒“香泉”“天醇”“琼酥”“琼腴”，都是顶级的鹅黄酒。

色如琥珀的鹅黄酒，须配以雅致的青白瓷酒器，或者通透的玻璃酒器，方称“清光妙色相发挥”，所以深谙酒中三昧的陆游说：“十年流落狂不除，遍走人间寻酒垆。青丝玉瓶到处酤，鹅黄玻璃一滴无。”

人生一大美事是什么？北宋人曾几说：“报答春工选何物，鹅儿黄酒十分倾。”南宋人范成大说：“新年社瓮鹅黄满，胜醉田头紫领巾。”大诗人陆游对于鹅黄美酒更是情有独钟：“鹅黄名酝何由得？且醉杯中琥珀红”；“乱插酴醾压帽偏，鹅黄酒色映觥船”。酴醾是鲜花；觥船不是船，是饮酒器。

在寒冷的冬天，温一瓶黄酒，摇动那醉人的琥珀色，品味那温厚的酒液，我们也可以像宋人一样将小日子过得十分风雅。

美酒还需配良器

金庸《笑傲江湖》第十四回，写祖千秋请令狐冲喝酒时，发表了一通“论杯”的高论：“饮酒须得讲究酒具，喝甚么酒，便用甚么酒杯。”喝汾酒当用玉杯，因为“唐人有诗云：‘玉碗盛来琥珀光。’可见玉碗玉杯，能增酒色”；喝关外白酒当用犀角杯，因为“犀角杯增酒之香”；饮葡萄酒当用夜光杯，因为唐人有诗云：“葡萄美酒夜光杯，欲饮琵琶马上催”；喝高粱美酒须用青铜酒爵，“始有古意”；米酒呢，“其味虽美，失之于甘，略稍淡薄，当用大斗饮之，方显气概”；饮百草酒须用古藤杯，因为古藤杯能“大增芳香之气”；饮绍兴状元红，“须用古瓷杯，最好是北宋瓷杯，南宋瓷杯勉强可用，但已有衰败气象，至于元瓷，则不免粗俗了”；饮梨花酒，当用翡翠杯；饮玉露酒，当用琉璃杯。

祖千秋的这个饮酒美学，好比是乡村老秀才的讲究，刻奇，媚雅，只能吓唬令狐冲这等江湖莽夫。不过，他说“饮酒须得讲究酒具”，倒是对的。其实，饮茶也是如此。我见过一位附庸风雅的朋友，以黑色的建盏饮茶，称这是宋人之风。宋人饮茶确实崇尚用建盏，那是因为，宋代的点茶尚白，乳白色的茶汤配以黑色的建盏，相映成趣。你现在喝的茶，是冲泡的散茶，茶色清澈，非要用建盏相配，那就是审美的教条主义了。

从宋至今，中国人的饮茶习惯发生了一次大变革，从末茶转而为散茶，从点茶转而为泡茶，茶具也随之出现变迁。从宋至今，中国人的饮酒习惯也发生了一次大变革，宋人以黄酒为尚，直至清中叶，白酒才兴盛起来，饮黄酒的酒器，跟白酒器是大不相同的。而我们若要谈中国的酒文化，也是绕不开传统的酒器文化的。

今天就来聊聊宋人常用的酒器。一般来说，酒器可以分为三大类：储酒器、注酒器、饮酒器。常见的储酒器有酒瓮、酒坛等；注酒器有注子、执壶等；饮酒器则有杯、盏等。

宋朝流行一种十分雅致的储酒器，叫作“经瓶”，有时也讹为“京瓶”。宋人袁文《瓮牖闲评》说：“今人盛酒大瓶，谓之‘经京瓶’，乃用京师之‘京’字，意谓此瓶出自京师，误也。京字当用经籍之‘经’，普安人以瓦壶小颈、环口、修腹、受一斗，可以盛酒者，名曰‘经’。则知经瓶者，当用此经字也。”

经瓶的经典造型是小口、短颈、丰肩、瘦底、圈足。下图为龙泉青瓷博物馆收藏的南宋龙泉刻花青瓷梅瓶：

◎南宋龙泉刻花青瓷梅瓶，龙泉青瓷博物馆藏

由于经瓶造型大方美观，明清时期的人干脆将经瓶拿来作为室内的陈设，不装酒了，并改称为“梅瓶”。为什么叫梅瓶呢？有人说，此瓶口小，只能插梅枝，因而得名。其实不对，清末民初的《饮流斋说瓷》解释说：“梅瓶，口小而项短，肩极宽博，至颈稍狭折，于足则微丰。口径之小仅与梅之瘦骨相称，故名梅瓶。宋瓶雅好作此式，元明暨清初，历代皆有斯制。”

宋代还流行另一种酒瓶，叫作“玉壶春瓶”。玉壶春瓶的经典造型是，“状似美人肩，而项短、腹大、口颇侈者”，可参见大英博物馆收藏的北宋汝窑天青釉玉壶春瓶：

◎北宋汝窑天青釉玉壶春瓶，
大英博物馆藏

◎白釉酒注子温碗，
中国国家博物馆

不过，小巧的玉壶春瓶应该不是储酒器，而是注酒器。古人饮酒，须先将酒从储酒器倒入注酒器，而不是开瓶后直接就倒入酒杯。因此，我们从宋元时期的画作中，可以看到，作为储酒器的梅瓶通常放在地上，或置于别桌；而玉壶春瓶则直接放在酒席上，或者由侍女手执。

由于玉壶春瓶造型雅致，明清人也直接将其用于室内陈设。

宋人饮酒，最常用的注酒器是“温碗注子”，由“温碗”+“注子”组合而成。何谓“注子”？姚灵犀《金瓶小札》说：“温酒之器，无柄无提梁，上丰下杀，如瓶状，今名酒注子。”不过，宋时注子是有壶柄的。温碗则是承放注子的器皿。饮酒之时，先以注子盛酒，再将注子套于温碗上，温碗可倒入开水，将注子里的酒温热。

将酒烫热了喝，是饮用黄酒的一大特色，正如现在很多人饮用日本清酒时，往往要加冰。所以，温碗注子也是传统黄酒的标配。

黄酒略温热，便可倒入各人面前的杯盏中了。古人所用的杯和盏，造型都差不多，接近于碗，而跟今人常见的酒杯大不相同。宋人的杯盏，往往还有配套的盏托，叫作“酒台子”。杯盏加上配套的盏托，又叫作

◎北宋钧窑天青釉托盏，中国国家博物馆

“托盏”。

黄酒色如琥珀，用白瓷盏或青白瓷盏盛酒，正好匹配，所谓“玉碗盛来琥珀光”的美酒，其实是黄酒，而不是金庸老爷子所说的什么汾酒。宋代还有一些黄酒，实际上是呈乳白色，叫作“白酒”，其实是黄酒之一种，跟今人所说的蒸馏白酒并非同一回事。从审美的角度来说，饮用“白酒”（白色米酒），则以深色杯盏为宜。

梅瓶、温碗注子、托盏，便是宋人一场比较讲究的酒宴上“一个都不能少”的酒器了。我们在传为宋徽宗所绘的《十八学士图卷》（台北故宫博物院藏）中，也可以找到这些酒器：

◎宋徽宗（传）《十八学士图卷》局部，台北故宫博物院藏

可以想象，宋人的饮酒习惯是温文尔雅的，追求的是格调与礼仪，而不是单纯的酒精刺激。其后，高度白酒兴起，中国人在酒桌上的表现便越来越粗鄙、粗暴、粗俗了。但即使在白酒开始兴盛的清代，有文化品位的人，都是以饮用黄酒为尚。即便是今天的西方宴会，也是主要饮用低酒精度的鸡尾酒、红酒，而不是拼高度酒。

宋诗里的瓶花与花瓶

最近我们家跟花店订了鲜花，一周送一束，一束可供养七天，于是家里天天都有鲜花。寒舍简陋，冬日寒冷，但一瓶鲜花，可以让人感到春意盎然，就如午后阳光。

我们的生活态度是向风雅的宋人学习的。宋代可谓是最热爱插花的一个时代，再没有比宋人更喜爱鲜花了，插花是当时整个社会的生活时尚，不但文人雅士以插花为雅事，寻常百姓家也有供养瓶花的习惯，就如今日讲究雅趣的市民、白领、小资，经常会买一束鲜花回家，插在瓶中，装饰生活。

每年暮春初夏，正是鲜花盛放时节，也是南宋杭州的鲜花生意最为兴旺之时。吴自牧《梦粱录》说："春光将暮，百花尽开，如牡丹、芍药、棣棠、木香、酴醿、蔷薇、金纱、玉绣球、小牡丹、海棠、锦李、徘徊、月季、粉团、杜鹃、宝相、千叶桃、绯桃、香梅、紫笑、长春、紫荆、金雀儿、笑靥、香兰、水仙、映山红等花，种种奇绝。卖花者以马头竹篮盛之，歌叫于市，买者纷然。"

不独春夏如此，一年四季都有鲜花叫卖，"四时有扑戴朵花。春扑戴朵桃花、四香、瑞香、木香等花；夏扑金灯花、茉莉、葵花、榴花、栀子花；秋则扑茉莉、兰花、木樨、秋茶花；冬则扑木春花、梅花、瑞香、兰花、水仙花、腊梅花"。你看，宋朝人家瓶插的鲜花品种多么丰富，完全不输今日。

许多首宋诗都写到插花的生活习惯。陆游《临安春雨初霁》云："小楼一夜听春雨，深巷明朝卖杏花。"虽未明言插花，但这在小巷里叫卖的杏花，显然是供临安人家买来瓶插。你看董嗣杲《山丹花》诗写道："扑卖有声传寂昼，幽妍无力借薰风。窑瓶插满清香烈，欹枕探吟鄙鹿葱。"诗人就买来山丹花，插在窑瓶中。他另有一首《佛手花》诗："谁汲野泉临晓浸，瓦瓶插供白衣仙。"这回陶瓶里插的是佛手花。范成大《瓶花》诗："水仙镌蜡梅，来作散花雨。但惊醉梦醒，不辨香来处。"卧室里插了水仙与蜡梅。钱时《瓶插月桂》诗："月桂闹装红欲滴，绣球圆簇白如霜。"插的则是月桂花。

高翥亦有诗："安排瓦砚临章草，收拾瓮瓶插郑花。"郑花，又名"山矾"，名字为黄庭坚所起："江湖南野中，有一小白花，木高数尺，春开极香，野人号为郑花。王荆公尝欲求此花栽，欲作诗而漏其名，予请名山矾。野人采郑花以染黄，不借矾而成色，故名山矾。"马廷鸾诗："匙抄天上神仙饭，瓶插人间富贵花。"富贵花，即国色天香的牡丹花。杨万里诗："路旁野店两三家，清晓无汤况有茶。道是渠侬不好事，青瓷瓶插紫薇花。"这家路边小家用青瓷瓶插了一束紫薇花。

虞俦诗："犹有一枝秋色在，明窗净几胆瓶中。"插的是木樨花，因为诗的题目叫《廨舍堂前仅有木樨一株，今亦开矣，为赋二绝句》。赵师秀诗："自洗铜瓶插欹侧，暂令书卷识奢华。"插的是芍药，因为题目是《叶侍郎送红芍药》。楼钥诗："中有桃源天地宽，杳然溪照武陵寒。莫言洞府无由入，试向桃看背后看。"吟咏的是瓶插的桃花、松叶与竹枝，因为诗的题目叫《以十月桃杂松竹置瓶中》。

陈与义诗："画取维摩室中物，小瓶春色一枝斜。梦回映月窗间见，不是桃花与李花。"瓶里插的不是桃花、李花，那是什么花卉？梅花。梅花大概是宋诗中最常见的瓶花了，如张镃有诗曰："更取梅花瓶内插，放教清梦月横江。"陆游亦有诗曰："床头酒瓮寒难熟，瓶里梅花夜更香。"舒邦佐的《至日见梅》诗说："花瓶荅子能多少，占却人间无限情。"写的当然也是瓶插梅花。

杨万里曾与严参等九位朋友雅聚，同咏“瓶里梅花”。其中严参诗云：“小瓶雪水无多子，只篸横斜一两枝。”杨万里诗云：“胆样银瓶玉样梅，北枝折得未全开。”寒冬之时，折一枝梅花插于室内花瓶，春天就提前到来了。杨万里还有一首《春兴》诗：“窗底梅花瓶底老，瓶边破砚梅边好。诗人忽然诗兴来，如何见砚不见梅。急磨玄圭染霜纸，撼落花须浮砚水。诗成字字梅样香，却把春风寄谁子。”梅花在花瓶里老去、凋零，而春天也即将来临，向谁报春呢？

瓶插鲜花，花瓶也得讲究啊。明人《瓶花谱·品瓶》提出：“瓷器以各式古壶、胆瓶、尊、觚、一枝瓶，为书室中妙品，次则小蓍草瓶、纸锤瓶、圆素瓶、鹅颈壁瓶，皆可供插花之用。余如暗花、茄袋、葫芦样、细口、匾肚、瘦足药坛等瓶，俱不入清供。”古壶、胆瓶、尊、觚、一枝瓶均为宋人喜欢的花器。

宋诗里也写到很多花器，如周紫芝《酴醾小壶色香俱绝灯下戏题》诗：“芳条秀色净如霜，折得残枝近笔床。月冷灯青花欲睡，可怜虚度此时香。”诗人用小壶插了酴醾花。葛胜仲有一首小词说：“官梅疏艳小壶中，暗香浓。玉玲珑。”插梅花的花器也是小壶。

刘克庄诗：“日日铜瓶插数枝，瓶空颇讶折来稀。出城忽见樱桃熟，始信无花可买归。”诗人家用来插樱桃花的花器，是铜瓶。晁公溯诗：“折得寒香日暮归，铜瓶添水养横枝。”也是用铜瓶插花，不过插的是梅花。还有人用竹筒插梅花，南宋人邓深有一首《竹筩养梅置窗间》诗就说：“截筩存老节，折树冻疏枝。”

宋代无名氏小词《玉交枝》：“胆样瓶儿几点春，翦来犹带水云痕。”前引杨万里诗：“胆样银瓶玉样梅，北枝折得未全开。”诗词中的“胆样瓶儿”“胆样银瓶”，则是宋时十分流行的胆瓶，器型为“直口、细长颈、削肩，肩以下渐硕，腹下部丰满”，因状如悬胆而得名。宋人喜欢用胆瓶插梅，俞德邻有《梅花》诗：“胆瓶谁汲寒溪水，带月和烟簪一枝。”

玻璃瓶插花也别有趣味，不要以为近代才有玻璃花瓶，其实玻璃花瓶早出现在宋人的生活里。宋籥《木樨花》诗说：“乱插琉璃瓶，于斯殊不俗。”贺铸《最多宜》词说：“半解香绡扑粉肌，避风长下绛纱帷，碧琉璃水浸琼枝。”诗中的琉璃瓶，即玻璃花瓶。

◎《戏猫图》里的花瓶

宋人还经常用酒器插花。美酒喝完，剩下精美、雅致的酒瓶，扔了多可惜，用来插花正般配。乾隆皇帝有一首“咏官窑胆瓶”的打油诗说：“古瓶盛酒后簪花，花酒由来本一家。”此人的诗歌写得不怎么样，但

“花酒一家”之说却有道理。苏辙也有诗曰：“春初种菊助盘蔬，秋晚开花插酒壶。”另一位宋人萧泰来说：“可是近来疏酒盏，酒瓶今已作花瓶。”你看，他们都用酒瓶插花。

宋朝有一款非常流行的酒瓶，叫“玉壶春瓶”，器型为“撇口、细颈、垂腹、圈足”，大约就是从胆瓶演化而出。由于玉壶春瓶造型雅致、线条柔美，宋人也常用来插花。元代的冯子振与释明本合著有一册咏梅的唱和诗集，其中冯子振诗曰：“旋汲澄泉满胆瓶，一枝斜插置幽亭。”释明本诗曰：“清晓呼童换新汲，只愁冻合玉壶春。”冯诗中的胆瓶，大概便是释诗中的玉壶春瓶。元人的插花习惯显然继承自宋代，因为宋人曹组有一首《临江仙》小词，就写了玉壶春瓶插梅花：“数枝梅浸玉壶春。雪明浑似晓，香重欲成云。”

宋代还流行一款酒瓶，叫作“经瓶”，又称“梅瓶”，器型为“小口、短颈、丰肩、修腹、敛身、瘦足”，正适合装酒。由于梅瓶造型落落大方，十分美观，宋人也用它来插花。宋诗里有插花的梅瓶，如方逢振诗：“石几梅瓶添水活，地炉茶鼎煮泉新。”韩淲诗：“诗案自应留笔砚，书窗谁不对梅瓶。”诗中的“梅瓶”，可能只是“插梅之瓶”的泛称，未必特指“丰肩修腹”的经瓶，不过，我们可以从宋画《戏猫图》找到两只插花的经瓶。

如果你有别致的酒瓶，可别扔了，将它摆在客厅、书房、卧室，再插上一束鲜花，便是一室春光。

（本文部分关于宋诗的史料参考了扬之水女士的《宋代花瓶》、孟晖女士的《论宋代绘画中的玻璃器》）

让陆游念念不忘的酒，到底是什么酒

翻看周密《武林旧事》与西湖老人《西湖老人繁胜录》，两书均收录有南宋时期的多款驰名黄酒。

《武林旧事》记载的南宋“诸色酒名”有：

“蔷薇露、流香（并御库）；宣赐碧香、思堂春（三省激赏库）；凤泉（殿司）；玉练槌（祠祭）；有美堂、中和堂、雪醅、真珠泉、皇都春（出卖）；常酒（出卖）；和酒（出卖并京酝）；皇华堂（浙西仓）；爱咨堂（浙江仓）；琼花露（扬州）；六客堂（湖州）；齐云清露、双瑞（并苏州）；爱山堂、得江（并东总）；留都春、静治堂（并江阃）；十洲春、玉醅（并海阃）；海岳春（西总）；筹思堂（江东漕）；清若空（秀州）；蓬莱春（越州）；第一江山（北府兵厨）；锦波春、浮玉春（并镇江）；秦淮春、银光（并建康）；清心堂、丰和春、蒙泉（并温州）；萧洒泉（严州）；金斗泉（常州）；思政堂、龟峰（并衢州）；错认水（婺州）；溪春（兰溪）；庆远堂（秀邸）；清白堂（杨府）；蓝桥风月（吴府）；紫金泉（杨郡王府）；庆华堂（杨驸马府）；元勋堂（张府）；眉寿堂、万象皆春（并荣邸）；济美堂、胜茶（并谢府）。点检所酒息，日课以数十万计，而诸司邸第及诸州供送之酒不与焉。盖人物浩繁，饮之者众故也。”

《西湖老人繁胜录》记载的杭州“酒名”有：

“玉练槌、思春堂、皇都春、中和堂、珍珠泉、有美堂、雪腴、太常、和酒、夹和、步司小槽、宣赐碧香、内库流香、殿司凤泉、供给酒、琼花露、蓬莱春、黄华堂、六客堂、江山第一、兰陵、龙游、藩葑府第酒、庆远堂、清白堂、蓝桥风月。”

单是这些酒名，就让人垂涎欲滴、食指大动了。不过这里我们只来细说其中的两款美酒——南宋临安御酒库出品的“蔷薇露”与“流香”。这两款出自御库酿酒师之手的御酒，无疑代表了南宋顶级的美酒。

宋人笔下的“蔷薇露”，通常有两个意思，一是指香水，当时有一款从大食国进口的香水，就叫“蔷薇露”，又称“蔷薇水”，香味非常浓郁：“异域蔷薇花气馨烈非常，故大食国蔷薇水虽贮琉璃缶中，蜡密封其外，然香犹透彻闻数十步，洒著人衣袂，经十数日不歇也。”

“蔷薇露”的另一个意思，就是指南宋御库出品的一款美酒。酒以“蔷薇露”命名，可能是因为这款酒的酒色如蔷薇花，呈赤色；也可能是因为此酒有着浓烈的酒香。

据陆游《老学庵笔记》：“禁中供御酒名蔷薇露，赐大臣酒谓之流香酒。”可知“蔷薇露”酒是御库特供皇室饮用的御酒，偶尔才会赏赐给个别大臣，因此能喝到的人极少。

高宗朝翰林学士兼侍读周麟之是饮过“蔷薇露”酒的少数大臣之一，喝下“蔷薇露”酒之后，周麟之特别写了一首《双投酒》诗纪念：“君不见白玉壶中琼液白，避暑一杯冰雪敌。只分名冠万钱厨，此法妙绝天下无。又不见九重春色蔷薇露，君王自酌觞金母。味涵椒桂光耀泉，御方弗许人间传。向来我作金门客，不假酿花并渍核。日日公堂给上尊，时时帝所分余沥。”

从诗中透露出来的信息看，周麟之喝“蔷薇露”的时间应该是夏天，因此酒中可能加了冰块。一位研究黄酒的朋友告诉我，夏天喝黄酒，可在酒杯中投入几颗冰镇过、剥了皮的葡萄，味道非常好。我从前只知道冬日喝黄酒要烫热，却不知夏天喝黄酒可加冰，而宋人早就这么饮酒了：“冰壶避暑压琼艘，火高敌寒挥玉斗。”

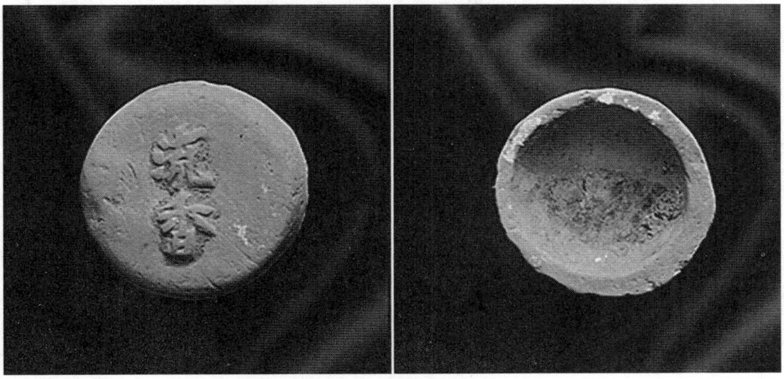

◎南宋“流香”酒瓶封泥

后来周麟之出使金国，喝到金国的名酒“金澜酒”，又想起了“蔷薇露”：“南使来时北风冽，冰山峨峨千里雪。休嗟虏酒不醉人，别有班觞下层阙。或言此酒名金澜，金数欲尽天意阑。醉魂未醒盏未覆，会看骨肉争相残。一双宝榼云龙翥，明日辞朝倒壶去。旨留余沥酹亡胡，帝乡自有蔷薇露。”

南宋著名学者楼钥也曾获宋孝宗御赐“蔷薇露”酒。他写有一首《三月七日上赐牡丹并蔷薇露劝酒》诗相纪念：“几见牡丹东海涯，暮年敢谓到京华。休论千品洛中谱，惊看百枝天上花。况有八珍来禁苑，更加双榼赐流霞。阖门饱暖聊同醉，稽首将何报宅家。”

相比之“蔷薇露”酒，饮过“流香”酒的宋人更多一些，因为“流香”酒是皇室赏赐大臣的专用御酒。楼钥不但喝过“蔷薇露”，还喝过“流香”，他有诗曰：“酒号流香盛宝榼，烛然新火散青烟。儿孙不识君恩重，但觅东宫赐剧钱。”

当过宰相、侍讲的南宋诗人周必大也喝过“流香”酒，因为他曾自述：淳熙年间，“某以待制侍讲经筵，赐流香酒四斗”。周必大还写过一首讲述他在东宫喝“流香”酒的诗歌：“流香传御酒，七宝簇宫茶。”

当过礼部尚书兼侍读的张大经也喝过“流香”酒：“尝侍燕闲，赐坐从容，上问：日饮几何？……及归院，即宣赐流香、果实。”

南宋末大学者林希逸也曾经获赐“流香”酒，晚年他回忆说：“襆被当年去省房，村沽空忆御流香。花城不靳分新酿，应笑三升恋帝乡。”

我们熟悉的南宋大诗人陆游家中，也珍藏着一点“流香”酒，显然也是来自皇家的御赐。陆游有一首《乍晴出游》说：“八十山翁病不支，出门也赋喜晴诗。小楼酒旆阑街处，深巷人家晒练时。本借微风欹帽影，却乘新暖弄鞭丝。归来幸有流香在，剩伴儿童一笑嬉。”诗中附小注：“流香，所赐酒名。”

入元之后，原来深藏于御酒库的“蔷薇露”与“流香”酒，可能流入了民间，寻常百姓也有机会品尝到。因为元初有一位宋遗民，在他的《西湖春日壮游即事》诗中写道：“进余薇露与流香，散落人间任品尝。处处旗亭招客醉，大书水是赶春场。”但之后，诗人的作品中便不见了“蔷薇露”与“流香”的记载。

宋朝的“蔷薇露”与“流香”究竟是何模样，我们今日已经看不到了，唯有透过宋人的诗歌，想象当年的酒色与酒香。我曾在网上看到杭州有一位收藏家，偶然得到一枚南宋时的酒瓶泥封，泥封上恰好铭有“流香”二字，想来这应该就是南宋御库美酒“流香”的历史证物了。

只是不知道这枚泥封曾经封盖的那瓶“流香”酒，陶醉了哪一位南宋风流人物，是陆游，还是楼钥？

（参考文献：王赛时《宋代诗歌中反映的酿酒及饮酒情形》）

宋朝女子的妆奁里有什么化妆品？

（附古法化妆品制作秘方）

成都龙泉驿曾发现一处大型的宋代墓葬群，十四座砖室墓的文物已经陆续清理出来。文物考古工作队确认墓主为渤海高氏后裔，北宋时定居于山西绛县，南宋初年南迁成都，其中M10墓主人为宋仁宗时期著名的山水画家高克明。这位画家，我使用过他的画作，向他致敬。更令我感兴趣的是，从这一宋墓群中，还出土了一套保存完好的宋代仕女妆奁，里面装有梳、篦、妆镜、白瓷化妆盒，盒内还有化妆品。

我们忍不住要猜想：宋朝女子的化妆盒内，到底会有哪些化妆品呢？

不用说，女孩子天性爱美，宋朝女子也一样，她们的妆奁之内，肯定装了琳琅满目的化妆品，不会比今日你的化妆包逊色。

一　染甲液

今日的城市女性有“美甲”的时尚，古代的女子一样也爱“美甲”，一首唐诗说：“十指纤纤玉笋红，雁行轻遏翠弦中。”这位弹琴的唐朝少女便染红了指甲。那么古人用什么染甲呢？她们有秘制的染甲液。南宋周密的《癸辛杂识续集》介绍了一条美甲的方法：“凤仙花红者用叶捣碎，入明矾少许在内，先洗净指甲，然后以此敷甲上，用片帛缠定过夜。初染色淡，连染三五次，其色若胭脂，洗涤不去，可经旬，直至退甲，方渐去之。或云此亦守宫之法，非也。今老妇人七八旬者亦染甲。”你看，连老人家也爱染红指甲。

二　画眉墨

女性自古爱画眉。宋代女性画眉流行使用画眉墨。画眉墨是人工配制的化妆品，宋人陶谷《清异录》记载：唐末以来，妇人“不用青黛扫拂，皆以善墨火煨染指，号熏墨变相”。赵彦卫《云麓漫钞》也说：“前代妇人以黛画眉，故见于诗词，皆云‘眉黛远山’。今人（即宋人）不用黛而用墨。”

这种画眉墨是一种烟墨，南宋陈元靓在《事林广记》中记载了烟墨的制作方法：“真麻油一盏，多着灯心搓紧，将油盏置器水中焚之，覆以小器，令烟凝上，随得扫下。预于三日前，用脑麝别浸少油，倾入烟内调匀，其墨可逾漆。一法旋剪麻油灯花，用尤佳。”有兴趣的朋友不妨依着这法子，DIY 一瓶画眉墨试试。

三　粉底

化妆需要先打粉底。古人所用的粉底一般是铅粉，所以后人干脆用“铅华”来指称粉底。有一首《田家谣》宋诗写道：“中妇辍闲事铅华，不比大妇能忧家。”说的是一户农家的二媳妇比较爱美，忙里偷闲化妆打扮。但铅粉虽可美白，毕竟有毒，所以宋人又用石膏、滑石、蚌粉、腊脂、壳麝调制粉底。

◎1988 年德安县义峰羽绒厂出土的宋代粉盒与粉扑

明朝人秦兰征则介绍了一款用紫茉莉与白鹤花果实制作粉底的古法，这里也抄来献给诸位 DIY：“收紫茉莉实，拣取其仁，蒸熟用之，谓之‘珍珠粉’。秋日，白鹤花发蕊，剪去其蒂，如小瓶然，蒸熟用之，谓之‘玉簪粉’。至立春仍用珍珠粉，盖珍珠粉遇西风易燥，而玉簪粉过冬无香也。”你也试试？

四　胭脂

胭脂也是宋朝女子不可离之须臾的化妆品，欧阳修有不少艳词都写到了胭脂，如“好个人人，深点唇儿淡抹腮”；“浅浅画双眉，取次梳妆也便宜，洒着胭脂红扑面”。古人调制胭脂的原料有红蓝花：“以红蓝花汁凝作燕脂，以燕国所产，故曰燕脂。”宋人也用一种叫作“紫铆”的植物分泌物制作胭脂：“紫铆状如糖霜，结于细枝上，累累然，紫黑色，研破则红。今人用造绵烟脂，迩来亦难得。”

由于女性消费者对胭脂的需求量很大，宋朝城市中便出现了以卖胭脂为生的商人，有些胭脂铺子，已打出了响当当的品牌，《梦粱录》的“铺席”条记录了一批“杭城市肆名家”，类似于今日的驰名商标，其中就有“修义坊北张古老胭脂铺”与“染红王家胭脂铺”。

五　口红

你化一个美妆，少不了一支口红。宋朝闺女的妆奁内也有口红呢。一首宋词写道：“宝奁常见晓妆时，面药香融傅口脂。”这里的“口脂”便是口红。我们从电视剧看到，古时女性抹口红的方式是双唇抿一下红纸。其实这是编导胡扯出来的。古人用的口脂，一般是膏状，或管状——跟你现在化妆包里的口红差不多。这种口脂的原料主要是蜂蜡，以紫草、朱砂染色，用小竹筒为模具，制作出来的口脂为圆条状，装入圆筒之内，便可以使用了。宋朝女子的口脂还加入了香料，所以她们留下来的唇印，还带着香味。

六　香水

今人流行用香水，在宋朝女子的妆奁中，香水也是她们的心爱之物。一首宋诗写道："美人晓镜玉妆台，仙掌承来傅粉腮。莹彻琉璃瓶外影，闻香不待蜡封开。"寥寥几笔，勾勒出了宋朝女子在打扮时嗅香水的娇憨之态，而诗中的那只琉璃瓶，显然就是香水瓶。

流行于宋朝的香水通常叫作"蔷薇水"，因为其香液是从蔷薇花中提炼出来的。品质最优的蔷薇水进口自大食国——就如今日最好的香水进口自法国。蔡绦的《铁围山丛谈》谈到了进口蔷薇水的过人之处："异域蔷薇花气馨烈非常，故大食国蔷薇水虽贮琉璃缶中，蜡密封其外，然香犹透彻闻数十步，洒著人衣袂，经十数日不歇也。"其实宋人自己也掌握了提炼香水的技术：用一种叫作"朱栾"的花，再加上其他香料，高温蒸馏，取其蒸馏液"置磁器中密封，其香最佳"，看来品质也不让进口的蔷薇水。

此外，在宋朝女子的化妆盒内，梳妆打扮用的铜镜、梳、篦、花钿、发簪，剃眉毛的小刀，修剪指甲的小剪子，当然也是一样不能少。

第三辑

宋朝人是怎么相亲的？

今天许多大龄青年，不是正在相亲，就是走在去相亲的路上。很多“剩男剩女”还为频频被家长逼着相亲而陷入深深的烦恼当中，视相亲为家庭“公害”。说起来，这相亲的习惯，应该起源于宋朝。宋朝之前，或许有个别的相亲行为，但将相亲纳为缔结婚姻过程的其中一个环节，却是始自宋代。

相亲环节的出现，应该说，是一个进步。你知道，古人结婚，讲的是“父母之命、媒妁之言”，法律也规定：“为婚之法，必有行媒。”一桩不经“父母之命、媒妁之言”的婚姻，是不合法的。

这个“父母之命、媒妁之言”的传统，通常被当成是“包办婚姻”的渊薮，一桩婚事，只要经媒人撮合，双方家长同意，便可宣告成立，至于新郎与新娘本人的意见，可以不予考虑。但是，宋朝人缔结婚姻，在遵循“父母之命、媒妁之言”礼法的同时，又引入一个“相亲”的环节，请男女对象先见个面，如果双方不合意，便停止说亲。换言之，因为有了“相亲”的习惯，年轻人对自己的婚事取得一定的自主权，并非全然由家长说了算。

那么宋朝人是怎么相亲的呢？说起来，过程还有些“火爆”。

按《东京梦华录》的记载，凡二姓欲结婚姻，聘请媒人说合之后，可先议定要不要“相媳妇”。若相媳妇，即男家亲人或婆往女家看中，即以钗子插冠中，谓之“插钗子；或不入意，即留一两端彩段，与之压惊，则此亲不谐矣”。

《梦粱录》的记述更详细一些：媒人说亲之后，“男家择日备酒礼诣女家，或借园圃，或湖舫内，两亲相见，谓之‘相亲’。男以酒四杯，女则添备双杯，此礼取男强女弱之意。如新人中意，即以金钗插于冠髻中，名曰‘插钗’。若不如意，则送彩缎二匹，谓之‘压惊’，则姻事不谐矣”。

根据宋人笔记的记述，我们可以了解到宋朝人的大致相亲过程：男女双方约定一个时间见面，地方通常是女方之家，或者找一个比较惬意的园圃、湖舫之内。男家要带着礼品。相亲时，如果准新郎觉得满意，就用一支金钗插到准新娘的发上，这叫作“插钗”。插钗即意味着速配成功。如果准新郎看不起准新娘呢？就给女家送上彩缎二匹，这叫作“压惊”，暗示这门亲事说不成了。

明代冯梦龙根据宋话本《西山一窟鬼》整理的《一窟鬼癞道人除怪》，讲述有宋人相亲的具体经过，我们来看看——

话说南宋绍兴十年间，有个秀才，是福州威武军人，姓吴名洪。离了乡里，来行在临安府求取功名，却一举不中，吴秀才闷闷不已，又没什么盘缠，也自羞归故里，只得胡乱在杭州州桥下开一个小小学堂度日。

这一日，吴秀才正在学堂里教书，只听得青布帘儿上铃声响，走来一个人。吴秀才看那来人，不是别人，却是半年前搬走了的邻舍王婆。原来这王婆是个媒人，专靠做媒为生。

王婆见吴秀才二十二岁，尚未婚配，就给他做媒，说眼下正好有一门亲事等着秀才您，女方是一个叫李乐娘的小娘子，长得一表人才，又知书识礼，租住在旧邻舍陈干娘的家里，说亲的都踏破了门槛，但李乐娘却说：“我只要嫁个读书官人。”这小娘子，跟秀才您正是天设地造的一对。

吴秀才一听大喜，便托王婆说合。王婆离去，找陈干娘约好了日子，带了小娘子来梅家桥下酒店里，同吴秀才“过眼则个”，亦即相亲。

到了相亲之日，吴秀才换了几件新衣裳，放了学生，一程走将来梅家桥下酒店里，远远地王婆早接见了。两个同入酒店里来。到得楼上，陈干娘接着，吴秀才便问道："小娘子在哪里？"陈干娘道："在东阁儿里坐着哩。"吴秀才走到窗外，用舌尖舐破窗眼儿，喝声彩说："她不是人！"

陈干娘说，如何不是人？吴秀才说：分明是天上的仙女。原来，那李乐娘长得："水剪双眸，花生丹脸，云鬓轻梳蝉翼，蛾眉淡拂春山；朱唇缀一颗夭桃，皓齿排两行碎玉。意态自然，迥出伦辈，有如织女下瑶台，浑似嫦娥离月殿。"吴秀才都看呆了。

吴秀才当下就插了钗，定下亲事。过了几天，便将小娘子娶过门来。

这个故事告诉我们：对宋朝人来说，"父母之命、媒妁之言"并不一定就是"包办婚姻"，而是说，他们缔结婚姻须经"父母之命、媒妁之言"的程序。在定亲之前，男女双方还要见面相亲，相互中意则"插钗"，不中意则赔礼道歉，一拍两散。

这一相亲的习俗，一直沿袭至近代。清代蒲松龄（对，就是那个写《聊斋志异》的蒲松龄）整理的"聊斋俚曲"《琴瑟乐》，便是对清代山东淄博一带相亲婚俗的生动展示。我们来看看：

"园里采花，园里采花，忽见媒婆到俺家。这场暗喜欢，倒有天来大。爹正在家，娘正在家。若是门户对的好人家，祷告好爹娘，发了庚帖罢。"说的是媒人登门提亲来了。

亲事初步说定之后，便是相亲的程序："媒人又来了，媒人又来了，说是婆婆要瞧瞧，明天大饭时，候着他来到。故意心焦，故意心焦，人生面不熟，是待怎么着？嫂子来劝我，我仔偷眼笑。"说的是媒人说亲之后，男方家长前来相亲。

相亲之日，"准新娘"很是激动："婆婆来相，婆婆来相，慌忙换上新衣裳。本等心里喜，装作羞模样。站立中堂，站立中堂，低着头儿偷眼望，看见老人家，倒也喜欢像。丢丢羞羞往外走，婆婆迎门拉住手，

◎敦煌壁画《婚礼图》

想是心里看中了，怎么只管咧着口？头上脚下细端详，我也偷眼瞅一瞅。槽头买马看母子，婆婆的模样倒不丑。”

跟着“未来婆婆”而来的还有“准新郎”，两个年轻男女也相互偷偷打量：“那人装娇，那人装娇，往我门前走几遭。慌得小厮们，连把姑夫叫。他也偷瞧，我也偷瞧：模样俊雅好丰标，与奴正相当，一对美年少。”看来双方都对上了眼。

直到20世纪80年代，我家乡一带还保留着一种古朴的相亲习俗。假设某男家委托媒人说亲，媒人说合某女家，接下来，媒人会带着男方，带了礼品拜访女方家。这时，出来接待客人的是女方家长，被说合的那位女孩子是不出面的，但她会躲在闺房内，偷偷打量男方的谈吐举止。如果她对男方有意，便会走出来给男方倒茶。如果不满意，就一直躲着不出来。女孩子一走出来倒茶，大家都心照不宣地知道这门亲事有戏了。

坦率地说，我觉得这样的相亲方式，有一种含蓄之美。

一场艳遇引出一首小词
一首小词引出一桩姻缘

鹧鸪天

画毂雕鞍狭路逢，
一声肠断绣帘中。
身无彩凤双飞翼，
心有灵犀一点通。

金作屋，玉为栊，
车如流水马如龙。
刘郎已恨蓬山远，
更隔蓬山几万重。

这首小词的作者，叫作宋祁（998年—1061年），是北宋著名的大才子，与兄长宋庠“俱以文学名擅天下”，时人称“二宋”。天圣二年（1024年），宋氏兄弟同年进士及第，殿试之时，小宋文采更胜大宋，因此礼部原拟宋祁为状元，宋庠为第三名。但垂帘听政的刘太后认为，弟弟应该让兄长一头。便将宋庠擢为第一，而置宋祁于第十。不过坊间还是将宋祁视为状元，以“兄弟双状元”相誉之。

宋庠、宋祁虽是同胞兄弟，但性格却大不相同。宋庠老成持重，“俭约不好声色，读书至老不倦”；宋祁却风流潇洒，很会享受生活，喜欢举办文艺沙龙，常与宾客“会饮于广厦中，外设重幕，内列宝炬，歌舞相继，坐客忘疲，但觉漏长，启幕视之，已是二昼”。不知不觉一夜就过去了。小宋还给他们的文艺沙龙起了个名字，叫“不晓天”。他与欧阳修合作修《唐书》，伏案疾书时也极讲究享受：“垂帘燃二椽烛，媵婢夹侍，和墨伸纸。远近皆知为尚书修《唐书》，望之如神仙焉。”

相传有一年元宵节，宋庠在书院内秉烛读《周易》，听说宋祁“点华灯，拥歌伎，醉饮达旦”，不由皱眉。次日，宋庠便托人给弟弟递话：“相公寄语学士：闻昨夜烧灯夜宴，穷极奢侈，不知记得某年上元同在某州州学内吃齑饭时否？”当时宋庠为参知政事，相当于副宰相；宋祁为翰林学士，所以才说“相公寄语学士”。

宋庠问宋祁：兄弟，你还记得咱们未发达之时，待在州学内就着咸菜喝稀粥的苦日子吗？这是提醒弟弟：做人不可忘本、贪图享受；要忆苦思甜，才懂得珍惜今天的幸福生活。

但宋祁给哥哥的回复，却让宋庠一时无语：“寄语相公：不知某年吃齑饭是为甚底？”当初我们就着咸菜喝稀粥，发奋读书，为的是什么？不就为了过上今日这种舒服的生活吗？

对于兄长的告诫，宋祁颇不以然，但有一回，他却被一名老农教训得心服口服。话说某年孟冬，京郊田园一片丰收景象，宋祁带了随从、乘着马车，来到郊野视察，见到田野里稻谷堆积如山，收获的农民欣然自得，面无感恩之色。

宋祁便上前向一位老农作了一揖，慰劳说：“老丈辛苦了！今年看来收成不错啊。感谢老天爷眷顾，感谢天子洪福，让子民共沾雨露。”

老农看了宋祁一眼，笑得前俯后仰，说道：“何言之鄙也！子未知农事矣。”阁下这话何其鄙陋！一听就知道对农事是七窍通了六窍——一窍不通。

宋祁赶紧请教。老农说：我依时劳作，在春气萌动的时候犁地、播

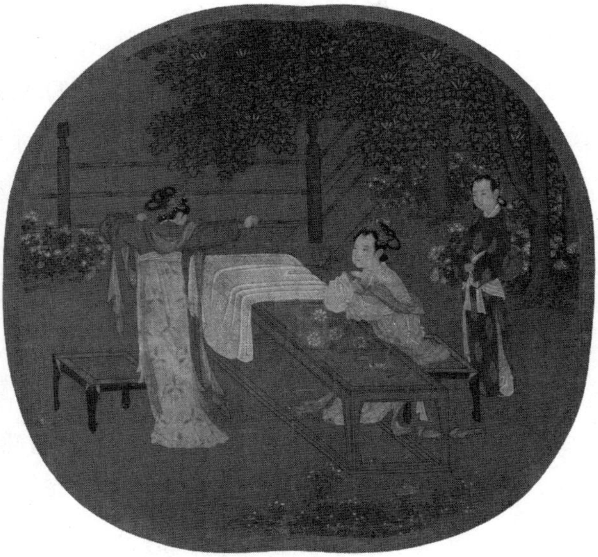

◎宋　刘松年（传）《宫女图》，东京国立博物馆藏

种、浇灌、除草，“以趋天泽”；冬天，万物蛰伏，养精蓄锐，我又整治土地，“以复地力”。今日每一粒稻米的收获，都得自我每日辛勤的劳动，怎么成了老天爷眷顾？我自食其力，依法纳税，官府不能剥夺我劳动的权利，也不可以抢走我税后的余粮，今日的收成与欢乐，都是我应该享有的，哪里是皇帝的恩赐？我年岁已高，“阅天下事多矣”，吃过的盐多过你吃过的米，走过的桥多过你走过的路，从未听说过自己不劳作而等老天爷保佑、自己不努力而靠皇帝恩赐的道理。

老农说完，丢下宋祁，扬长而去。

宋祁“引车而归”，回到家，将老农的话老老实实记录下来，篇名《录田父语》。随从问他：“先生为什么对那个山野老农这么客气？分明是我们有道理，他说的没道理，回去找他辩论。”宋祁说：“不可。老丈说得很好。”

这件逸事，显示出宋祁的见识与胸襟，非一般俗吏可比。至于小宋的文学才情，更是没的说了。他写过一首《玉楼春·春景》，其中一句

"红杏枝头春意闹"，非常惊艳，坊间万人传诵，宋祁也因此获得一个雅号："红杏枝头春意闹尚书"（宋祁官至工部尚书），简称"红杏尚书"。

《鹧鸪天》是宋祁另一首传世的佳构。此词中，"身无彩凤双飞翼，心有灵犀一点通"二句，一字不改地引用了唐诗人李商隐的《无题》诗；"车如流水马如龙"这一句，则是集自南唐词人李煜的《望江南》词；"刘郎已恨蓬山远，更隔蓬山几万重"也是化用了李商隐《无题》诗的"刘郎已恨蓬山远，更隔蓬山一万重"。在古典诗词创作中，这不叫抄袭，而是集句。至高境界的集句，要做到"妙合无痕，自然浑成，一如己出"。

说起来，宋祁的这首《鹧鸪天》，还藏着一个有趣的故事。说话有一天，宋祁路过汴京繁台街，恰好遇见几辆马车驶过，原来是大内的嫔妃、宫女出来行街。宋祁来不及回避，只得站在街边。却见其中一辆马车掀开了帘子，一位漂亮的丽人探出头来，对着宋祁轻轻唤道："小宋。"宋祁"惊讶不已"，一时也看呆了。等恍过神来，车队已经远去，丽人消失于茫茫人海。

宋祁怅然若失，回家便写下这首《鹧鸪天》。他用"画毂雕鞍狭路逢，一声肠断绣帘中"描述与深宫丽人街头邂逅的情景，借用"身无彩凤双飞翼，心有灵犀一点通"诗暗示这一次偶遇生出来的微妙情愫，最后借"刘郎已恨蓬山远，更隔蓬山几万重"诗，表达了对这场注定要无疾而终的邂逅的失落与无望之情。

你想啊，对方可是深宫之内的女子啊，"侯门一入深似海，从此萧郎是路人"，怎么可能跟他宋祁有结果呢？

但事情尚未结束。

宋祁为街头偶遇的宫女写了一首《鹧鸪天》的故事，很快在京城流传开来，还传入了宫禁，连宋仁宗都听说了。

仁宗皇帝便问宫人：那天是"第几车子，何人呼小宋"？一名宫女说："是我叫的小宋。以前曾在内宴见到翰林学士宋先生，左右内臣都叫他小宋。那天恰好在路上遇见了，便向他打声招呼。”

仁宗心里有数。又叫来宋祁，不动声色地说：听说宋学士写了一首《鹧鸪天》，“刘郎已恨蓬山远，更隔蓬山几万重”。

宋祁一听，大惊失色，“惶悚无地”，心道：这下完了。

仁宗笑道：“其实，蓬山也不远。”当下，将那位宫女许配给了宋祁。正是：一场艳遇引出一首小词，一首小词引出一桩姻缘。

清初的大文人王士祯，对宋祁的艳遇非常羡慕：“蓬山不远，小宋何幸得此奇遇。……此老一生享用，令人妒杀。”但你再“羡慕嫉妒恨”也没有用，首先，你得有小宋那样的才情；更重要的是，世间得有像宋仁宗那样开明、有人情味的君主。

宋时青楼是什么样子的？

宋朝的歌伎业非常发达，城市中必有妓馆，东京开封“花阵酒池，香山药海，别有幽坊小巷，燕馆歌楼，举之万数，不欲繁碎”。这里的“燕馆歌楼”，便是青楼妓馆。有人统计过，《东京梦华录》共有 19 处提及东京城内外的青楼妓馆。

这些青楼妓馆自然免不了有一些暧昧的交易，但需要说明的是，古代的青楼并不等于“红灯区”，妓也不等于性工作者，训诂学著作对“妓”的注解都是指“女乐”，换言之，妓提供的服务是音乐、歌舞、曲艺，而不是皮肉。当然，提供性服务的娼妓也是有的。

那么宋朝的青楼妓馆是什么样的呢？许多人可能立即会想象出这样的青楼形象：一座装饰艳俗的酒店式建筑，挂满暧昧色调的红灯笼，门额上书“怡红院”或“丽春院”之类。客人入内，龟奴立即迎上来：“客官，里边请。”鸨母喊道：“姑娘们，有客人。”我们在影视作品中看到的古代妓院，就是这个样子的。

然而，宋朝的妓馆绝非如此艳俗。虽然宋朝城市中的大酒店看起来有点像电影里的青楼：“入其门，一直主廊约百余步，南北天井两廊皆小阁子，向晚灯烛荧煌，上下相照，浓妆妓女数百，聚于主廊槏面上，以待酒客呼唤，望之宛若神仙。”但，请注意，这是酒店，而不是妓馆。这些妓女也是歌伎，主要陪客人饮酒，歌舞助兴，而不是出卖皮肉的娼妓。

宋朝有一些酒楼或者茶坊，也会提供色情服务，叫作“庵酒店”“花茶坊”。《都城纪胜》载，“庵酒店，谓有娼妓在内，可以就欢，而于酒阁内暗藏卧床也。门首红栀子灯上，不以晴雨，必用箬盖之，以为记认”；《梦粱录》载：“大街有三五家开茶肆，楼上专安着妓女，名曰‘花茶坊’，如市西坊南潘节干，俞七郎茶坊，保佑坊北朱骷髅茶坊，太平坊郭四郎茶坊，太平坊北首张七相干茶坊，盖此五处多有吵闹，非君子驻足之地也。”不过，严格来说，这些都不是典型的宋朝妓馆，而是有暗娼的酒店茶坊。

宋朝的妓馆，实际上并不像商业气味浓郁的酒店，而更像装修典雅的人家。来看看宋朝话本、笔记描述的妓馆吧。

◎宋人摹《韩熙载夜宴图》中的歌伎

宋话本《宣和遗事》写宋徽宗微服私访，来到一处叫金环巷的地方，“见一座宅，粉墙鸳瓦，朱户兽环；飞檐映绿郁郁的高槐，绣户对青森森的瘦竹”，“翠帘高卷，绣幕低垂，帘儿下见个佳人，鬒亸乌云，钗簪金凤；眼横秋水之波，眉拂春山之黛”。这个佳人，正是“两京诗酒客、烟花帐子头、京师上亭行首，姓李名做师师”。不过宋徽宗并不识得她，便问高俅道：“这佳人非为官宦，亦是富豪之家，到底姓甚名谁?”可见名妓李师师接客的住所，跟官宦、富豪的家宅差不多。

宋话本《卖油郎独占花魁》

写道：南宋时，有一个叫作秦重的卖油郎，在西湖畔闲逛，“转到昭庆寺右边，望个宽处，将担子放下，坐在一块石上歇脚。近侧有个人家，面湖而住，金漆篱门，里面朱栏内，一丛细竹。未知堂室何如，先见门庭清整。只见里面三四个戴巾的从内而出，一个女娘后面相送。到了门首，两下把手一拱，说声请了，那女娘竟进去了。秦重定睛观之，此女容颜娇丽，体态轻盈，目所未睹，准准的呆了半晌，身子都酥麻了。他原是个老实小官，不知有烟花行径，心中疑惑，正不知是什么人家”。其实秦重看到的乃是青楼的花魁娘子，她接客的住所，便是一座布置清雅的宅子。

这些妓馆的内部布置又是什么模样呢？宋人笔记《醉翁谈录》对此有描述：长安平康里，“乃诸妓所居之地也”。居住在这里的歌伎可分为三等，第一等为“妓中最胜者”，多住在平康里南曲，“居处皆堂宇宽静，各有三四厅事，前后多植花卉，或有怪石盆池，左经右史，小室垂帘，茵榻帷幌之类。……诸妓多能文词，善谈吐，亦平衡人物，应对有度”。如此妓馆，简直可以用来开展学术沙龙；而以诸妓的学识与谈吐，让她们当学术沙龙的对话嘉宾，也绰绰有余。

第二等的妓女，为散乐杂班子弟，多住在平康里中曲，她们乃是“善乐色技艺者”，自幼便接受音乐才艺的训练，“丝竹管弦、艳歌妙舞，咸精其能”。搁在今日，显然是“女文艺青年”的级别。当然，光顾她们的客人，学术与艺术的段位也不会太低，至少能够跟她们谈论经史诗词、琴棋书画。

至于第三等的“卑下凡杂之妓”，则住在“循墙一曲”。其居处尽管谈不上高雅，但也不至于俗不可耐。

宋话本《卖油郎独占花魁》的花魁娘子，大概相当于平康里的第一等歌妓，她的私人房间是这样的：“平屋三间，甚是高爽。左一间是丫鬟的空房，一般有床榻桌椅之类，却是备官铺的；右一间是花魁娘子卧室，锁着在那里。两旁又有耳房。中间客座上面，挂一幅名人山水，香几上博山古铜炉，烧着龙涎香饼，两旁书桌，摆设些古玩，壁上贴许多诗稿。”不知今日的土豪如果跑来这里召妓，会不会自惭形秽？

总而言之，宋朝的妓馆，并不是你在影视里见到的那类灯红酒绿的“怡红院”“丽春院”，而是布置得可以用来开文艺、学术沙龙的私家宅子。

一首坑人的情诗

◎姜夔画像

南宋淳熙年间，吴兴有一个叫作张仲远的文人，名气说大不大，说小不小，就如现在的一些小导演。说他名气小吧，他跟诗歌圈的名流都有交情，是知名词人姜夔的好朋友；说他名气大吧，他又没有留下任何被历史记住的文艺作品。

张仲远的妻子也读过书，知书达礼，与张仲远倒也般配。不过张妻生性多疑，是出了名的“醋坛子”，对张仲远约束极严。你知道，不管古今中外，文艺圈都是盛产风流韵事的圈子，张仲远老师混的文艺圈，也流行召歌伎、喝花酒、给红粉佳人写情诗。但这些文艺交流活动，张仲远老师是不可以参加的，因为妻子时刻盯着他。

文艺圈的朋友登门拜访张老师，按宋朝的礼仪，一般要先递上名帖——相当于现在的名片，张妻总是抢先接过名帖，然后再三盘问张仲远老师：“这是什么人？是不是要请你喝花酒？”张老师只好拼命解释：“都是诗友，只交流写诗。”

张仲远要出门，妻子也是再三查问：“要去什么地方？见什么人？”等张仲远走后，又要细细检查他的书房、行囊，就像现在有些女性朋友喜欢查看老公的手机信息，看看有什么出轨的蛛丝马迹。

淳熙十六年（1189年）春天，张仲远又出远门会友去了，张妻对丈夫的书房例行检查，果然让她找到了一页梅花笺，带着淡淡的胭脂香味，信笺上用娟秀的字体写了一首小词，词牌为《眉妩》，词如下：

看垂杨连苑，杜若侵沙，
愁损未归眼。
信马青楼去，
重帘下，娉婷人妙飞燕。
翠尊共款。
听艳歌、郎意先感。
便携手、月地云阶里，
爱良夜微暖。

无限，风流疏散。
有暗藏弓履，偷寄香翰。
明日闻津鼓，
湘江上，催人还解春缆。
乱红万点。
怅断魂、烟水遥远。
又争似相携，
乘一舸、镇长见。

张妻也是懂诗的人，一眼就看出来：这首妩媚的小词分明出自某名文艺女青年的手笔，是写给丈夫的情书。考虑到今天你的古典文学修养可能不及张妻，所以我们有必要将这首《眉妩》翻译成最近比较流行的情书体：

在水边，阳光正好，你在阳光下静默思考，触景生情，于是，你信马由缰，来到歌楼，与我邂逅于重帘下。我们一起听歌，喝酒，聊着过往，这一夜，我们获得生命的大和谐。我陪着你走在小路上，明月照亮了你我行走的路。我的心充满了忧伤，因为第二天你就要乘舟离去，从此烟水遥远。我多么希望与你长携手，共入船头与船中，一辈子都默默守护着你……

张妻看了这首《眉妩》，当然是火冒三丈。等张仲远回到家，立即喝令他跪在搓衣板上，又将那页写着《眉妩》的信笺扔到他脸上："你坦白交代，这是哪个狐狸精写的臭词？"

张仲远一脸发蒙，说道："我不知道啊。没有人给我写过这首词啊。"

妻子如何肯信，对丈夫又打又挠，可怜的张老师不敢反抗，"受其指爪损面"，结果脸被抓花了，好长一段时间都不敢外出见人。张妻发现丈夫疑似偷腥，只打老公，不打"小三"，不像今天有些原配在得知老公出轨后，只敢拿"小三"出气。就这点而言，我觉得张妻是好样的，比现在的某些原配强多了。

文艺圈的朋友见了张老师，都拿他调笑："张老师，你好艳福啊。平时看你假正经的，花酒都不喝，原来是别有心上人哪。"张仲远拼命摆手说："误会！误会！都是误会！"

后来，朋友们才知道，真的是误会。那首《眉妩》真不是什么女文青写的，而是张仲远的好朋友姜夔写来捉弄张老师的。

原来，淳熙十六年春天张仲远出远门，恰好姜夔千里迢迢来到吴兴拜访他，因张老师出门，便扑了个空。是张妻接待了姜夔，并留姜夔小住，等张仲远回家。

姜夔听说过张仲远妻子多疑、好吃醋的大名，又因为访友不遇，被放了鸽子，心里有些不痛快，便有心要戏弄他们夫妇一番，于是模仿女文青的笔调，用女孩子用的信笺写了一首《眉妩》，故意留在张仲远书房的某个隐秘角落里——他知道，张妻一定搜得到的。

然后，姜夔也不待张仲远归来，便告辞而去，拜访另一位朋友俞商卿，共同到北山沈氏圃寻梅。在他身后，老朋友家果然爆发了战争，张老师这一回可被他坑惨了。

这个故事告诉我们：与某些女文青有染，后果很严重，哪怕是虚构的偷情。

欧阳修两度被诬“通奸乱伦”

在传统社会，一个士大夫若是被指控与人通奸，那是非常丢人的事情；要是通奸的行为还涉及乱伦，更是为人所不齿；如果连续两次被人诬告“通奸乱伦”，那恐怕千载之后，也难洗脱罪名了。这样的倒霉蛋，历史上有一个，那就是我们熟悉的欧阳修。

欧阳修曾经两度被人检控与人通奸，不但是通奸，而且是乱伦。一次是在庆历五年（1045 年），被人揭发与外甥女阿张有奸情。说是亲外甥女，其实阿张与欧阳修并无血缘，只是宗法与辈分上意义的甥舅关系。原来，欧阳修有个妹妹（且叫她欧阳氏），嫁与襄城张龟正作续弦。张龟正与前妻生育有一女，即阿张。不幸的是，欧阳氏嫁入张家不久，张龟正便去世了，欧阳氏孤苦无依，只好带着时方七岁的小阿张回到娘家。

◎欧阳修画像

按野史的说法，欧阳修看着阿张渐渐长大，有时“闲抱琵琶”，有时于“阶上簸钱”玩游戏，如小萝莉楚楚动人，心里便生出一种别样的感情，于是写下了一首暧昧的《望江南》：“江南柳，叶小未成荫。人为丝轻那忍折，莺嫌枝嫩不胜吟。留着待春深。十四五，闲抱琵琶寻。阶上簸钱阶下走，恁时相见早留心。何况到如今。”当然，后世也有人认为，《望江南》并不是欧阳修的作品，欧阳修实未写过这么一首艳词。

阿张长大成人，欧阳修便给她张罗了一门亲事，嫁与族兄之子欧阳晟为妻。欧阳晟是虔州司户（主管民政的市长助理）。宋仁宗庆历五年（1045年），欧阳晟任满，带了妻子阿张、仆人陈谏回京述职，谁知回京后，阿张与陈谏私通，被丈夫发觉。

戴了绿帽子的欧阳晟，将阿张与陈谏告到开封府右军巡院（开封府法院）。审讯的时候，阿张突然供称，以前跟欧阳修也有过不正当关系。并“引公未嫁时事，词多丑鄙”，那些丑鄙的言辞，大概便包括那首《望江南》。

阿张为什么供出这段隐情？史料有两个说法，一说“张惧罪，且图自解免”，阿张是为了给自己脱罪，才故意把欧阳修扯进来。一说阿张受了权开封知府事（开封府代理市长）杨日严的教唆，因为杨日严之前担任益州太守时，欧阳修曾经弹劾他“贪恣”，杨日严怀恨在心，抓住阿张被诉通奸的机会，指使狱吏教唆阿张将欧阳修拖下水。

总而言之，欧阳修躺着中枪了。在传统社会，官员与人私通、乱伦，是非常严重的罪行。谏官钱明逸闻讯，立即就上书弹劾欧阳修。不过，法院那边，主审的军巡判官孙揆认为阿张的供状过于骇人听闻，且缺乏证据，不足采信，所以只追究阿张与陈谏的通奸罪，“不复枝蔓”。

但宰相贾昌朝认为，法院应该根究欧阳修到底有没有涉案，又命三司户部判官苏安世重组法庭，再审阿张案。苏安世则采信了阿张的供词，认定欧阳修与阿张有不正当关系。

此时，宋仁宗又派了宦官王昭明者“监勘”，以防止出现冤错案。说起来，王昭明与欧阳修可是有过节的——不久之前，欧阳修被任命为河北都转运，仁宗命王昭明随行，但欧阳修却上书说：“按惯例，并无内侍同行之理，臣实耻之。”明显是瞧不起宦官王昭明的意思。

那王昭明会不会趁机报复羞辱过他的欧阳修呢？

必须承认，王昭明虽是宦官，为人却很正派。他看了苏安世的结案报告，大惊失色，说："今省判所勘，乃迎合宰相意，加以大恶，异日昭明吃剑不得。"现在法官仅凭阿张一面之词，并无确证，便判欧阳修犯下人伦大恶，分明是为迎合宰相之意。若是铸成错案，岂不是害我异日陪着吃剑？

苏安世听了王昭明的话，也深感不安，不敢枝蔓其狱，以维持孙揆原判的结论呈报上去。不过，虽然欧阳修与阿张的私情查无实据，但法官在审案时，却发现欧阳修涉嫌挪用阿张的财产。要知道，宋代的在室女，是有继承权的，女儿继承的财产，一般以"奁产"（嫁妆）的形式出现。阿张父亲张龟正去世后，给女儿留了一笔财产，作为阿张未来的嫁妆。由于阿张年纪尚幼，这笔遗产便由继母欧阳氏代为保管。

欧阳氏带着小阿张回娘家居住之后，欧阳修挪用了名义上归阿张所有的财产，购置了田产，田契上所立名字，却是他的妹妹欧阳氏。这笔陈年旧账，因为阿张被诉通奸一案，给翻了出来。

案子审到最后，法院没有深究欧阳修与阿张到底有没有私情，但欧阳修用阿张奁产买田、却立欧阳氏户口，涉嫌侵占孤儿财产，这个责任不能不追究。庆历五年八月，欧阳修"坐用张氏奁中物买田立欧氏券"，被贬至滁州任太守。那篇著名的《醉翁亭记》，就是他在滁州任上创作的。

欧阳修与外甥女通奸一罪虽属子虚乌有，但他挪用张氏私财，以妹妹名义购买田产，在法律上难以洗脱侵占孤儿财产的嫌疑，受到处分也是咎由自取，并无半点冤枉。

欧阳修第二次被诬与人通奸是在治平四年（1067年）。时欧阳修为副宰相，他妻子的堂弟薛良孺，因为以前举荐的某个人贪赃事发，受连坐问责，正值宋神宗继位，大赦天下，但欧阳修为表示大公无私，"乃言不可以臣故徼幸，乞特不原"，薛良孺因此不获赦免，被免了官职，从此对欧阳修恨之入骨，便造谣欧阳修与儿媳吴氏有奸情。谣言经集贤校理刘瑾之口，传到御史中丞彭思永的耳朵，彭思永又告诉了殿中侍御史里行蒋之奇。

蒋之奇立即上疏弹劾欧阳修“帷薄不修”。由于此事实在骇人听闻，宋神宗怀疑蒋之奇诬告不实，蒋便“引（彭）思永为证”。神宗又要求彭、蒋二人“具传达人姓名以闻”，即交代清楚信息来源。蒋之奇说，信息得自彭思永；但彭思永却拒绝交代信源，只推辞说：“出于风闻，年老昏缪，不能记主名。”按宋朝的惯例，台谏官有权“风闻言事”，并且可以拒绝交代信源，这是宋代台谏官的一项特权，旨在保护言路的通畅。用彭思永的话来说：“法许御史风闻言事者，所以广聪明也，若必问其所从来，因而罪之，则后不得闻矣，宁从重谪，不忍塞天子之言路。”

欧阳修也连上八道札子，再三要求神宗“差官据其（蒋之奇）所指，推究虚实”，如果查有其事，请将我“显戮都市，以快天下之怒”；如果查无此事，也请“彰示四方，以示天下之疑”。欧阳修儿媳妇的父亲吴充“亦上章乞朝廷力与辨正虚实，明示天下，使门户不致枉受污辱”。欧阳修不久前在“濮议”之争犯了众怒，此番被弹劾，除了亲家吴充，居然没有一位同僚愿意上书为他辩解。

最后，因为彭思永、蒋之奇一直不肯交代信源，又拿不出任何实据，宋神宗相信欧阳修确实是受了诬陷，将御史中丞彭思永贬知黄州（今湖北黄冈），殿中侍御史里行蒋之奇贬监道州（今湖南道县）酒税；又“出榜朝堂，使内外知为虚妄”，还了欧阳修一个清白。

但这两次通奸诬告，已搞得欧阳修狼狈不堪。直到今日，许多网文还将这事拿出来津津乐道，且添油加醋、以讹传讹。

他，就是一个油腻的猥琐男

话说有位文学界的才子，诗写得很好，时人称其诗歌“实有重名于时，一时风雅胜流皆乐与之接”；人颇好色，少年时曾与娼家构讼，壮年时喜游寡妇之门，老年时还养了一个小情人，名唤“半细”，极为宠爱，每赴朋友宴会，必用荷包将菜肴打包，带回去跟半细分享。他中年时，突然写出一篇火药味很浓的檄文，题目叫作《论成为一名油腻、猥琐中年男的十条金线》，文中列举了“油腻猥琐男”的十大标准：“幸、诈、贪、淫、褊、骄、吝、专、谬、忍”。

我说的这名文学才子，姓方名回，字万里，号虚谷，是一个生活在宋末元初的诗人兼官员。他的那篇檄文，则直指南宋前宰相贾似道。

其时贾似道已经失势，方回干脆来个“痛打落水狗”，发檄文指出贾似道“十可斩也”。贾似道殃国殃民，确实可斩，不过，方回对他下手，却是出于精明的投机。当初贾似道执掌朝柄、权倾朝野之时，方回可是写了一首《梅花百咏》诗大拍马屁，获得贾相赏识的，现在贾相倒台了，方回又倒戈一击，见风使舵、顺水推舟的手段挺敏捷的，可见人品却不咋的，所以“识者薄其为人”，还有人用《梅花百咏》的韵脚，写了一首诗来讽刺他：“百诗已被梅花笑，十斩空余谏草存。”

但是，方回对贾似道的及时攻击，倒获得朝中“倒贾派”的青睐，因此，很快被委以重任，任命为严州（今浙江建德）的知州，主政一方。此时，元军进攻南宋的兵锋迫近眉睫，严州很可能也将成为前线，方回走马上任之初，慷慨陈词：誓死保卫严州，与严州军民共存亡，城在人在，城破人亡。

等到元军兵临城下，严州人却发现，方知州不见了，“遍访不获”。大家还以为，方大人应该是践行自己的誓言，找个僻静的地方自尽殉国了。谁知方回原来是出城投降了元人：“迎降于三十里外，鞑帽毡裘，跨马而还，有自得之色。”还狐假虎威，趁火打劫，借元兵之威“括富室金银数十万两，皆入私囊”。如此人品，自然让人瞧不起，“郡人无不唾之”。

但方回献城有功，被元人封为“总管”，召入杭州。在杭州，方回的表现更是完全可以用“油腻猥琐”来形容了：“跪起于北妓之前，口称小人，食猥妓残杯余炙”“每遇猥妓，必跪以进酒，略不知人间羞耻事”。

杭州有名老吏，眼看着方回的无耻表现，便模仿方回当年的檄文风格，写了一篇戏谑文：《论成为一名油腻、猥琐中年男的十一条金线》，又名《论方回十一可斩》，比方回当初攻击贾似道的“十可斩”，还多了一条“可斩”。

杭州老吏的这篇戏谑文，活脱脱刻画出一个油腻的猥琐男形象。这里我转述其中三点：

“油腻的猥琐男”的第一条金线是“贪小便宜”。自古图大事业者为豪杰，贪小便宜者为猥琐男，这是颠扑不破的真理。方回在严州为官时，打开门户广纳财钱，“虐敛投拜之银凡数十万”，也就罢了。但他连几文钱的小利也不放过，热衷于给文友诗人的诗文集作序，因为人家请方老师写序，少不了要奉上一笔稿酬。

严州当地有个市井小人，也喜欢舞文弄墨，写了很多首打油诗，准备自费出版一部诗集，也来请方老师作序，并奉上润笔费“五金”，即五文钱。市井穷酸文人，大概也没什么钱。但方老师也不嫌弃，笑纳下来，五文钱也是钱嘛。只是作序的时候，未免漫不经心，“漫书数语”，草草应付了事。

那名市井诗人见方老师写的序言“其语草草”，心里当然很不痛快，你好歹收下了我五文钱，就想随便胡扯几句交差？没门儿。这位仁兄一怒之下，“以序还之，索钞”，将序文掷给方回，要求方回将润笔费还给他。方回坚决不还，序都写了，你还想讨回稿费？那老子不是白写了吗？因此，两个人争执了起来，“几至挥拳”，差点大打出手。转述至此，我忍不住大乐。像方老师这样的奇葩州官，还真的绝无仅有。

“油腻的猥琐男”的第二条金线是“倚老卖老”。一个人，年纪大了，拜岁月之赐，有了“德高望重”的资格，难免会“大言无当，以前辈自居”，这其实是一种令人厌恶的表现。很不幸，方回就是这样的人，他颇具诗名，是一方文坛领袖，常有一帮青年文友围着他转，“一人誉之，则自视天下无人”；“人毁之则呼号愤怒，略无涵养”，非常“傲娇”。

“油腻的猥琐男”的第三条金线是“老而好色”。少年人荷尔蒙旺盛，喜欢拈花惹草，倒也情有可原，但人老了，长着一脸老人斑，还成天一

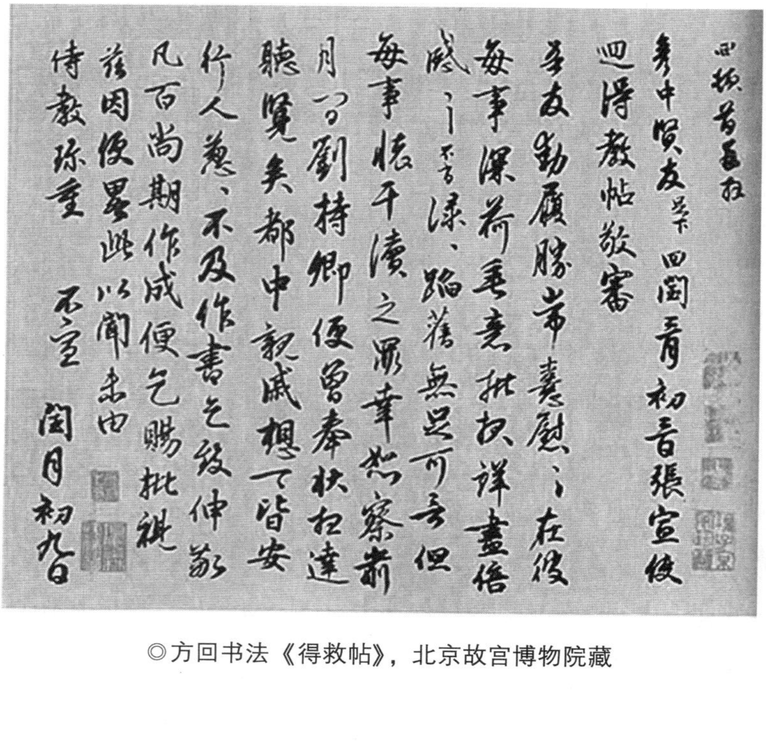

◎方回书法《得救帖》，北京故宫博物院藏

副色眯眯的样子，那就比较让人厌恶了。方回晚年在杭州王桥旅舍寓居，还经常寻花问柳，又“买少艾之妾，歌酒自娱”，自命风流。一日，他在旅舍内“与婢宣淫”，但“床震”的动作太大了，竟然“撼落壁土”，将旅店房间墙壁的灰土都震脱落了，掉在住隔壁房的客人身上，邻居大怒，“讼于官”，将方回告上法庭，一时传为笑谈。

写戏谑文的杭州老吏最后说，“使似道有知，将大笑于地下”。方回撰文抨击贾似道是“十可斩”的“油腻猥琐男”，但以他自己的行径，可谓加倍的“油腻猥琐”，只怕贾似道地下有知，都要笑得坐起身来。

方回写檄文论贾似道“十可斩”，却被杭州老吏回敬以“十一可斩”，这件事告诉我们：审判别人易，审判自己难。与其盯着别人的“油腻猥琐”，不如提醒自己是不是成了自己讨厌的那种人。

最后申明一下：本文材料来自南宋末周密的《癸辛杂识》，有学者考据提出，历史上的方回其实并非如《癸辛杂识》所记那般油腻猥琐。但本文主旨不是想考证方回为人，只是借《癸辛杂识》的生动记录，讲讲“油腻的猥琐男”是何种模样，以供诸位一哂。

第四辑

宋朝的购物狂欢节

所有的传统节日，都是经由习俗的积累缓慢形成，比如中秋节，唐朝初年已有了中秋赏月的习俗，但要到宋代时，才将农历八月十五确立为中秋节。今天的互联网商家却能够凭着巨大的商业力量，平地起高楼一般将一个原本平平淡淡的日子——阳历 11 月 11 日打造成万众追随的购物狂欢节，真的是“厉害了，我的哥”。记得几年前，年轻的网友还戏谑地将 11 月 11 日称为“光棍节”，但是这几年，每到 11 月 11 日，大伙已改口相互调侃“剁手”了。

不过，我们也不要以为只有今天才有购物节，其实古人也过购物节。我翻看宋人笔记，便发现宋朝人几乎将每一个传统大节都过成购物节。

就说宋朝的春节吧，从大年初一至初三，“开封府放关扑三日”，“关扑”是流行于宋朝的博彩、赌博游戏，许多商贩都喜欢采用关扑的形式招揽顾客、促销商品，常见的关扑方式是掷铜钱，比如商家与顾客约定，一件市价 10 文钱的商品，你掏三枚铜钱掷在钵内，如果都是正面朝上，那么这件商品你拿去；如果都是反面朝上，对不起，钱留下，货也不能带走。

北宋时，政府平日禁赌，但重大节日通常会放开赌禁，春节既然“放关扑三日”，商家岂肯错过促销的机会，于是“坊巷以食物、动使（日用品）、果实、柴炭之类，歌叫关扑，如（开封）马行、潘楼街、州东宋门外、州西梁门外踊路、州北封丘门外及州南一带，皆结彩棚，铺陈冠梳、珠翠、头面（首饰）、衣着、花朵、领抹、靴鞋、玩好（珍玩）之类”。连逛夜市的女性也喜欢跑到那里看人关扑：“贵家妇女纵赏关赌，入场观看，入市店饮宴，惯习成风，不相笑讶。”

宋朝的端午也是购物节，主打商品是鲜花，因为此时百花盛放，宋朝人又有在家插花的习惯，“寻常无花供养，却不相笑，惟重午不可无花供养”。因此，从五月初一开始，杭城内外，家家户户“都插菖蒲、石榴、蜀葵花、栀子花之类”，“虽小家无花瓶者，用小坛也插一瓶花供养”。花农也趁着鲜花旺季大搞促销，有位南宋人给杭州花农算过一笔账：“一早卖一万贯花钱不啻。何以见得？钱塘有百万人家，一家买一百钱花，便可见也。”

七夕亦是一个购物节。宋人过七夕，主题是“乞巧”，所以七夕期间商家推出的货物，主要都是一些奇巧的小玩意，如以黄蜡制成的凫雁、鸳鸯；“以瓜雕刻成花样”的花瓜；用“油面糖蜜”做成人物或动物形状的“果食花样”；跟今日“芭比娃娃”一样的“磨喝乐”……这些巧物“皆于街心彩幕帐设出络货卖”，以致汴京的大街“自七月一日，车马嗔咽，至七夕前三日，车马不通行，相次壅遏，不复得出，至夜方散”。

◎元人《太平风会图》上的赶集情景，芝加哥艺术博物馆藏

七夕巧物的消费者来自两个群体：姑娘家与儿童。因为姑娘家需要学习巧智，儿童热爱玩具。——看看，宋朝的商家已经明白，女性与孩子是最具消费潜力的两大群体。

宋朝的中秋节，同样是一个购物节，此时正是新酒上市的时节，于是酒家都想方设法推销美酒，在北宋东京，“中秋节前，诸店皆卖新酒，重新结络门面彩楼，花头画竿，醉仙锦旆，市人争饮”；在南宋杭州，每年中秋节前，各大酒库（酿酒厂）新酒上市，必大做广告，请歌伎代言品牌，“以鼓乐妓女迎酒穿街，观者如市”，引得无数少年追随争饮。这一盛况，被南宋人杨炎正写入《钱塘迎酒歌》：“画楼兀突临官道，处处绣旗夸酒好。五陵年少事豪华，一斗十千谁复校？”

宋代的成都，民风好逸乐，更是每一个月份都有购物狂欢节，叫作“十二月市”：“正月灯市，二月花市，三月蚕市，四月锦市，五月扇市，六月香市，七月宝市，八月桂市，九月药市，十月酒市，十一月梅市，十二月桃符市。”

我们随便挑两个月份，到成都逛逛购物节。二月春光明媚，那就二月逛蚕市吧。顾名思义，蚕市是一个促销养蚕用具的购物节。不过实际上，在蚕市中销售的商品，并不是只有养蚕的“箱箧”之类，而是“货蚕农之具花木果草药什物”，是一个农产品展销会。为招揽顾客，蚕市上还有各种文娱表演。苏辙写有一首《记岁首乡俗·蚕市》诗，描述的便是成都蚕市的盛况：“枯桑舒牙叶渐青，新蚕可浴日晴明。前年器用随手败，今冬衣着及春营。倾囷计口卖余粟，买箔还家待种生。不惟箱箧供妇女，亦有鉏鎛资男耕。空巷无人斗容冶，六亲相见争邀迎。酒肴劝属坊市满，鼓笛繁乱倡优狞。蚕丛在时已如此，古人虽没谁敢更。异方不见古风俗，但向陌上闻吹笙。”

九月的成都药市，热闹场面不亚于蚕市。宋人记述说：“成都九月九日为药市。诘旦，尽一川所出药草异物与道人毕集，帅守置酒行市以乐之，别设酒以犒道人。是日早，士人尽入市中。相传以吸药气愈疾，令人康宁。”九月九日重阳节，药市拉开序幕，一大早，全川所出药材，都汇集于药市，甚至有波斯商人也贩“海药”（进口药材）入市货卖。药商吆喝，道士站台，官府也在市中置酒助兴。即便不买药的士人，也纷纷走入药市“深呼吸”，因为相传吸入药市上弥漫的药气，可以祛病延年。由于药市太热闹，九月九日游观药市便成了宋代成都人的一项游乐节目，官府也鼓励人们尽情游乐：“官为幕帘棚屋，以事游观。”

更有意思的是，成都的药市、蚕市，还有扇市、香市、宝市，都在大慈寺举行。大慈寺乃是佛门圣地，相传唐三藏就在大慈寺受戒；同时大慈寺又“地居冲会，百工列肆，市声如雷”，是宋时成都“十二月市”的重要交易平台。出世与入世、净土与红尘，在这里仿佛消弭了界线，用宋人侯溥的话来说：“佛以静为乐，故凡塔庙，皆洁精谨严，屏远俗纷。独成都大圣慈寺，据阛阓之腹，商列贾次，茶炉药榜，蓬占筵专，倡优杂戏之类，坌然其中。”

但侯溥并不认为红尘的喧嚣、购物节的世俗狂欢会玷污佛家的清誉，而是认为这恰恰是人间繁华的表现：“以游观之多，而知一方之乐也；以施与之多，而知民生之给也；以兴葺之多，而知太平之久也。”

对于今日的“双 11”购物狂欢，也应作如是观。

木做的房子，铁打的房产税

房产税在中国的历史是非常长的，自唐朝始征以来，基本上每个朝代都收过房产税。

了解历史的朋友可能会说，先秦时的“廛布”便是房产税。什么叫“廛布”呢？汉代学者郑玄解释：“廛布者，货贿诸物邸舍之税。”清代的袁枚说：“廛布者，商贾所居屋税也。”可见“廛布”严格来说是营业税，而不是房产税，房产税是财产税。

汉代时又有“市肆租税”，也容易被误解为房产税，但这“市肆租税”也是向商铺征收的营业税，并非房产税。南北朝时期的北魏出现一种“店舍税”：“税市，入者人一钱，其店舍又为五等，收税有差。”这种“店舍税”被纳入“税市”的范围，显然也是跟“廛布”差不多的营业税。

直到唐朝的德宗时代，单纯的房产税才诞生，叫作“间架税”，征收的地理范围是长安城。“间架”，指房屋的计量单位，“凡屋，两架为一间”。顾名思义，间架税是按房屋数目征收的，不过也兼顾房产的市值：“屋有贵贱，约价三等，上价间出钱二千，中价一千，下价五百。”唐政府根据估值，将长安居民的房产分成上中下三等，上等房每间征收 2000 文钱，中等房每间征收 1000 文钱，下等房每间征收 500 文钱。

间架税开征后，给民间造成了非常大的困扰，“衣冠士族，或贫无他财，独守故业，坐多屋出算者，动数十万，人不胜其苦”。当时长安城的没落贵族，并无多少财产，只是祖上传下的房产多了一些，一番计算下来，要缴纳的税钱动辄超过10万钱，所以不胜其苦。由于反对者众，间架税实行不足一年，便废止了。

但五代时，房产税在一些地方已经成为正式税种，名为“屋税”。不过我们尚不知道五代时期的屋税如何征收、税率几何。

赵宋立国后，延续五代的惯例，也是将屋税定为正税，从北宋初到南宋末，屋税一直都是国家正税，征收的范围为“诸州县寨镇内”，即全国各个城市、城镇，换言之，宋朝的房产税是一种城市税，只向市民征收，农户不需要缴纳。

为什么房产税在晚唐的长安行之不通，到了两宋时期却能够施行于全国范围呢？原因之一，是晚唐的市场与民间财富还无法支撑起间架税，让我举个例子说明：唐德宗年间，由于朝廷长年与藩镇交兵，国库日渐空虚，政府决定向长安的商人“借钱”，说是“借”，其实跟抢差不多，“京师嚣然，如被盗贼”，哪个不乖乖掏钱，便抓起来拷打，有人因为“不胜鞭笞，乃至自缢”，一番搜刮下来，也才“借”到八十万贯。可见唐代长安的商民并不富有。

宋朝社会的财富量则远远超过了唐朝。我们再来看一个例子：北宋庆历年间，因为与西夏打仗，宋廷也是“急于财用”，三司预算下来，尚未有数十万贯的财政缺口，“议者请呼数十大姓计之，一日而足”。政府只向京师数十位富商求助，一日之内便筹借到数十万贯钱。唐宋两朝民间财富储量的巨大差距，由此可见一斑。

宋朝也是中国历史上城市化程度最高的王朝，据赵冈等学者的研究，北宋的城市人口占20.1%，南宋时达到22.4%；而清代中叶（嘉庆年间）的城市化率约为7%，民国时才升至10%左右。作为城市化发达的标志，宋代出现了独立的城市户口，称为“坊郭户”，与“乡村户”相对。宋朝的正税也分为“民田之赋”与“城郭之赋”，“城郭之赋”包括屋税、地税、城市契税、商税、市舶税（海外贸易抽解），等等。

历代，田赋都是国家财税的大头，占政府岁入的70%以上。但在北宋熙宁年间，农业税的比重降至30%，南宋淳熙到绍熙年间，非农业税更是接近85%，农业税变得微不足道。这是其他王朝从未有过的事情，若非宋代工商业发达、政府善用市场手段调动财富，不可能出现这样的财税结构。

作为城市工商业繁荣的体现，宋朝的房产市场也非常活跃，城市中，满大街都是房地产中介，叫作“庄宅牙人”。跟今天一样，宋朝的富人也喜欢投资房产（另一个投资热点是放贷业）：“兼并之家，物业不一，或有邸店房廊，或有营运钞物”，或“占据官地，起盖房廊，重赁与人，钱数增多”；“房廊之家，少者日掠钱三二十千；及开解库（放贷业）、店业之人家，计有数十万缗者，营运本钱动是万数”。

这些投资房产租赁业、金融业的宋朝“兼并之家”，宛如资本主义兴起之时的贪婪的威尼斯商人，跟“贫无他财，独守故业”的晚唐“衣冠士族”是气质完全不同的两个群体。前者是新兴的城市商人，中心支撑起一个新的税种；后者是没落的贵族，连间架税都支付不起。

◎北宋　张择端《清明上河图》的民居与商铺

唐朝间架税推行不下去的另一个原因，是税制设计简单，按房屋数目计算税额，施行过程中容易演变成急敛暴征：税吏“入人之庐舍而计其数”，房屋多者，要缴的税钱“动数十万”。

相比之下，宋朝屋税的征收制度要复杂得多。我们都知道，建筑面积相同的房子，在城市的不同地段，价值与收益（比如租金）是完全不一样的。冲要地段，“屋每间赁钱有一百至二百文足，多是上等有力之家”；而“后街小巷闲慢房屋，多是下户些小物业，每间只赁得三文或五文”。因此，宋政府根据地段的冲要闲慢、房屋的收益估价，将要征税的房产分为十等（晚唐间架税只分为三等），不同等次的房子，需要缴纳的税率与税额也不一样。

后来，宋政府发现，分十等征税还是难免“上轻下重不等”，所以，又“于十等内，据紧慢每等各分正、次二等”，这样，纳入征税范围的房产被分成二十个等次，相当于将屋税分为二十个梯度。新税制在河北东路试行下来，“委是上下轻重均平”，于是北宋政和二年，便推广于全国。

但宋朝屋税的税率如何，我们尚不清楚。有一个数据也许可以参考：熙宁九年（1076 年），应天府畿内七县，“共主客六万七千有余户，……屋税五千余贯”。我们按 20% 的城市人口计算，应天府的坊郭户大概是 13400 余户，已知屋税总额为 5000 余贯，可以估算出户均纳屋税大约 370 文钱（每年）。这个税负，应该说，是不高的。

宋政府也经常减免房产税，比如大中祥符三年四月，升州发生火灾，朝廷即派员“访民疾苦，被火家悉蠲屋税”；大中祥符五年，滨州、棣州水灾，宋真宗也是下诏：“滨、棣州民，僦官舍及屋税、盐钱并减其半，俟水落仍旧。”

总而言之，屋税作为一个税种，在宋代是相当成熟的。

宋朝之后，明清两朝都不怎么重视包括房产税在内的“城郭之赋”，而以田赋为本。不过，房产税还是零星存在，明代京城及个别城市的居民要交“房号钱”，这房号钱便是房产税；明末财政虚空，朝廷曾计划在全国范围征收房号钱，但受地方士绅阻挠，最终未能收到多少钱。清代前期，江宁等地方也有“房税”“廊钞”“棚租”等名目的房产税，但在乾隆时期又基本废止了，直至清末，迫于财政压力，各省才仿效租界税法，开征“房捐”，即房产税。

从晚唐的间架税，到两宋的屋税，再到明代的房号钱、清代的房捐，房产税在古代中国少说也存在了上千年。不过，房产税制的设计是否合理，征收是否顺利，则各个时代大不一样。

13 世纪最繁华的都市

13 世纪末，意大利商人马可·波罗来到杭州，曾惊叹展现在他面前的富庶景象，说：跟杭州相比，“他的故乡、当时可能为欧洲城市之冠的威尼斯也不过是一个破旧的村庄”。14 世纪上叶，阿拉伯旅行家伊本·拔图塔在见识了杭州的繁盛之后，也说：杭州下面的六个市镇，“每一个都比西方任何城市大”。大约同时代的罗马教皇使者马黎诺里，同样感叹：杭州就是“世界上第一流的、最大的、最富有的、人口最多的、总之是最了不起的城市”。（参见罗兹·墨菲《亚洲史》）

当马可·波罗、伊本·拔图塔与马黎诺里游历杭州的时候，已经是元朝，杭州最辉煌的时代其实已过去了，他们见到的只是南宋杭州如梦繁华的余绪而已。

在此之前的 12—13 世纪，作为南宋都城的杭州，不管从纵向的历史维度，还是从横向的世界维度来看，都处于全盛的巅峰。

今天我们要了解北宋东京的繁华，可以看孟元老的《东京梦华录》与张择端的《清明上河图》。虽然南宋的画师未能给我们留下一幅《清明上河图》那样的杭城长卷，不过却有四位南宋杭州文人仿效《东京梦华录》，写了四本讲述杭州繁盛的笔记，那就是吴自牧的《梦粱录》、周密的《武林旧事》、耐得翁的《都城纪胜》与西湖老人的《西湖老人繁胜录》。今天我们翻开这四本笔记，立即便可以感受到从 800 年前的宋朝穿透过来的繁华气息。

◎宋　李嵩（传）《西湖图卷》，上海博物馆藏

宋代的城市商业非常繁荣，杭州更是四方辐辏、万商汇聚，出现了非常多的行业与专卖店，如川广生药市、象牙玳瑁市、金银市、珍珠市、丝锦市、生帛市、衣绢市、花朵市、肉市、米市、金漆桌凳行、南北猪行、青器行、麻布行、青果行、海鲜行、纸扇行、蟹行、鱼行、木行、竹行、果行、笋行……按《西湖老人繁胜录》的说法，杭城内外共有“四百十四行”。

而且各个市场都非常热闹，《梦粱录》描述说：“自大街及诸坊巷，大小铺席，连门俱是，即无虚空之屋。每日清晨，两街巷门，浮铺上行，百市买卖，热闹至饭前，市罢而收。盖杭城乃四方辐辏之地，即与外郡不同。所以客贩往来，旁午于道，曾无虚日。”

其中，杭城五间楼以北，至官巷南街，是金融街，“两行多是金银盐钞引交易，铺前列金银器皿及现钱，谓之‘看垛钱’，此钱备准榷货务算清盐钞引，并诸作分打炉鞴，纷纭无数”。融和坊以北，至市南坊，则是奢侈品交易中心，“如遇买卖，动以万数”。

杭州的夜市也是喧哗如同白昼。《梦粱录》说：“杭城大街，买卖昼夜不绝，夜交三四鼓，游人始稀；五鼓钟鸣，卖早市者又开店矣。”《武林旧事》也说：“歌管欢笑之声，每夕达旦，往往与朝天车马相接。虽风雨暑雪，不少减也。”《都城纪胜》介绍了杭州最热闹的夜市地点之一：“夜市除大内前外，诸处亦然，唯中瓦前最胜，扑卖奇巧器皿百色物件，与日间无异。其余坊巷市井，买卖关扑（赌博），酒楼歌馆，直至四鼓后方静，而五鼓朝马将动，其有趁买早市者，复起开门。无论四时皆然。”

你别小看这夜市。在宋朝之前，官府是不允许夜市出现的，入夜便实行宵禁，市民不准无故上街溜达，唐朝的长安城虽然很是繁华，但入夜之后却如鬼城：“六街鼓歇行人绝，九衢茫茫空有月。”夜禁的制度是在宋代被突破的，所以在南宋的杭城，才出现了灯火通明的夜市、可以24小时营业的酒店与娱乐场所。

得益于繁荣的商业、发达的市场，南宋杭州人的生活也过得很舒适。他们养宠物狗，可以从市场上买到狗粮；他们养宠物猫，可以从市场上买到猫粮；他们吃饭，可以叫饭店送餐，所以许多市民养成了家里不做饭的习惯：“盖经纪市井之家，往往多于店舍，旋买见成饮食，此为快便耳。”他们的日常饮食，还专挑“市肆名家有名者”，像杂货场前的甘豆汤、戈家蜜枣儿、官巷口的光家羹、大瓦子的水果子、寿慈宫前的熟肉、钱塘门外的宋五嫂鱼羹、涌金门的灌肺、中瓦前的职家羊饭，最受杭州市民欢迎。

杭城市民要在家里办酒席宴会，也不需要自己劳神，因为有专业的“茶酒厨子”可以雇佣，这些“茶酒厨子”会提供周到的服务：“专任饮食请客宴席之事，凡合用之物，一切赁至，不劳余力，虽广席盛设，亦可咄嗟办也。”

我的本家、财经作家吴晓波先生曾说：“有杂志给我发问卷：‘如果你能穿越，最喜欢回到哪个朝代？’我想了一下说，‘宋朝吧。’”如果穿越到南宋的杭州当一名普通市民，确实可以过上跟现代人生活习惯差不多的小日子。

发生在北宋末年的一起宰客事件

“宰客”这种勾当，古已有之。不过，在宋代之前，“天价宰客”之类的事情应该比较少见，因为商家得以将物价弄成“天价”，理论上需要先实现商品定价权的市场化。而宋代之前，比如盛唐时朝，市场是实行比较严厉的价格管制的，一项商品卖什么价钱，主要取决于政府部门这只“看得见的手”。

唐政府在首都长安及各州郡设立“市司”，“掌市内交易”。市，即市场，通常只设于州县城，“诸非州县之所，不得置市”。商民交易，只能在政府指定的市内。而且，市按时启闭，“以午时击鼓二百下而众大会，日入前七刻击钲三百下散”。每隔十天，市司还要对市场出售的每一种商品评估价格，根据商品质量的优劣定出上、中、下三种“政府指导价”，这个定价机制叫作“三贾均市”，又叫作“时估”制度。唐政府要求市司定价时必须做到公平公正，不可畸高畸低，“诸市司评物价不平者，计所贵贱，坐赃论；入己者，以盗论”。

可以想象，如果严格执行这套“三贾均市”的制度，是不大可能出现“天价宰客”的。当然，任何制度执行起来都会打折扣，所以我们也不能说唐朝不会发生“天价宰客”事件。

入宋之后，尽管宋朝政府继承了“三贾均市”的制度，但制度的内涵已经不同于唐代。对物价作出估定的机构，不再是政府部门，而是各行业的商界领袖——行头，比如，北宋东京的茶叶，例由茶行的大商户联合定价；南宋杭州的商品粮，“城内外诸铺户，每户专凭行头于米市做价”，米价也是由米行拟定。换言之，商品的定价权已经从政府转移到市场。

宋朝的工商业远比唐朝的繁荣，乃是得益于更深入的市场化。但从坏的角度来说，定价权的市场化，也给了一部分大商人操纵市场、把持物价的机会。因此，宋朝发生“天价宰客”事件的概率，是远远大于唐朝的。

北宋末年，东京开封府便出现了严重的“天价宰客”现象。那是建炎元年（1127年），宋高宗于南京（今商丘）登基，任命老臣宗泽为东京留守兼开封府尹。其时，东京刚刚经历过“靖康之耻”，徽宗、钦宗二帝被金人掳走，京师的金银也被搜刮一空，人心惶惶。不少店家趁机坐地起价，导致“物价腾贵，至有十倍于前者”，一些商品的价格比之前居然暴涨了10倍。你到食店买个烧饼吃，都要被狠狠“宰”一刀。因此，“郡人病之”，怨声载道。

宗泽刚赴任，首先需要解决的便是商家“天价宰客”的问题。他对属僚说：“要治这个乱象也不难，都人率以饮食为先，先收拾几个宰客的食店老板，杀鸡儆猴，看还有哪个商贾敢哄抬物价。”

宗泽秘密派了几名亲信，以普通市民的身份到批发市场购买了一些米麦、面粉，发现粮食的价格比之以前太平时期并无大涨。宗泽又叫兵厨（类似于炊事班）将买来的面粉做成笼饼（馒头），重量与用料都与市肆销售的一样；又叫酒匠取一斛糯米酿酒。然后计算笼饼与米酒的全部成本，结果发现，一个笼饼的成本只需要6文钱，一觚米酒的成本是70文。而市肆销售的笼饼，每个叫价20文，酒每觚200文。这下宗泽心中有数了。

随后，他命人找来一个高价卖笼饼的商人，问他：“三十年前，我来京师参加科考时，笼饼的市价是7文钱一个，如今涨到20文，是不是因为麦价翻了好几番？”饼商说：“自都城战乱以来，米麦起落，初无定价，饼价因袭至此，大伙都提价，我也不能违众独减。”

宗泽取出之前兵厨做出来的笼饼，说：“此饼与你卖的，轻重一样，我按现在的市价，计入了柴薪、面粉、工值的费用，成本只需 6 文钱，如果卖 8 文钱，还有 2 文钱的利润。你哄抬物价，高价宰客，罪应处斩。只好借你的人头来稳定物价与人心了。”随即命人斩了饼商，并发出通告：“笼饼只准卖 8 文钱一个，敢擅增此价而市者，同处斩。”次日，饼价回落到昔日水平，也未见有商家罢市。

又隔一日，宗泽将负责官酒买卖的酒官任修武叫来，问他：“现在都城的糯米并未提价，何以酒价提高了三倍？”任修武知道前日已有一名饼商被斩，因此很是“恐悚”，战战兢兢地说：“近来都城的权贵亲属私自酿酒出卖，他们不用缴纳酒税，又不用支付工役薪水，所以酒价很低，抢了官酒的生意，官酒若不提价，就亏本了。”

宗泽说：“我若取缔了私酒，官酒每觚降价 100 文，你估计能不能营利？”任修武说：“如果这样，大家都来买官酒，饮者俱集，至少是可以保本的。”宗泽盯着任修武看，良久才说：“那好，我暂时将你的人头寄在你颈上，你回去贴出告示，宣布官酒每觚降价 100 文。”

◎《清明上河图》上盘卖食品的小商贩

次日，宗泽再出令："敢有私造曲酒者，不论是何方权贵，立即逮捕，有多少抓多少，并行处斩。"酿造私酒的权贵亲属听说过宗泽的手段，不敢造次，赶紧"倾糟破瓻"，关了私酒作坊。于是，"数日之间，酒与饼值既并复旧，其他物价不令而次第自减，既不伤市人，而商旅四集，兵民欢呼"。

宗泽以霹雳手段治理东京"天价宰客"乱象的故事，被明代的冯梦龙当成历史经验收入《智囊全书》，并写了一段"冯子述评"："借饼师头虽似惨，然禁私酿、平物价，所以令出推行、全不费力者，皆在于此。亦所谓权以济难者乎？"冯梦龙虽然觉得被斩头祭旗的饼商有些可怜，却又不得不承认宗泽"乱世用重典"确实有立竿见影之效。但我们以现代人的价值观来衡量，宗泽的做法可谓"简单粗暴"，当然不足为训。不过这个故事也说明，有司若是敢动真格，"天价宰客"完全是可以治住的。

对于今人而言，更有启发性的是冯梦龙《智囊全集》收录的另一个故事：赵抃越州治物价。那是熙宁八年（1075年），由于江浙一带发生旱灾兼蝗灾，庄稼歉收，导致"米价踊贵，饥死者相望"。两浙路诸州县的官府都在街衢道路贴出公告，禁止米商提高米价。

唯独越州（今浙江绍兴）知州赵抃反其道而行之，在通衢出榜，"令有米者增价粜之"，宣布政府不抑粮价，有多余粮食之人尽管高价销售，叫价越高越好。各地的米商听到这个消息，纷纷运粮前往越州，一时间越州"米商辐辏"。经济学告诉我们，市场价格取决于供需关系，商品供应越充足，价格就会越低，因此，很快，越州的"米价更贱"。冯梦龙评论说，"禁人增米价"的官员只是"俗吏"罢了，"大凡物多则贱，少则贵"，赵抃"不求贱而求多，真晓人也"。

从这件事也可以看出，当时江浙地区商品粮的市场化是非常发达的，价格信号的传递，米商的反应，都很敏捷。倘若缺乏这一市场化的基础，赵抃的"奇招"不可能奏效。

严格来说，赵抃面临的是天灾导致的物价上涨，并不是人为的"天价宰客”。不过，结合前述宗泽整治东京商贾“宰客”的经验，我们还是可以从中获得启示：充分的市场竞争加上严厉的政府监管，足以整治“天价宰客”的乱象。可不是吗？但凡发生“天价宰客”乱象的地方，要么市场竞争不充分，要么当地政府不作为，要么两者兼备。

宋朝与明朝，哪个更富庶？

我们的历史课本有“晚明资本主义萌芽”的说法，而海外汉学界则有宋朝为“现代的拂晓时辰”的论断，那么，这“萌芽”与这“拂晓”之间，究竟哪一个更加富庶呢？或者干脆点说，哪一个时代的平民生活水平更高一些？嗯，有必要来比较比较。是骡子是马，拉出来遛遛。

网络上有不少谈论“宋朝明朝谁更富有”的网文，不客气地说，基本上都是在胡扯。我们做比较，需要有扎实的统计数据。我这里准备来比较宋明两朝的平民工薪收入水平，常识告诉我们：在排除了恶性通货膨胀的情况下，劳动力价格越高，通常意味着下层平民的收入越多，他们的生活水平也水涨船高。

关于宋朝平民的工薪收入数据，我们可以从《宋会要辑稿》以及一部分宋人笔记、奏稿、方志中采集到比较多的样本，王仲荦、郑宜秀《金泥玉屑丛考》与程民生《宋代物价研究》也收录有多份宋朝劳动力价格样本。我采用的宋朝平民工薪水平样本，主要来自《金泥玉屑丛考》《宋代物价研究》二书以及《宋会要辑稿》等史料。

关于明代平民的工薪收入数据，黄冕堂《中国历代物价问题考述》一书与胡铁球《明代官俸构成变动与均徭法的启动》一文，都采集有多份明代工价样本，这里我直接采用他们的研究成果。

先来看宋朝平民的工薪收入数据。由于样本比较多，我分成了三大类，分别为官营手工业的薪资水平、民间佣工的工资水平、公共工程支付的酬劳水平。

将宋代官营手工业雇佣的劳动力价格样本从低至高排列出来，可以得出下列数据（单位：文）：44、70、92、100、100、100+、117、150、150、170、190、200、200、200+、230、230、250、250、300、300、300、350+、375、400、400、400+、500、500、510。

取中位数，为230文；取平均数，约为248文。据此，我们相信，宋代官营手工业的工匠平均日薪，当在230文钱上下。

将宋代民间雇佣的劳动力价格样本从低至高排列出来，可以得出下列数据（单位：文）：30、33、60+、70、100-、100、100、100、140、160、200、200+、270、300。

取中位数，为100文钱；取平均数，约为133文钱。我们认为，宋代民间雇佣劳动力的平均日收入，当在100文钱上下，这个工价，远低于官营手工业部门给出的薪资水平。

再将官府雇佣民夫的酬劳样本从低至高排列出来，数据如右（单位：文）：70-、100、100、100+、125、130、170、200、200、200+、240、300、350。

取中位数，为170文；取平均数，约为176文。两相印证，我们相信，宋代政府征用、雇佣民夫时，支付的平均日薪当在170文左右。这个酬劳略高于当时民间佣工的日收入。

综合上面数据，可以得出一个大体的结论：一名生活在宋代下层社会的非农劳动力，如果打零工，受雇于民间或个人，每日大概可以赚100文钱；如果应夫役之募，每日大概可以获得170文的酬劳；如果在官营手工业部门工作，日薪则为230文钱左右。平均下来，为167文钱。这就是宋代下层平民的大致收入水平。

那么明代平民的工薪收入水平呢？

我们将《中国历代物价问题考述》与《明代官俸构成变动与均徭法的启动》收录的明人工薪样本（含河工、舵工、水手、运夫、刻工、炉匠、石匠、轿夫等群体的工价），也从低至高排列出来，得出下面数据（单位：文钱。以白银结算的，按1两银兑700文钱折算成铜钱）：7、7、7、9.1、10.5、14、14、14、14、14、14、14、17.5、17.5、17.5、17.5、19.6、21、21、21、21、21、21、21、21、21、21、21、21、21、21、21、23.1、24.5、24.5、25、28、28、28、28、28、28、30、32.9、35、35、35、60、60、70。

还是取中位数，为21文钱；取平均数，约为23文。也就是说，明代工匠的日收入，如果用白银结算，以0.03两最为常见；如果用铜钱结算，以20多文最为常见。

研究宋明经济史的香港科技大学刘光临先生曾依据其他材料，估算出："10—11世纪江南水利工程非技术劳力的日工资标准大约是150文加上3宋升米，而16世纪江南同样的报酬大约是0.03两白银，也就是20文铜钱上下。"刘先生的研究，可以佐证我们的结论是成立的。

通过上面的数据比较，我们确凿无误地发现：仅就平民工薪收入水平而言，宋朝人的日收入大约是明朝人的8倍。

但是，只比较工薪收入，不足以说明任何问题，我们还需要来考察宋朝人与明朝人的基本生活成本。

在宋代，一个五口之家（按三大人俩小孩，小孩口粮为大人的一半计算），每天约需要口粮6宋升，每年至少需衣料一匹布，此外还有副食、住房的开销，根据宋代的物价，估算下来，宋朝一户五口之家，一天最低的生活成本当在100文钱左右。这个估算也符合宋朝人自己的观察："农工商贩之家，朝得百金，暮必尽用，博弈饮酒，以快一时，一有不继，立见饥冻。"

明代呢？

按明代的物价，同样是五口之家（同样按三大人俩小孩，小孩口粮为大人的一半计算），一日口粮大约要4升米（明代的升略大于宋升），再加上一点点副食的开支，每日的基本生活成本约为28文（不计入衣物

◎明　仇英版《清明上河图》局部

与租房的开支）。换句话说，一名日收入只有20余文钱的明代平民，只计全家人的口粮与副食的基本消费，就已入不敷出，很难支撑一个五口之家的开销。这个结论，也符合明朝人自己的观察："都下贫民佣工，一日得钱二十四五文，仅足给食，三冬之月，衣不蔽体。"

如此看来，以打工为生的宋代下层平民，其生活条件与生活水平相对而言要优于明朝的同行。进而言之，我们认为，宋朝是一个"高收入+高消费"（相对而言）的社会，而明朝则是一个"低收入+低消费"（绝对意义上）的社会。

当我们面对两组数据，一组数据是：家庭日收入 100~230 文、日基本开支 100 文；一组数据是：家庭日收入 21 文、日基本开支 28 文，应该会感到惊诧，从宋代到明代，中间相隔不过 100 年左右的时间，但不管是物价，还是劳动力价格，都发生了惊人的缩水，而且，如此低水平的物价与劳动力价格，在明代差不多持续了 200 年。这是怎么一回事？

恐怕很难简单地用改朝换代与战乱破坏来解释。我认为，更重要的原因是，朱元璋的“洪武型体制”造成了严重的经济衰退。

第五辑

唐宋之际拆除小区围墙的官民博弈

从现代国家的城市规划经验来看，共享街道资源的开放型街区显然是城市形态的主流，封闭型小区很少见。从中国历史来看，告别封闭型居住区、走向开放的街市，也是发生在唐宋之际的历史大势，构成了唐宋变革、从中世纪城市向近代城市转型的内在动力。

许多人都知道，宋代之前，中国的城市治理实行里坊制，以北魏的洛阳、隋唐的长安为典型。一个严格实行里坊制的城市，如唐代长安城，就如一个巨大、工整、方正的棋盘，正方形的城墙里面被分割成一百零八个方块，每个方块就是一个里坊。里坊跟我们今天所说的小区有点相似（但不可等同），那就是其封闭性，而且里坊的封闭性远远大于今天的小区。

每一座里坊都有围墙包围，与外面的街道相隔离，严禁居民翻墙，《唐律》这么规定："越官府廨垣及坊市垣篱者，杖七十。侵坏者，亦如之。从沟渎内出入者，与越罪同。越而未过，减一等。"又以"疏议"的形式解释这一法条："官府者，百司之称。所居之处，皆有廨垣。坊市者，谓京城及诸州、县等坊市。其廨院或垣或篱，辄越过者，各杖七十。侵，谓侵地；坏，谓坏城及廨宇垣篱：亦各同越罪，故云'亦如之'。"坊墙如果倒塌，政府会要求坊内居民及时修复，如唐代贞元四年（788年），皇帝下诏："京城内庄宅使界诸街坊墙，有破坏，宜令取两税钱和雇工匠修筑，不得科敛民户。"

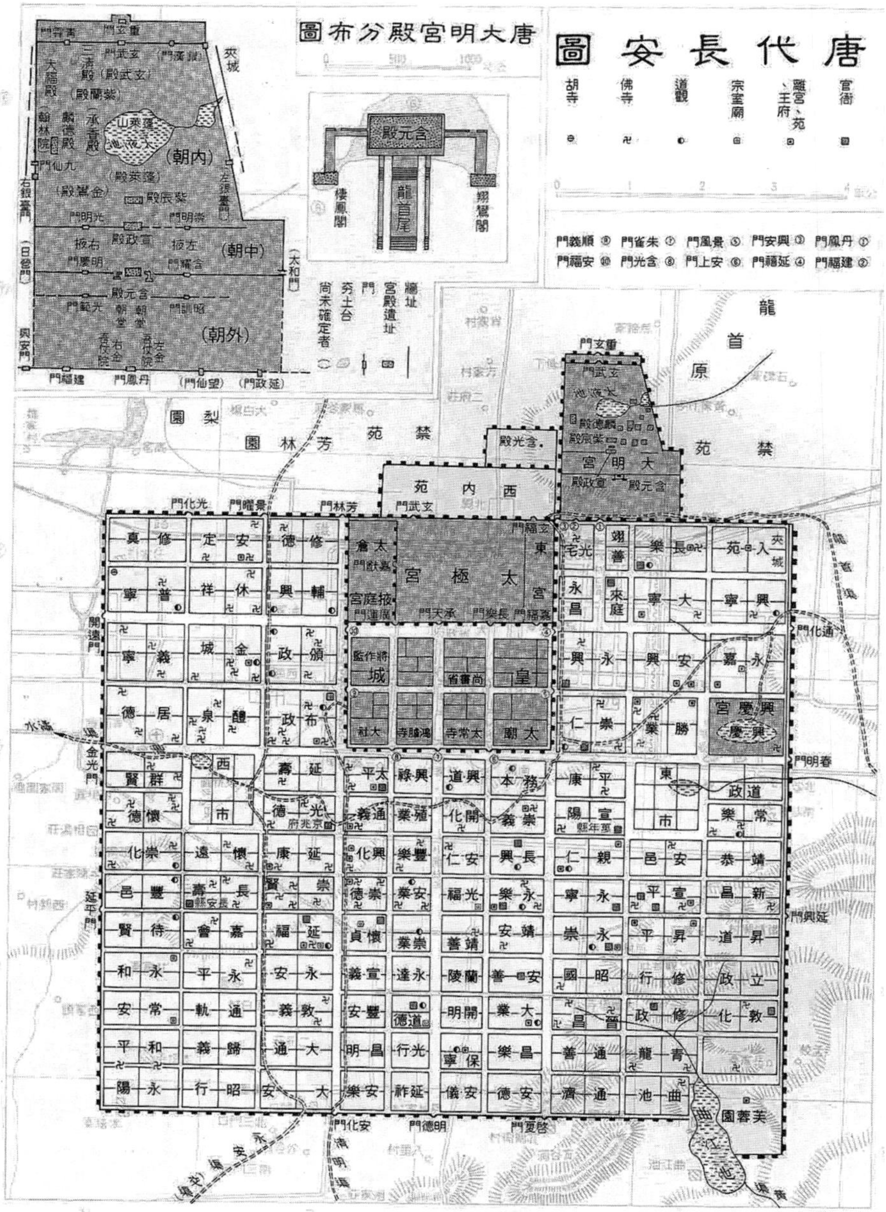

◎唐代长安图。转引自程光裕、徐圣谟主编

《中国历史地图》，中国文化学院出版社（台湾）

坊墙开有坊门，供居民出入，坊门由“坊正”（相当于居委会主任）按时开启、关闭：“五更三筹，顺天门击鼓，听人行。昼漏尽，顺天门击鼓四百槌讫，闭门。后更击六百槌，坊门皆闭。”也就是说，日落之后，街鼓敲响，城门与坊门都准时关闭。次日早晨大约6点钟，晨鼓响起，坊门才开启。按唐代法律，坊正如果“非时开闭坊”，将被处以“徒一年”的刑罚。

坊门关闭之后，整个城市实行夜禁，禁止行人上街，只准在里坊内活动，或者洗洗睡。在夜禁时段内无故上街溜达，即为“犯夜”。按《唐律疏议》，“诸犯夜者，笞二十；有故者，不坐。闭门鼓后、开门鼓前行者，皆为犯夜”。更有甚者，一宦官“酒醉犯夜，杖杀之”。

这样的里坊制度，尽管有利于维持井然有序的城市秩序，保护居民区的安全，但是显然，它也严重限制了市民的活动自由、束缚了市民生活的丰富性。因此，大约在中晚唐的时候，里坊制度开始受到市民的挑战，由此拉开了政府与居民之间的长期博弈。

居民挑战里坊制的做法包括：其一，侵占坊内的街巷、造屋开店。在严格的里坊制下，居民区是不允许开设市场、店铺、酒肆的，市民购物只能跑到政府指定的商业区。但唐德宗时代的大历十四年（780年），有不少官员（可以将他们理解为有特权的民居）干脆在“坊市之内置邸铺贩鬻，与人争利”。朝廷要求“并宜禁断，仍委御史台及京兆尹纠察”。

其二，坊门不按时启闭。如唐文宗时代的太和五年（831年），有巡使报告皇帝，长安的一部分里坊，有居民“向街开门，各逐便宜，无所拘限，因循既久，约勒甚难。或鼓未动即先开，或夜已深犹未闭，致使街司巡检人力难周，亦令奸盗之徒易为逃匿”。巡使还建议：“请勒坊内开门、向街门户，悉令闭塞。”

其三，坊墙倒塌了没人愿意修复。如唐中宗时，“洛阳县申界内坊墙因雨颓倒，比令修筑。坊人诉称：皆合当面自筑，不伏率坊内众人共修”。按唐朝法律，坊墙倒塌，要由全坊居民出钱维修，但现在有坊墙

“因雨颓倒”，坊内居民却不愿意承担修整的责任，要求应由塌墙对面的那一家人负责修复，为此还闹到了衙门。可以相信，在唐朝中晚期的长安城，不少坊墙其实已经倒塌，且未及时修复。

再经唐末至五代战乱的摧残，许多城市的坊墙都不知什么时候被推倒了，里坊制已经处于风雨飘摇之中。到了宋代，作为首都的开封府，整个城市格局都跟盛唐时的长安城全然不同，就如我们在《清明上河图》上看到的那样：坊墙早已不见踪影，街巷四通八达，人们临街开店，形成热闹而喧哗的街市，有如现代城市的开放性街区。夜禁的制度也松弛下来，城市彻底灯火通明，“夜市直至三更尽，才五更又复开张，耍闹去处，通宵不绝”；“冬月虽大风雪阴雨，亦有夜市”。而在里坊制下，夜市是不合法的，“六街鼓绝尘埃息”。

北宋开封这种摆脱了里坊制束缚的城市繁华，是北魏至隋唐时代的政府所不乐见的，因为它对城市治理与旧秩序带来了挑战。隋朝时，隋文帝驾幸汴州（开封），“恶其殷盛，多有奸侠”，便任命能吏令狐熙为汴州刺史。令狐熙上任后，着手整顿城市：“禁游食，抑工商，民有向街开门者杜之，船客停于郭外，星居者勒为聚落，侨人逐令归本，……令行禁止，称为良政。”恢复了里坊制的井然秩序。

对城市的主政者来说，整齐划一、井然有序的审美图景无疑是很有吸引力的，即使到了北宋前期，宋政府还是希望恢复里坊制下的城市秩序。比如至道元年（995年），宋太宗“诏参知政事张洎，改撰京城内外坊名八十余。由是分定布列，始有雍洛之制”。这个“雍洛之制”便是指唐代洛阳城的里坊制。咸平五年（1002年），宋真宗又任命谢德权拆除汴京的侵街建筑物，谢德权以霹雳手段拆迁后，上书建议置立“禁鼓昏晓，皆复长安旧制”。这个“禁鼓昏晓”，即唐代里坊制的配套制度——夜禁制。

然而，这种与城市商业、市民生活为敌的审美秩序，已经不值得宋朝市民留恋，宋政府终究未能恢复唐朝的里坊制，有学者“查遍了宋朝诸臣奏议，有关京城开封的营造内容相当丰富，论及修筑城池及宫殿寺庙等等，但是涉及全城的坊墙，关于其修或拆的奏议，却只字未见”。这可能是因为，再没有一个宋朝人愿意在坊墙已倒塌的开封城重新建造围墙。到了宋仁宗朝，开封市民突然发现，“二纪（近二十四年）以来，不闻街鼓之声，金吾之职（掌禁鼓的官职）废矣”。谢德权重新竖起来宣告坊门启闭时刻与夜禁时间的街鼓，不知不觉已废弃不用。

青山遮不住，毕竟东流去。里坊制彻底瓦解了。

且看宋朝人的共享精神

自从“共享单车”火了一把之后，有些地方又冒出了“共享马扎”(结果当天就有一半马扎被人顺手牵羊了)、“共享女友”(实际上就是多人共用的实体娃娃)，前几天，又有“共享校花”的噱头出来，听说路人只要扫描现场二维码，便可以跟“与校花谈5分钟恋爱”。显然，“共享”这个词儿已经被玩坏了。

其实，那些挂着“共享”旗号的玩意儿，并不是什么新事物，不过是换了马甲的城市公用品罢了，现在有，以前也有。如果非要打着“共享”的名头，那公用电话亭可以改称“共享电话亭”，网吧可以改称“共享PC”，公共厕所也可以叫成“共享洗手间”嘛。所不同者，无非是现在的共享单车之类使用了互联网的接入与支付技术。

可能你要说，“共享”二字听起来很时髦啊。但你也许想不到，实际上古人也在使用“共享”一词，如苏轼的文章中便有“与天下共享其乐”的句子，《续资治通鉴长编》亦有“太庙四室共享一犊”的记载。所谓“共享”，便是共同享有、享用的意思，共享单车的“共享”，也是这个意思。

而且，从共享单车上街后频繁被盗、被乱摆的情况来看，今天的许多人还真有点配不上“共享”的概念。这个时候，我们不妨回过头来，看看宋代的共享事物、宋人的共享精神。

第一个我要说的宋朝人，是范仲淹。从一个小故事，我们便可以感受到范夫子身上的共享精神：有一回，范仲淹在苏州老家购得一块宅基地，看风水的堪舆家告诉他："这是一块风水宝地，在此修建住宅，世世代代都会出卿相。"范仲淹听后说："诚有之，不敢以私一家，愿与邦人共享。"将这块地捐出来，建设学舍，作为苏州府学。

晚年范仲淹还捐出全部个人资产，在苏州成立一个"范氏义庄"，将自己一人之财富转为家族共享之福利：凡苏州范氏族人，都可以定期从义庄领取钱粮衣物。曾有人劝告范老夫子：不如用这笔钱在洛阳购置园林，作为养老之所。范仲淹回答说：洛阳到处都是私家园林，我想游就游，何必另造园林？

范仲淹的回答，又反映了宋代一项非常普遍的共享现象：私家园林的共享。宋人修了一座漂亮的园林，通常不会关起门来孤芳自赏，而是"皆修莳花木，洒扫亭轩，纵游人玩赏"。什么叫作"共享精神"？我觉得这便是了。我有美好的东西，但我不准备自己独享，而是请大家共享。用先贤的话来说，这叫作"独乐乐，不如众乐乐"。

第二个我要说的宋人，是司马光。他在洛阳也有一座园林，取名"独乐园"。司马光写过一篇《独乐园记》，解释过"独乐园"的含义："或咎迂叟曰：'吾闻君子之乐，必与人共之。今吾子独取于己，不以及人，其可乎？'迂叟（司马光自称）谢曰：'叟愚，何得比君子？自乐恐不足，安能及人？况叟所乐者，薄陋鄙野，皆世之所弃也，虽推以与人，人且不取，岂得强之乎？'"司马光的意思是说，我比较愚钝，不敢自比君子；这个园子很是简陋，不敢勉强他人欣赏，所以，园子叫作"独乐园"。

但我们不要误以为司马光缺乏共享精神，他在《独乐园记》的结尾处又补充说："必也有人肯同此乐，则再拜而献之矣，安敢专之乎！"十分欢迎大家不嫌粗陋前来游园。实际上，独乐园一直都是对公众开放的，宋人笔记说："独乐园在洛中诸园，最为简素，人以公（司马光）之故，春时必游。"如此看来，独乐园虽然名曰"独乐"，实则是"众乐园"。

◎明　仇英《独乐园图卷》局部

这一“私园共享”的传统一直延续至近代。一名清代文人记录说：“吴下园亭最胜，如齐门之吴氏拙政园，阊门之刘氏寒碧庄，葑门之瞿氏网师园，娄门之黄氏五松园，其尤著者，每春秋佳日，辄开园纵人游观。”清末时，上海有不少私园开放如同公园，如豫园、申园、张园、徐园、愚园、张园，一些历史研究者以为那是西风东渐之后才出现的新现象，却不知“私园共享”是久远的传统。

宋代还有另一项也是很普遍的共享现象：私家藏书楼的共享。一些朋友读过余秋雨散文《风雨天一阁》，知道明清时期宁波范氏的天一阁，是从来不对外人开放的，不但外人不准入阁观书，连范氏子孙“无故开门入阁”，也会受到家法惩罚。但你若以为传统的藏书楼都如天一阁那样封闭，那就大错特错了。研究私家藏书楼史的朋友会发现，宋代有不少藏书楼都是对外开放的。

我要说的第三位宋人，是宋敏求，一名生活在宋仁宗时期的藏书家。宋敏求居住在开封府春明坊，家有藏书数万卷。但宋家的藏书楼是允许外人分享的，读书人都可以入楼借书阅览。因此，“士大夫喜读书者，多居其侧，以便于借置故也”。搬到春明坊居住的读书人越来越多，导致那里出现了“学区房”效应，房价暴涨，“当时春明坊宅子比他处僦值常高一倍”。这类共享的私人藏书楼，其实跟公共图书馆差不多。

最后，我想介绍宋朝一个非常特别的共享习俗：皇太子私人家产的共享。什么意思？原来，皇太子即皇帝位之后，当然要从藩邸搬入内廷，按宋时惯例，新皇帝旧邸的家具、陈设、钱帛等财产，都要留给首都市民共享，因此，很多市民在新皇帝即位后，都会跑到其旧邸大门口，排队入内，搬走自己看中的物品。这叫作“扫阁”。

皇太子知道自己迟早会继位，“故必先为之备”，通常都会预做准备，比如悄悄将藩邸中的贵重物品预先搬走。唯独南宋绍熙年间，在士大夫集团的压力下，宋光宗将皇位禅让给皇子赵扩，当时赵扩为嘉王，从未认为自己会当上皇帝，也就没有做什么准备，突然继位后，嘉王府的全部财产都被“扫阁”的市民席卷而去。

为什么宋朝会形成这么奇特的“扫阁”习俗呢？我一直百思不得其解，后来我想，这可能跟宋人的政治观念有关：一位皇储成了皇帝，即意味着他从此化家为国，以国为家。将新君主旧邸的物品归市民共享，大概便是“化家为国，以国为家”的象征性宣示吧。

有一些浅薄之士热衷于比较“中西差异”，固执地认为，跟西方传统相比，中国传统文化严重缺乏共享精神，进而发出“为什么我们的古人私而不公，而西方的古人却私而能公”的感叹。这感叹其实暴露出感叹者自己对于历史的无知。要我说，今天的人真没有资格轻薄先人，古人的共享精神，足以将盗走或乱停共享单车的今人甩出几条街。

私家园林的开放传统

晚清之时，西风东渐，得风气之先的上海滩，在西式公园制度的刺激下，有一批私家园林，包括豫园、申园、张园、徐园、愚园、大花园等，先后对公众开放，功能跟公园差不多，可谓是“准公园”。其中最著名的当推张叔和在上海建造的张园，是一个“集花园、茶馆、饭店、书场、剧院、会堂、照相馆、展览馆、体育场、游乐场等多种功能于一体的公共场所”，于1885年（光绪十一年）开放。有论者说，“私家花园古已有之，但像张园这样私园公用的情况却没有先例”。

但这个“像张园这样私园公用的情况却没有先例”的说法，却是不准确的。因为“私园公用”实际上是由来已久的传统，是古老的惯例，只不过近代以来，启蒙主义知识分子对此视而不见而已。今天许多人都知道古人营造的私家园林，亭台楼阁，小桥流水，景致非常漂亮，巧夺天工；却未必都知道，按照传统习惯，园林的主人通常并不会独享这份漂亮的景致，而是将园林开放给大家共享（常年开放或定期开放）。

这一自发地开放私家园林的习惯，至迟可以追溯到宋代。宋代有很多私家园林，虽为私人所有，但通常都保留着对外开放的惯例，或是常年开放，或者在风景最美、游人最盛的季节开放。

在东京汴梁，“都城士大夫有园圃者，每岁花时必纵人游观”。每年元宵节过后，东京市民有游园探春的习惯：“上元收灯毕，都人争先出城探春，大抵都城左近，皆是园圃，百里之内，并无闲地，并纵游人赏玩。”

《东京梦华录》收录有一份都人赏玩的园圃名单：金明池、玉津园、学方池亭榭、玉仙观、一丈佛园子、王太尉园、孟景初园、快活林、勃脐陂、独乐冈、砚台、蜘蛛楼、麦家园、虹桥、王家园、东御苑、李驸马园、宴宾楼、祥祺观、集贤楼、莲花楼、下松园、王太宰园、杏花冈、蔡太师园、华严尼寺、养种园、药梁园、童太师园、铁佛寺、鸿福寺、庶人园……这些园苑既有皇家园林与寺观园林，也有私家园林，都任人游赏。于是春暖花开之时，“红妆按乐于宝榭层楼，白面行歌近画桥流水，举目则秋千巧笑，触处则蹴踘踈狂”。

南宋杭州市民同样保留着“探春”的习俗，“仲春十五日为花朝节，浙间风俗，以春序正中，百花争放之时，最堪游赏。都人皆往钱塘门外玉壶园、古柳林、杨府云洞，钱湖门外庆乐、小湖等园，嘉会门外包家山王保生、张太尉等园，玩赏奇花异木。最是包家山，桃花盛开，浑如锦幛，极为可爱”，包家山上“皆植桃花，都人春时游者无数，为城南之胜境也”。

杭州诸私园中，以蒋苑使园圃最为接近近代公园的形态。《梦粱录》载：“内侍蒋苑使住宅，侧筑一圃，亭台花木，最为富盛，每岁春月，放人游玩，堂宇内顿放买卖关扑，并体内庭规式，如龙船、闹竿、花篮、花工，用七宝珠翠，奇巧装结，花朵冠梳，并皆时样。官窑碗碟，列古玩具，铺列堂右，仿如关扑，歌叫之声，清婉可听。汤茶巧细，车儿排设进呈之器，桃村杏馆酒肆，装成乡落之景。数亩之地，观者如市。”

《武林旧事》亦载：“蒋苑使有小圃，不满二亩，而花木匼匝，亭榭奇巧。春时悉以所有书画、玩器、冠花、器弄之物罗列满前，戏效关扑。有珠翠冠仅大如钱者，闹竿、花篮之类，悉皆镂丝金玉为之，极其精妙。且立标竿、射垛及秋千，梭门、斗鸡、蹴踘诸戏事，以娱游客，衣冠士女至者，招邀杯酒。往往过禁烟乃已。”

蒋苑使园圃不但有亭台花木，还在旅游旺季举办斗鸡、蹴踘等活动，

◎清　吴宏《柘溪草堂图轴》上的江南园林，南京博物院藏

又设立跳蚤市场，以吸引游客。跟现代的城市公园实在没什么差别。

洛阳尤以园林名闻天下，“贵家巨室园囿亭观之盛，实甲天下”。唐时洛阳园林多达千余家，后多数毁于五代战火，北宋有所修复，名园仍数以百计。李格非的《洛阳名园记》记述了 19 处名园：富郑公园、董氏西园、董氏东园、环溪、刘氏园、丛春园、天王院花园子、归仁园、苗帅园、赵韩王园、李氏仁丰园、松岛、东园、紫金台张氏园、水北胡氏园、大字寺园、独乐园、湖园、吕文穆园。这些名园基本上都是私人园林，但都向游客开放，任何人都可以进园游赏。

宋人邵雍有一首《洛下园池》诗，就透露出洛阳名园对外开放的信息：“洛下园池不闭门，洞天休用别寻春。纵游只却输闲客，遍入何尝问主人。”邵雍的儿子邵伯温，写过一部《邵氏闻见录》，里面也描述了洛阳私园的开放性：“洛中风俗，岁正月梅已花，二月桃李杂花盛，三月牡丹开。于花盛处作园圃，四方伎艺举集，都人士女载酒争出，择园亭胜地，上下池台间，引满歌呼，不复问其主人。”连主人是哪位都不用问，也完全不必担心会被人赶出去。

怪不得范仲淹晚年时，子孙希望他在洛阳修座园林作为养老之所，老范却坚决不同意，说：“西都士大夫园林相望，为主人者莫得常游，而谁独障吾游者?”他的意思是说，洛阳的私家园林多得是，我想游就游，何必另造园林？最后老范用他的一生积蓄，在苏州成立了一个宗族公益基金，叫“范氏义庄”。

除了东京、洛阳与临安的私园之外，其他地方的私家园林基本上也是对游人开放。北宋宰相蔡确在繁昌县建造的北园，“岁时佳节，又得与邑人共之。人之游者，往往徘徊而不能去”；另一名宰相蔡京在苏州的私园——南园，“每春，纵士女游观”；吴兴的丁氏园，“春时纵郡人游乐”；绍兴的沈氏园，即陆游题《钗头凤》的地方，也是任人游览的，否则陆游与唐婉不可能到这里游园；大奸臣朱勔修建在苏州的私家花园，“植牡丹数千本，花时以缯彩为幕覆其上，每花标其名，以金为标榜”。男性游客入内观赏，需购门票：“游人给司阍钱二十文，任入游观”；“妇稚不费分文”，不但免费，还有酒食相待、礼品相送：“春时纵妇女游赏，有迷其路者，老朱设酒食招邀，或遗以簪珥之属。”

宋代的私家园林，因其开放性，我认为也是可以归入“准公园”之列的。

宋人私园开放的传统一直延续到明清时期。一名清代文人记录说：“吴下园亭最胜，如齐门之吴氏拙政园，阊门之刘氏寒碧庄，葑门之瞿氏网师园，娄门之黄氏五松园，其尤著者，每春秋佳日，辄开园纵人游观。”苏州如此，扬州亦是如此：“扬州繁华……池台之精，不可胜纪。而张氏容园为最著……花史修花，石人叠石，水木清湛，四时皆春，每日午前，纵人游观。”位于金陵的袁枚随园，也是“每至春秋佳日，士女如云，主人亦听其往来，全无遮拦”。

这些对公众开放的私家园林，通常都是免费的，但也有一些私园会收点门票费，比如明代苏州葑门内一家私园，“广至一二百亩，奇石曲池，华堂高楼，极为崇丽。春时游人如蚁，园工各取钱方听入”。这类门票钱，在有些地方又叫作“扫花钱”，如清时苏州，“春暖，园林百花竞放，阍人索‘扫花钱’少许，纵人浏览”。

有的私园还需凭票入园，如清代扬州的一家私园，“是园有园票，长三寸，宽二寸，以五色花笺印之，上刻‘×年×月×日，园丁扫径开门’，旁钤‘桥西草堂’印章”。“园票”的出现，说明私园的开放制度更趋完善。

私园的公共化，是近代公园形成的演化路径之一，近代欧洲的一些公园便是从私园开放而来的。而且，西方近代城市的公园建制确实刺激了当时的国人，使清政府中的开明之士将建设城市公园提上市政日程，也促使上层社会的士绅将自家的私园改造成公园。但是，我也反对“私园公用没有先例”之类的说法，因为这一说法实际上包含了启蒙主义知识分子的根深蒂固的成见：将传统与现代对立起来，将西方刺激视为现代化的唯一动力。

我坚持认为，现代是从传统生长出来的，近代西方确实提供了刺激，但现代化的动力也一直内在于传统之中。

中国近代化转型的内在动力

对于中国近代化转型的发生，学界有两个假说最为著名，一为美国汉学家费正清提出的“冲击—回应论”。何谓“冲击—回应论”？概括地说，就是认为中国传统社会只有在经历19世纪来自西方的“冲击”之后，产生了“回应”，才会出现近代化转型。显然，“冲击—回应论”的前提便是“中国历史停滞论”：必须坚持认为中国社会一直处于停滞状态，缺乏内在的近代化动力，“冲击—回应”的模型才有解释力。

另一种假说是日本汉学家内藤湖南率先提出“唐宋变革论”。持“唐宋变革论”的学者相信，宋代中国已经出现了近代化转型，表现在政治、社会、经济诸个层面。如果说，唐朝是中世纪的黄昏，那么宋朝便是现代的拂晓时辰。“唐宋变革论”不但为宋史研究提供了一个分析框架，也可以给我们讨论中国的近代化转型带来启示。按照“唐宋变革论”的思路，显然中国的近代化转型是内生的，是传统文明自发演进的结果。

中国大陆研究晚清近代史的学者，大都自觉或不自觉地受了费正清“冲击—回应论”的深刻影响，换言之，在反思传统的立场上，他们的观点是高度一致的。

最近读到晚清近代史研究方家雷颐先生一篇介绍中国近代公共空间的文章，文中说：在传统中国，公共空间毕竟非常有限，更不“自觉”，如中国的园林可谓历史悠久美不胜收，但不是皇家园林就是私家花园，从无“公园”；奇禽异兽向囿皇家林苑或私人庭院，从无公共“动物园”；

中国历来不乏嗜书如命的藏书家，几大藏书楼至今仍是文化史上的美谈，但不是皇家馆阁就是私人藏书楼，从无公共“图书馆”；文物古董从来是文人学士的雅好，好古博雅者甚众，但不是皇家珍藏就是私人摩挲把玩之物，从无公共“博物馆”；从来只有传抄朝中诏令章奏的官办“邸报”，从无现代意义上公开传递信息的报纸。而这类“公共”，都是在西学东渐影响下，非常晚近才出现在我们的生活中，使我们的“公共空间”得到不小的扩展，可谓“获益匪浅”。

雷颐先生想来也是赞同费正清“冲击—回应论”的。他对于中国近代公共空间的形成的分析，放在晚清的特定历史时空下，也言之成理。然而，如果我们拉宽视界，从更长的历史时段来看公共空间的形成，却会发现，雷先生所说的种种“公共空间”，其实都内生于传统，都出现在宋代，而且是“自觉”的。

宋代中国不仅有皇家园林与私家花园，还有数目众多的公共园林，这类公共园林通常叫作“郡圃”，为政府所修建，定期或常年对公众开放，任人游玩。南宋《嘉泰吴兴志》记载说：“郡有苑囿，所以为郡侯燕衎、邦人游息之地也。士大夫从官，自公鞅掌之余，亦欲舒豫，乃人之至情。方春百卉敷腴，居人士女，竞出游赏，亦四方风土所同也。故，郡必有苑囿，以与民同乐。”这段记载非常清楚地表明：宋代的郡圃，是“邦人游息之地”，“居人士女”都可以前来游赏，跟今天的城市公园并没有什么不同。

而且，“郡必有苑囿”，大一点的城市都建有这样的公园。我们可以这么说，宋代是修建郡圃的鼎盛期，不管宋朝之前，还是宋朝之后的地方政府，都未能像宋代士大夫那样投入极大的热情建造郡圃。为什么宋朝地方政府会投入巨大的热情建造公园呢？用宋人的话来说，是为“以与民同乐”“与邦人同其乐”。这应该就是雷先生所指的公共意识的自觉。

宋朝也有公共性的“动物园”。北宋皇家林苑玉津园，便是一个动物园，当时番邦诸国进贡的珍禽异兽，都豢养于玉津园。但我们说玉津园是动物园，却不是因为里面饲养了很多动物，而是因为每年三四月份，玉津园对市民开放，市民们可以进入玉津园观赏珍禽异兽，洪迈《夷坚志》提供了一个例证：宋徽宗大观年间，“宿州士人钱君兄弟游上庠，方春月待试，因休暇出游玉津园，遇道士三辈来揖谈，眉宇修耸，语论清婉可听，顷之辞去”。可见在开放期间，一般士庶是可以进入玉津园浏览的。

玉津园里面饲养的大象，每年四月份会送至应天府的养象所放牧，九月再送回玉津园。应天府养象所也是一个对外开放的动物园，市民可入内观看大象表演，不过需要支付门票钱。但今天的城市动物园还不是一样收门票？

中国当然也不是“从无公共图书馆”。宋时，天下各州县都设有官立的学校，民间也建有大量书院，不管是学校，还是书院，一般都配套有藏书机构，这些藏书机构的藏书一般都向当地读书人开放，有的藏书楼还请允许图书外借，说它们是“地方图书馆”也不为过。晚清叶德辉《书林清话》记录的一个细节，可以让我们了解到宋代地方图书馆的借阅规则：“北宋刻大字本《资治通鉴》卷中有‘静江路学系籍官书’朱文长印，第六卷前有朱文木记曰：‘关借官书，常加爱护，亦士大夫百行之一也。仍令司书明白登簿，一月一点，毋致久假。或损坏去失，依理追偿。收匿者闻公议罚。”可知宋元时期，读书人向地方图书馆借书，需要登记，最长可借读一月，丢失或损坏图书则必须赔偿。而在 18 世纪末之前，欧洲的图书馆还长期用铁链将图书拴住，禁止外借。

相对而言，宋代的“博物馆”公共性质并不明显，或者说，宋代还没有出现近代意义上的公共“博物馆”。不过，宋朝的三馆秘阁收藏有大量图书以及古器、琴、砚、图画等藏品，兼有“博物馆”的一部分功能。更重要的是，每年夏季，宋朝都会举行为期约两三个月的“曝书会”，“曝书会”期间，三馆秘阁会展出藏书、古器、琴、砚、图画，供词臣学士观赏、抄录。也就是说，宋朝三馆秘阁的藏品具有一定的开放性，只是不可与现代博物馆相比。

至于“公开传递信息的报纸”，其实在北宋时也已出现了，叫作“小报”“新闻”。宋朝小报并不是“传抄朝中诏令章奏的官办邸报”，而是市场化的民办报纸，刊印的内容一般是办报人自己刺探来的时政消息，以及约写的意见评论。严格来说，宋朝小报属于非法经营，但朝廷一直拿它没办法，到南宋时，小报的规模更加壮大，每日一期，“遍达于州郡监司。人情喜新而好奇，皆以小报为先，而以朝报为常”，经营小报的人竟能“坐获不赀之利”。宋朝大都市的早晨，每天都有人卖新闻小报。

◎明 《瑞应麒麟图颂》中的长颈鹿，台北故宫博物院收藏

明清时期也有传播于民间的报纸，但基本上都是翻印“京报”的内容，没有自己采写的消息与言论。如果说，明清京报只是传统的邸报，那宋朝小报可以说更接近于近代新闻报纸。

当宋人在建造郡圃、刊印小报的时候，显然，费正清所说的“西方冲击”还不知道在哪里呢。我这么说，当然并不是为了吹嘘“祖上曾经阔过”，我无非是想说明一个道理：近代化并不是什么外来的异己之物；近代化的需求与动力内在于我们的传统中。

可是，既然如此，既然早在11—13世纪的宋代中国就已经产生了近代化，那为什么到了19世纪下半叶，中国的近代转型还会一波三折以至于需要西方来“冲击”一下？我的解释是，宋代之后的元明清三朝，不同程度地出现了回向中世纪的倒退，比如宋人建造郡圃、刊印小报的传统就中断了。

宋朝的公共租赁房

包括北京、上海、广州在内的多个城市都发布了“发展公共租赁住房市场”的规划，在楼价高企不下的情势下，我们不妨预期：公共租赁房的扩大供应，应该可以满足一部分暂时购买不了商品房的城市人口的居住需求，缓解当前紧张的住房供需矛盾。

从世界范围的经验来看，一个城市的规模越大，经济越繁荣，人口流动越频繁，那么这个城市的房屋自住率也会越低，租住率则相应提高，比如，据美国国家人口普查局发布的2010年官方普查数据，美国居民的房屋自有率为65.1%，城市的房屋自有率仅为47.3%，纽约市更是只有33.0%。租房的门槛远远低于购房，更容易满足城市中低收入人口、流动人口以及年轻群体、单身群体的住房需求。因此，推进租赁房（包括公共租赁房）的建设可谓顺应了城市发展的历史方向。

从历史的经验来看，中国历史上正好有一个时期，公共租赁房市场非常活跃，可以为当下的公共租赁房建设提供借鉴。这个历史时期便是宋代。

众所周知，宋朝工商业繁荣，城市化率较高（按日本汉学家斯波义信的统计，南宋鼎盛时期的城市化率可能达到30%。作为对比，清代中叶的城市化率约为7%），东京开封府的城市人口超过100万，是当时世界上最大规模的超级大都市。据包伟民先生估算，北宋后期，东京市区的人口密度约为12000~13000人/平方公里，相当于今天的日本东京都。

人口密度如此之高的大城市，必定是寸土寸金，房价高不可攀。北宋前期，东京的一套豪宅少说也要上万贯，一套普通的住房也叫价上千贯；而到了北宋末，豪宅的价格更是暴涨至数十万贯，以当时铜钱的购买力折算成人民币，少说也得 5000 万元以上。别说市井细民无力购房，就连宰相级别的高官，也不乏租房居住之人，有些薪俸较低的中下层官员，由于每月都要交房租，还成了“月光族”，比如有一位叫作章伯镇的京官就发过牢骚：“任京有两般日月：望月初，请料钱，觉日月长；到月终，供房钱，觉日月短。”

当然，话又得说回来，你要在开封府租间房子居住，还是挺方便的，因为北宋时，京师的租赁住房市场十分发达，不但有大量的民房出租，而且，宋政府也向市场提供了一大批公共租赁房，并成立了一个叫作“店宅务”的机构来管理公屋。

店宅务有点像现在的物业公司，主要负责公租房的招租、收租与维护。宋朝时，各个州郡几乎都建有公租房，设有店宅务，不过还是以京师的左右厢店宅务规模最大。从组织构架来看，左右厢店宅务置有“勾当店宅务”一员，相当于总经理；“勾押官”3~4 员，相当于副总经理；“掠房钱亲事官”40~50 名，相当于业务经理，主管招租与收租业务；另有“修造指挥”（维修工人）500 人。

左右厢店宅务辖下的公共租赁房又有多少间呢？北宋天禧元年（1017 年），京师店宅务名下共有 23300 间公租房；天圣三年（1025 年），公屋数目增加到 26100 间；熙宁十年（1077 年），店宅务辖下的公屋有 14626 间，别墅有 164 所，空地有 654 段。以东京常住人口 20 万户（100 万人）、每户需要住房一间计算（古人说的一间房，不是指一个房间，而是指一开间），左右厢店宅务管理的公租房可以供应大约 10% 的东京人口居住。再加上私人的租赁房、其他政府部门（如国子监、汴河堤岸司等）经营的公租房，北宋东京的租赁房市场是非常庞大的，据学者杨念群先生的估算，东京城内外约有半数人口是租房居住的。换言之，北宋东京

◎《清明上河图》中的民宿

的房屋自住率只有50%左右，接近于今日美国城市的水平。

剩下的问题是，那些生活在京城中下层的宋朝人是否支付得起租金。这需要先弄清楚两个问题：一是店宅务公屋的租金水平。这个问题有史料可考据。据《宋会要辑稿》，天禧元年，左右厢店宅务名下的23300间公屋共收到租金140093贯，计算一下，便可以知道平均日租金是17文钱左右；天圣三年，店宅务的26100间公屋共收到租金134629贯，平均日租不足15文钱。由于15文钱只是平均数，肯定有一部分公屋的日租金实际上低于15文。这个租金水平，比当时东京私人房屋的租赁市场价大概要低得多。

接下来，我们还要弄清楚宋朝市民的收入水平。根据多份宋代日工价样本以及程民生教授的研究，宋代的一名中下层市民，不管是在官私手工业当雇工，还是给富贵人家当用人，抑或是在城市摆个小摊做小生意，日收入基本上都在100~300文钱之间。而当时维持一名成年人基本温饱的日开支，大约是20文钱。每日15文钱上下的住房开支，相当于每天吃饭的费用，大致是市井细民日收入的十分之一，绝不算高。因此，从支付能力来看，他们是租得起店宅务公屋的。

此外，店宅务公屋的租户还可以享受到宋政府提供的一些优恤，包括：租金从承租日的第六天算起，前面五日免租金，是留给住户搬家、收拾物件的时间；一年下来，总有好几天可免纳房租，比如遇上大雪天气，或者是冬至、寒食等节日，朝廷通常会下诏蠲免房租；日租金 15 文钱以下的贫困住户，减免租金的机会还会更多一些；店宅务不能向租户加收房租，因亏损原因实在需要调整租金时，贫困户的房租还是不得提高；若是公屋需要拆迁，租户还可以获得若干“搬家钱”，补偿标准是同批拆迁私屋业主的一半。

店宅务公屋的租金低于市场价，显然会激励一部分人租赁公屋，再转租他人，当起“二房东”。为了防止出现这一弊病，宋政府给店宅务制定了一套完备的制度，这里我只介绍其中的几条：其一，店宅务的管理者、工作人员不得承租本务辖下的任何公屋；其二，已经在京师购置了物业的市民也不得承租店宅务公屋；其三，租户租赁公屋，必须是自家居住，不得转租给他人；其四，租户若购买了房屋，必须退还店宅务公屋；其五，租户承租与退租之时，都要核查身份，验明是否为同一人。

应该说，禁止公共租赁房的住户当“二房东”，是很合理的要求，今天的公租房制度也应当写入这样的禁约。

一千年前的政府，能够建成数以万计的公共租赁房投入市场，并形成一整套相当完备、周密的公租房制度，很不简单。

宋朝的“总统图书馆”

我们都知道，美国有所谓的“总统图书馆”制度，即每一名总统离任之后，照例要建立一个图书馆，保存他任职总统时的档案文件，收藏总统的个人物品、图书、艺术品等。

美国总统图书馆虽然名为“图书馆”，实际上是集档案馆、图书馆和博物馆、纪念馆诸功能的场所。其馆藏包括：1. 总统在任期间签署的各种文件；2. 个人捐赠给总统的私人文件、历史资料和口述档案；3. 总统的个人档案、手稿、图书；4. 实物档案，如美国公众及外国友人送给总统的礼物、纪念品。

美国总统图书馆制度可以追溯到罗斯福总统于 1938 年建立的第一座总统图书馆，然后成为惯例延续下来。相信许多人都相信，“美国的总统图书馆是美国特有事物”。

其实不对，宋代中国早已出现了类似总统图书馆的制度。这一制度由宋真宗创立，第一个皇室档案图书馆是大中祥符初年建立的纪念宋太宗的龙图阁，内藏“太宗的御制、御书、文集计五千一百一十五卷、轴、册，御书纨扇数十幅，及宗正寺所进的属籍、世谱等”。从藏品的性质来看，跟美国总统图书馆是一样的。

此外，太清楼也是内廷一处收藏有太宗御制、御书、文集的皇室图书馆。景德四年（1007 年），宋真宗曾率领大臣登太清楼读书。

宋真宗在世时，又开始建天章阁，贮藏自己的藏书、手迹、文集等等。天禧五年，天章阁建成第二年二月，真宗皇帝逝世。天章阁成为第二个纪念先帝的皇室档案图书馆。为先帝建立档案图书馆的惯例自此保持下来，在位的君主都要为前任皇帝修建一座档案图书馆，存放前任的著述、文件、书法墨迹与藏书。

如宋仁宗逝世后，继位的英宗“以仁宗御书藏宝文阁，命翰林学士王珪撰记立石”，将宝文阁建成收藏仁宗御制、御书、手迹、藏书的档案图书馆。英宗去世后，由于他在位时间极短，神宗皇帝将英宗御书附于宝文阁。

神宗驾崩，一直未建阁收藏他的御书手迹图书，直到宋哲宗元符二年，亲政的哲宗皇帝才下诏“建阁藏神宗皇帝御集，以显谟为名”，这就是纪念宋神宗的显谟阁。

北宋末大观二年（1108 年），徽宗下诏建阁藏哲宗御制、御集，并“以徽猷为名”。这是纪念哲宗皇帝的徽猷阁。

南宋绍兴八年，刚刚安定下来的南宋恢复了建阁收藏先帝御制、御书的制度，收集徽宗的御制、御集，并于绍兴十年（1140 年）“诏特建阁，以敷文为名，置学士以下官”。此即纪念宋徽宗的敷文阁。

之后，高宗禅位，孝宗建焕章阁纪念；孝宗逝世，光宗建华文阁纪念；光宗内禅，宁宗建宝谟阁纪念；宁宗去世，理宗建宝章阁纪念；理宗去世，度宗建显文阁纪念。度宗逝世后，由于很快南宋灭亡，来不及修建纪念他的档案图书馆。

叙述至此，我们可以知道，除了开国皇帝宋太祖与宋钦宗未有个人档案图书馆、南宋最后三帝（度宗、恭帝、端宗）来不及建阁之外，其他宋朝君主都有专门的档案图书馆，包括纪念太宗的龙图阁，纪念真宗的天章阁，纪念仁宗与英宗的宝文阁，纪念神宗的显谟阁，纪念哲宗的徽猷阁，纪念徽宗的敷文阁，纪念高宗的焕章阁，纪念孝宗的华文阁，纪念光宗的宝谟阁，纪念宁宗的宝章阁，纪念理宗的显文阁。

宋朝君主之所以要给每一位先皇修建一座档案图书馆，既是为了纪

◎宋 《景德四图》之《太清观书图》

念先帝，更是为了彰显皇室对于文化、文明的热爱与尊重，“每帝各建一阁，虽颇繁费，然亦足昭敬谨，且见诸帝文治之盛也”。这是宋朝特有的制度，其他王朝都未见类似的制度。

说到这里，我要顺便澄清一个问题。有些研究中国藏书楼史的学者认为，“由于文化为统治阶级所垄断，图书文献被视为私有珍品，不仅私人藏书‘书不出阁’，就连国家藏书也被皇帝视为‘退朝以自娱’，据为皇室所有”。这个说法犯了双重错误：

第一，误将国家藏书当成皇室私有。宋朝设以“三馆秘阁”为代表的国家图书馆。三馆秘阁指昭文馆、集贤馆、史馆三馆（合称崇文院）

和秘阁。之所以设置三馆秘阁，是为“蓄天下图籍，延四方之士”。作为国家图书馆，三馆秘阁当然不是皇帝“退朝以自娱”的地方，而是具有一定的开放性，必须对一部分士大夫开放，供他们阅读藏书，否则如何储才育才？事实上，宋代国家藏书机构的藏书也确实允许文臣学士入阁阅读或借出阅读。

第二，误将皇室图书馆当成国家图书馆。宋朝也确实有供皇帝“退朝以自娱”的图书馆，那便是前面我们介绍的先帝档案图书馆，如宋真宗增龙图阁藏书，说：“朕退朝之暇，无所用心，聚此图书以自娱耳。”因为龙图阁本来就是皇室的图书馆。我们不应该混淆了龙图阁、天章阁等皇室图书馆与三馆秘阁等国家图书馆之间的区分。

宋朝君主“退朝之暇，无所用心，聚此图书以自娱”，跑到皇室档案图书馆读书，这分明是宋朝君主热爱文化的体现，却被后人误用来证明宋代国家藏书的封闭性，这显然是张冠李戴了，不知道龙图阁等皇室档案图书馆与三馆秘阁等国家图书馆其实是两套不同的图书馆系统。

第六辑

误导人的“包公戏”

一　包公的脸是黑色的吗？

在京剧以及众多地方戏中，包公的脸谱是黑色的。电视剧《包青天》里的包拯相貌，虽然不像戏剧里的那么夸张，但也是黑如奥巴马，直让人怀疑，包拯是不是有非洲血统。

◎故宫南薰殿旧藏包拯画像

一些明清小说又将包拯叫成“包黑子”，如清代小说《狄青演义》：“君王闻奏，看看两班文武，不知又是哪人动了包黑子之怒。有几位不法奸臣，都是面面相觑。”《三侠五义》：“庞昱道：‘包黑子乃吾父门生，谅不敢不回避我。’”之所以将包拯称为“包黑子”，是因为传说中包拯面如黑炭。请注意我们用了“传说中”的修饰语，因为真实的包拯貌如常人，并无什么异常之处，史料从未说过包拯“脸像焦炭漆黑”。

“黑包公”当然是坊间文人想象出来的形象，史料从未说过包拯面如黑炭。倒是清代有一位在包拯故里庐州当知州的学者，看了庐州包公祠供奉的包拯像，曾说道："公肖像满天下，向时所见，皆棱角峭厉，使人汗骇僵走，不敢仰视。今奉命守庐，拜公于香花墩上，岳岳怀方，和蔼溢于眉睫，无外间妄塑非常状，甚矣人之好怪也！"可见包拯相貌并无"非常状"。

故宫南薰殿旧藏历代名臣画像中，也有一幅包拯画像，绘出的包拯形象长得浓眉大耳，面目慈祥，与一般士大夫没什么不同。南薰殿旧藏包拯画像绘制的年代相当早，很可能是从宋代传下来的，显然是我们了解包公相貌最可靠的图像史料。

二　包公的官服是这样子的吗？

电视剧《包青天》中的包青天，穿着一身花里胡哨的"官服"。这绝对不是宋朝人的服装，而是后世舞台上的戏服。另一部电视剧《神探包青天》中，包拯的官服不那么花哨了，不过胸前却绣了一个花鸟图案。这样的图案，叫作"补子"，是明清官服的标配，但宋朝的官服却是没有"补子"的。宋代官服为单色，没有什么花哨的图案，只以颜色来区分品秩，三品以上用紫，五品以上用朱，七品以上绿色，九品以上青色。

三　包公主政的开封府真的有三口铡刀吗？

传说开封府有"龙头铡""虎头铡""狗头铡"三道铡刀，龙头铡专杀贵族，虎头铡专杀官吏，狗头铡专杀平民。实际上，包公的这三口铡刀也是民间文人幻想出来的刑具，历代都未见将铡刀列为行刑工具，很可能是入元之后，民间文人从蒙古人用于铡草的铡刀获得灵感，才想到了给包公打造一副铜铡的情节。但由于戏剧、小说传播极广，许多人都真的相信包公有三口铡刀。今天建于开封市的人造景区——开封府，按照清代衙门样式与民间传说"复制"宋代的开封府，里面也安放了三口铡刀，实在太误导游客。

四　包公有尚方宝剑吗？

戏剧里的包公还有一口皇帝御赐的尚方宝剑，可以“上斩昏君，下斩佞臣”。毫无疑问，这也是坊间小文人想象出来的东西。宋代并没有御赐尚方宝剑的制度，要到明代万历年间，才出现了尚方宝剑之制，皇帝才经常给出巡的监察御史赐尚方宝剑，赋予持剑人“如朕亲临”“先斩后奏”的超级权力。但这东西，宋朝人是没有的。

五　包拯身边有没有公孙策这个人？

答案是：没有。公孙策是民间说书人根据清代刑名师爷角色塑造出来的文学人物，历史上并不存在这一号人。别说公孙策这个人，就是公孙策所代表的师爷这一角色，宋朝也是没有的。

师爷流行于明清时期，有专职的刑名师爷、钱谷师爷等，这是因为：明清的地方编制简略，朝廷没有给州县长官配备专业的幕职官；同时，朝廷以八股取士，选拔出来的地方官，对“兵刑、财赋、河渠、边塞之利病，皆以为无与于己，而漠不关其心。及夫授之以官，畀之以政，懵然于中而无以应”，由于地方长官严重缺乏司法、理财等专业技能，因此不得不依赖刑名师爷、钱谷师爷对付公务。

而宋代的地方政府，一般都配备有主持具体政务的幕职官，比如开封府，设有判官、推官、司录参、左右军巡使、军巡判官、左右厢公事干当官，都是负有司法职能的幕职官，根本就不需要公孙策这样的刑名师爷。

顺便说一下，包公戏中的展昭、王朝、马汉，也都是虚构出来的人物。

六　包公当过几年开封府尹？

拜戏文影响所赐，在我们的印象中，包公与开封府几乎是相捆绑的。

很多包公审案故事都发生在开封府。但实际上，包拯担任开封府知府的时间非常短，只有一年多的时间。只是在包公的光芒之下，其他开封府知府显得有些默默无闻了，其实他们当中大多是声名完全不亚于包拯的一代名臣，比如寇准、吕夷简、范仲淹、欧阳修、张方平、蔡襄、吕公弼、吕公著。

今天在开封市博物馆，收藏有一块开封府题名记碑，上面铭刻了从宋太祖建隆元年二月到宋徽宗崇宁四年闰二月开封府历任知府的名录。其中你找不到包拯的姓名，这又是为什么？相传是因为历代参观这块开封府题名记碑的人，都要摸一下包拯的名字，时间久了，居然就将包拯姓名抹掉了，只留下一个小坑。不过这个传说也未必可靠，说得好像那些游客都练过“大力金刚指”似的。

七　包公戏讲的故事，都是真的吗？

宋朝并没有包公戏，包公戏是从元朝兴起的，盛行于明清。我可以负责任地说，包公戏讲的故事，基本上都是元朝以降的文人虚构出来的，都不是宋代发生的真事，包括那个著名的“狸猫换太子”“陈世美与秦香莲”。“狸猫换太子”可能有故事原型，但这个原型跟宋仁宗没有关系，很可能是明代文人根据明孝宗的身世演义而来。

明孝宗是明宪宗的儿子，是一名偶尔被宪宗皇帝临幸的宫女纪氏所生。明宪宗宠幸万贵妃，而万贵妃心肠歹毒，见不得别的嫔妃生育子嗣，见纪氏有身孕，便命一名宫婢带了堕胎药给纪氏。幸亏那宫婢心软，下不了手，回去谎报纪氏只是有“病痞”，并未怀孕。数月后，纪氏偷偷生下儿子，万贵妃闻知，又派太监张敏前去溺死新皇子。张敏又冒死将皇子藏起来，用“粉饵饴蜜”喂养大。到皇子六岁时，明宪宗才知道自己有这么一个儿子。

明孝宗的身世，跟戏文中的“狸猫换太子”故事十分接近。“狸猫换太子”故事里的刘妃，与其说是宋代的刘娥，不如说更像明代的万贵妃；

故事里的宫女寇珠和太监陈琳，宋代史上并无其人，反而跟救过明孝宗小命的宫婢与张敏高度相似。宋代后宫之内尽管也有宫斗，但还不至于像明朝宫斗那么残酷。

总而言之，从元朝开始的所有包公戏，除了包拯的名字是真的之外，其他的全都是假的，假的，假的（重要的事情说三遍）。将包公戏当成文艺来娱娱情倒没什么，如果以为那戏文里讲的是宋朝历史，那就被文人带进阴沟里去了。

有网友给我留言说：“包公戏的真伪都无所谓，主要是老百姓对于黑暗势力无奈而幻想出来的精神寄托！不要连这点念想都搞得灰飞烟灭了。”说得似乎有点道理。但是，如果你了解宋代的司法制度，就会发现，真实存在过的宋朝司法制度，可是远比文人捏造出来的包公故事更焕发出文明的光芒，更值得怀念。

你听到的这些对包拯的称呼，都是错的

◎京剧中的包公脸谱

“开封有个包青天，铁面无私辨忠奸，江湖豪杰来相助，王朝和马汉在身边……”这首歌说的是北宋开封府知府包拯。哦，不对，是包公戏里的“包青天”。这“包青天”可跟历史上的包拯毫无关系，我以前写过一篇文章，主要内容便是说，从元朝开始的所有包公戏，除了包拯的名字是真的之外，其他的全都是假的，包括包拯的相貌、经历、审案故事、司法程序，全部都是元明清时期的民间三流文人捏造、虚构的。

不独如此，包公戏里对包拯的各种称谓，比如“包青天”“包大人”“包相爷”“包文正”“包黑子”，等等，差不多也都是后世文人编造出来的，而且编得比较蹩脚，完全不合宋朝历史。

一　包青天

几乎所有的包公戏都将包拯称为“包青天”，但宋人似乎并没有将清官叫成“青天”的习惯，检索宋代史料，我没有找到宋朝称官员为“青天”的记录（或许是我孤陋寡闻，各位若见过宋人称“青天”的史料，还请相告），倒是宋话本小说《错斩崔宁》中有一段描述：“那小娘子正待分说，只见几家邻舍，一齐跪上去告道：‘相公的言语，委是青天！’”这里的“青天”，算是“青天大老爷”的意思。但《错斩崔宁》为元明人辑录整理，加入了元明人的说话习惯，我们无从判断宋人是否也这么说。

有一点可以肯定，“青天”的呼谓是明清时期才流行起来的，其时一位秉公执法的官员，往往就会被民间尊称为“青天”。来看几个例子：晚明公案小说《律条公案》：“次年二月，马鸣亮为河南代巡，法令甚是威严，折狱甚是明白，人民无不悦服，皆号为马青天。”清人笔记《郎潜纪闻二笔》：“魏青天者，广昌魏少宰定国，知湖广应城县时，楚民争称之者也。公善决狱，惠政入人心，邻县讼者咸赴诉，上官亦知之。”

这个时期，包公题材的小说、笔记也普遍出现了“包青天”的称谓，如清代小说《海国春秋》：“当年百姓无奈，俱奔开封龙图包青天跟前告状。”明清时期流传的《靖江宝卷》唱词：“我不上他家去，我这次要上大忠臣包青天包大人家去要账。”但宋朝人不会将包拯叫成“包青天”。

二　包大人

“包大人”也是包公戏中十分常见的对于包拯的称呼，如上引《靖江宝卷》唱词就称包拯为“包大人”。但这不过是明清文人将本朝流行的称谓套到宋朝人身上罢了，因为宋朝百姓见官，或者下属见上司，并无当面称对方为“大人”的习惯。

清代学者赵翼曾考据过，“大人”之称，“南宋时尚专属子之称父，而不以称贵官。觌面称大人，则始于元、明耳”。宋人笔记《鸡肋编》载：“世惟子称父为大人，若施之于他，则众骇笑之矣。”宋朝人若称包拯为“包大人”，是会被人取笑的，因为“大人”只用来称呼父亲。见官称“大人”之风，是从元朝开始的，明清相沿，到了赵翼生活的年代，“大人”之称已经泛滥，京朝官、巡按、督抚都被称“大人”。

元朝之前，当然也有以“大人”指称官员的语言习惯，如《后汉书·岑彭传》："韩歆，南阳大人。注：谓大家豪右也。"但这里的"大人"只是第三人称，跟当面称"大人"的第二人称并非同一回事，用赵翼的话来说："唐以前称贵官为大人者，乃从旁指目之词，而非觌面相呼也。"

那么宋朝人见官怎么称呼呢？赵翼考证说："考唐宋以来，仕宦相呼敌以下或称字，尊长称丈，公卿贵官则称其官位。"意思是说，对方若为平辈或以下，则称其字；对方为尊长，则称"丈"；对方为公卿贵官，则称其官位。

三　包相爷

明清时期的包公戏、包公案小说还将包拯称为"相爷"，如清代公案小说《三侠五义》："忽见门上进来，禀道：'今有开封府包相爷差人到了。'县尹不知何事，一面吩咐：'快请。'"相爷，是对宰相的尊称。但，包拯只当过权知开封府、权御史中丞、三司使、枢密副使等职务，从未当过宰相，他担任过的最高职务只是枢密副使，顶多算是副国级干部，称其为"包相爷"是不合适的。

四　包文正

在《靖江宝卷》《聊斋俚曲集》《三侠五义》《呼家将》等明清戏曲与小说中，包拯又被称作"包文正"，如清代小说《说呼全传》："仁宗即召八王同包文正到宫，便道：'庞妃朕已赐死，庞集革除其职，今但召呼家将到来，应卿等保奏，朕好降旨加恩。'"《靖江宝卷》："仁宗大发雷霆，拍动震山河：'大胆包文正，你胆有天大，竟敢陷害皇亲国戚，国法难容。'"这里的"文正"是谥号，但包拯的谥号并不是"文正"，而是"孝肃"。《靖江宝卷》称活着的包拯为"文正"，更是荒唐。

补充说明一下：在宋人的观念中，"文正"为"谥之至美，无以复加"。既然是至美至荣之谥，当然不可以轻易与人，北宋一百余年，能获得“文正”之谥的士大夫，屈指可数，只有那些堪称士人典范中的典范，才可以得到“文正”的赐谥，比如范仲淹。以包拯的政声、成就，还够不上谥“文正”的资格。显然，“文正”只是民间文人赠送给包公的溢美性质的私谥。

五 包公

称包拯为“包公”，倒不能说错，因为宋人确实习惯将具有较高社会地位的男性尊称为“公”。不过，“公”一般为第三人称，且通常用于称呼逝者，因此在墓志铭中，特别容易找到“公”的称谓。

“包公”一称，也见诸宋朝文献，宋人笔记《邵氏闻见前录》载，章惇少年时，“私族父之妾，为人所掩，逾垣而出，误践街中一妪，为妪所讼。时包公知开封府，不复深究，赎铜而已”。不过，此时“包公”并不是包拯的专称，只要是姓包的，又有点社会地位，都可以被称为“包公”。所以，我们会看到，包拯的子孙也被叫“包公”，如包拯次子包绶的《墓志铭》，碑额阴刻篆书：“宋朝奉郎包公墓志铭”；包拯孙子包永年《墓志铭》，碑额阴刻篆书：“宋宣教郎包公墓铭”。另外，由于“公”通常是对逝者的尊称，包拯当开封府知府时，恐怕不会有人以“包公”相称。

六 包龙图

有时候，包拯也被称为“包龙图”，如明代话本小说《初刻拍案惊奇》：“现今开封府府尹是包龙图相公，十分聪察。”网上有一则网文解释说：“宋仁宗绘了幅包拯半身像赐予包拯，因皇帝自命为真龙天子，故而仁宗皇帝绘的图画便称为‘龙图’。龙图不是可以随便乱挂的，仁宗就给包拯赐造一座楼阁，专供张挂龙图之用，称‘龙图阁’，也作为包拯的官府。自此，‘龙图阁’就正式作为一种官的名称，包拯也就叫‘包龙图’了。”这当然是可笑的胡说八道。

包拯之所以有“包龙图”之称，是因为他曾被授予“龙图阁直学士”的职称。龙图阁为皇家图书馆之一，设学士一员，直学士七员，待制三员，直龙图阁五员，这叫作“馆职”，主要用来优待文学之士，以彰显其学术地位，好比现在的官员，如果带上客座教授、博士生导师、研究员之类的学术头衔，便可以显得很有学问。但，领有“龙图阁直学士”馆职的包拯却不可简称为“龙图”，非要简称，也是简略为“包直学士”。

还有些戏文将包拯的馆职说成是“龙图阁大学士”，如京剧《铡美案》唱词：“老夫，包拯，宋室驾前为臣，官拜龙图阁大学士，兼理开封府府尹。”但宋代从没有什么“龙图阁大学士”，这可能是创作戏剧的草野文人将宋代馆职误会成明清时期的“殿阁大学士”了。

七　包待制

戏曲小说关于包拯的所有称谓当中，可能只有一个称呼是准确的，那便是“包待制”，如罗贯中《三遂平妖传》：“这官人正是开封府包待制。这包待制自从治了开封府，那一府百姓无不喜欢。”待制，跟直学士一样，也是馆职。包拯领“龙图阁直学士”职之前，曾被任命为“天章阁待制”，待制的地位在直学士之下，从待制到直学士，有点像从副教授升为正教授。

既然包拯曾领“天章阁待制”之职，那么称他为“包待制”便是恰如其分的。宋朝人也是这么称呼他的，《宋史·包拯传》载，包拯权知开封府时，因为“立朝刚毅，贵戚宦官为之敛手，闻者皆惮之”，“童稚妇女，亦知其名，呼曰‘包待制’。京师为之语曰：‘关节不到，有阎罗包老’”。

但是，“包待制”这个准确的称谓却流传不广，只在一部分元杂剧与元明小说中见到。而那些谬误的称呼，什么“包青天”“包大人”“包黑子”“包相爷”“包龙图”，却是广为流传，误人至深。

当“拗相公”遇到“司马牛”

北宋熙宁年间，在神宗皇帝的支持下，执政王安石发动了一场具有划时代意义的变法。熙宁变法涵盖了行政、社会与经济体制等层面的改革，就经济层面而言，新法可谓是试图通过发展国家资本主义的方式实现“民不加赋而国用足”的目标，历史意义非比寻常。

◎王安石与司马光画像

可惜在变法的过程中，产生了非常多的问题，比如市易法，即国家设立官营贸易公司，原本是为了“通有无、权贵贱，以平物价，所以抑兼并也”，防止大商贾把持市场、操控物价，结果却是：由于官营贸易公司垄断了市场，“凡商旅所有，必卖于市易”，导致“市梳朴则梳朴贵，市脂麻则脂麻贵”，“人皆怨谤”。

但面对同僚们对于变法的质疑，王安石却从不肯停下来听听反对者的意见，一意孤行，刚愎自用，因此得了一个“拗相公”的名号。不想三十年河东，三十年河西，宋神宗英年早逝，年幼的哲宗继位，由同情旧党的高太后垂帘听政，高太后很快便召回旧党领袖司马光。

司马光执政之后，大举罢停新法，恢复旧法，包括以民间“无有不言免役之害”为由，废除了货币化的免役法（募役法），复行中世纪式的差役法。

平心而论，熙宁变法尽管存在着种种问题，但从整体来看，王安石的新法无疑顺应了历史演进的大势所趋。特别是募役法的推行，显然是历史性的进步。我们现在回过头看历史，不论哪一个国家，随着社会经济的发展，其财税结构总是会发生类似的变迁：1. 从以农业税为主发展至以商业税为主。2. 从以人头税为主发展至以财产税为主。3. 从以实物税为主发展至以货币税为主。4. 从人身支配的役折算成非人身支配的税。5. 从轻税率转为高税率（因为现代政府要处理的事务远比古典政府复杂）。王安石的役法改革，实质上便是将人身支配的役折算成非人身支配的税。

但司马光似乎缺乏洞察历史大势的眼光，固执地要废除募役法。他的做法自然受到变法派的强烈反对，支持王安石变法的章惇跟司马光一再辩论：“臣看详臣民封事降出者，言免役不便者固多，然其间言免役之法为便者，亦自不少。但司马光以其所言异己，不为签出，盖非人人皆言免役为害，事理分明。”“况此免役之法，利害相杂。臣今所言，非谓不可更改，要之，改法须是曲尽人情，使纤悉备具，则推行之后，各有条理，更无骚扰。”

保守派中的开明之士其实也不赞同司马光的搞法，如时任右司谏的苏辙上书说：“自罢差役，至今近二十年，乍此施行，吏民皆未习惯。兼差役之法，关涉众事，根牙盘错，行之徐缓，乃得详审。若不穷究首尾，匆遽便行，但恐既行之后，别生诸弊。”

给事中范纯仁也跟司马光商量：恢复差役之法“且缓议，先行于一州，候见其利害可否，渐推之一路，庶民不骚扰而法可久行”。司马光执意不听，范纯仁只能长叹说：“是又一王介甫矣！”称司马光跟王安石一样都是不可救药的老顽固。

翰林学士苏轼也跟司马光争辩过免役、差役之利弊，苏轼认为，免役法与差役法各有利害，但如今民众已习惯了免役法，若骤然又改为差役法，未必乐意。但司马光不管那么多，坚持要全面恢复差役法。二人争执不下，苏轼“及归舍，方卸巾弛带，乃连呼曰：‘司马牛！司马牛！’”，大骂司马光的脾气跟牛一样犟。

你可能还想不到，司马光实际上比王安石还要早提出募役法的设想——早在宋英宗年间，司马光便提议：“臣愚以为，凡农民租税之外，宜无所预。衙前当募人为之，以优重相补。”所谓“衙前”之役，指农民应役替官府运输、保管物资，承役之人负担极重。司马光因此建议，将农民服役改为政府募役。《文献通考》解释说：“温公此奏，言之于英宗之时，所谓募人充衙前，即熙宁之法也。”然而，等到司马光暮年执政之时，他却非要废了王安石的募役法不可。

他命户部尚书曾布“增损役法”，即废募役，复差役，但曾布婉言拒绝了：“免役一事，法令纤悉皆出己手，若令遽自改易，义不可为。”倒是时任开封府知府的蔡京极力迎合司马光，在五日限期内“悉改畿县雇役，无一违者”，得到司马光的表扬：“使人人奉法如君，何不可行之有！”

司马光全盘废除募役法之时，役法改革的主操盘手王安石早已致仕，正闲居金陵，抱病在床：“闻朝廷变其法，夷然不以为意。及闻罢役法，愕然失声曰：‘亦罢至此乎？’良久曰：‘此法终不可罢，安石与先帝议之二年乃行，无不曲尽。’”但离开了权力中枢的王安石已经回天无力，未久，他便去世了。

当初王安石以激进的方式推行变法，落了一个“拗相公”之讥；之后司马光复以“激退”的方式废除新法，也得了一个“司马牛”的外号。以前司马光曾骂王安石“性不晓事而复执拗”，现在用这句话来形容他自己，也是很合适。这两位先后执政的北宋著名政治家，政见对立，性格却是同样执拗，身上都有一股“知其不可为而为之”的牛脾气。但对政治家来说，也许“知其不可为而为之”并不是一种好的品格，因为政治往往需要适可而止，需要妥协，需要彼此各退一步。

更有意思的是，司马光与王安石的私生活方式也是非常相似，彼此见到对方，就如照镜子一样。

他们都是生活十分俭朴的人，宋人邵伯温说：“荆公（王安石）官浸显，俸禄入门，任诸弟取去尽不问。温公（司马光）通判太原时，月给酒馈待宾客外，辄不请。”只不过王安石不修边幅，天性不会享受生活；而司马光则是有意识地过着朴实的生活，严格要求自己。

他们都是终身不纳妾的士大夫，难得他们的夫人也一样，都给丈夫买了小妾，但都给丈夫送走了。王安石送走小妾的事迹，载于邵伯温《邵氏闻见录》：“王荆公知制诰，吴夫人为买一妾，荆公见之，曰：‘何物也？’女子曰：‘夫人令执事左右。’安石曰：‘汝谁氏？’曰：‘妾之夫为军大将，部米运失舟，家资尽没犹不足，又卖妾以偿。’公愀然曰：‘夫人用钱几何得汝？’曰：‘九十万。’公呼其夫，令为夫妇如初，尽以钱赐之。”

司马光送走小妾的事迹，亦见《邵氏闻见录》：“司马温公从庞颖公辟为太原府通判，尚未有子。颖公夫人言之，为买一妾，公殊不顾。夫人疑有所忌也，一日教其妾：‘俟我出，汝自装饰至书院中。’冀公一顾也。妾如其言，公讶曰：‘夫人出，汝安得至此？’亟遣之。”“公（司马光）无子，以族人之子康为嗣。”

所以邵伯温说：“荆公、温公不好声色，不爱官职，不殖货利皆同。”

他们也都不喜欢乘坐轿子，认为乘坐轿子是以人代畜，不人道。《朱子语类》载：“南渡以前，士大夫皆不甚用轿，如王荆公（王安石）、伊川（程颐）皆云，‘不以人代畜’。朝士皆乘马。或有老病，朝廷赐令乘轿，犹力辞后受。”

《邵氏闻见录》则载：“司马温公为西京留台，每出，乘马，或不张盖，自持扇障日。程伊川谓曰：‘公出无从骑，市人或不识，有未便者。’

公曰：‘某惟求人不识耳。’王荆公辞相位，惟乘驴。或劝其令人肩舆，公正色曰：‘自古王公虽不道，未尝敢以人代畜也。’”

所以邵伯温很感慨：“呜呼！二公之贤多同，至议新法不合绝交，惜哉！”

司马光没有杀那女孩

◎北宋《司马光告身》上的司马光画像，台北故宫博物院藏

一些熟悉历史的朋友应该知道，北宋熙宁初年发生了一起“阿云案”之争。“阿云案”的具体经过，我不细说了，抄一段《宋史·许遵传》的文字吧：

“初，云许嫁未行，嫌婿陋，伺其寝田舍，怀刀斫之，十余创，不能杀，断其一指。吏求盗弗得，疑云所为，执而诘之，欲加讯掠，乃吐实。遵按云纳采之日，母服未除，应以凡人论，谳于朝。有司当为谋杀已伤，遵驳言：‘云被问即承，应为按问。审刑、大理当绞刑，非是。’事下刑部，以遵为妄，诏以赎论。未几，果判大理。耻用议法坐劾，复言：‘刑部定议非直，云合免所因之罪。今弃敕不用，但引断例，一切按而杀之，塞其自守之路，殆非罪疑惟轻之义。’诏司马光、王安石议。”

司马光的意见是，阿云谋杀已伤，按律应当处收死刑。王安石的意见是，阿云有自首情节，可减刑，不当死。朝廷官员分为两派，辩论了一年多的时间。最后，宋神宗采纳了王安石的意见。

这桩公案，不但历代士大夫有过讨论，直至今天，也有不少学者拿来做论文。这些文献都有价值，但是，你千万不要去看杂文作者写的网文，简直都是胡扯。比如，有一篇题目叫作《司马光终于杀了那女孩》（很煽情）的网文说："宋神宗元丰八年（1085 年），67 岁的北宋名臣司马光终于当上了宰相。司马宰相上台后，将一起陈年老案翻了出来，重新进行审理，审理的结果是，将案中原来已经释放回家的一名乡下女子改判死刑，并立即斩首示众。"

还有一篇网文说得更是有鼻子有眼睛："十六年后，宋神宗去世，哲宗年幼，高太后起用司马光总理朝政。没想到，多年来司马光竟一直对'阿云案'耿耿于怀，上台后，立刻翻案，将阿云以'大逆'的罪名处死。司马光这么做完全就是挟怨报复，草菅人命。而且，此恶例一开，以后历代，只要是妻子谋杀丈夫，不论动机什么，成功与否，有无自首情节，都几乎必死；相反，丈夫谋杀妻子，则往往被从轻发落（如明大画家徐渭谋杀了妻子，只被判刑七年）。毫无疑问，阿云和其他数不清的女性便因为司马光的顽固和蛮横，成了所谓礼教的无辜牺牲品，而此时的司马光也由一个'砸缸救人'的小英雄，蜕变为一个用'礼教杀人'的大魔头。"

这些网文的依据大概是：元丰八年，宋神宗驾崩，哲宗继位，司马光拜相，再议（而不是再审）阿云案，促使哲宗颁下一份新的诏敕："强盗按问欲举自首者，不用减等。"这份新诏敕意味着，熙宁元年七月三日的敕文"谋杀已伤，案问欲举自首者，从谋杀减二等论"，将不再适用于强盗伤人案。

不求甚解的网友便据此认定"司马光终于杀了那女孩"。由于这类扯淡的网文流传甚广，误导了很多人。因此，有必要澄清一下。

实际上，我们能检索到的宋人史料，从来都没有说阿云被司马光杀了。司马光不可能处死阿云，因为阿云是由宋神宗以皇帝的特权赦免了死罪的，不管法律如果修订，都不能重新审理阿云案。

而且，我们都知道现代法治有一条重要的司法原则，叫作"法不溯及既往”，即不能用今日所立之法约束昨日之行为。这样的司法原则至迟在宋代已经确立下来，为宋人所强调与遵守：“久来条制，凡用旧条已断过，不得引新条追改。”显然，宋哲宗新敕的效力是不可溯及阿云案的。

只有在一种情况下，宋人才认为法可溯往，即新的法律颁布、生效之时，罪犯之前的犯罪行为尚未暴露；或者其犯罪行为虽已暴露，但法院尚未判决，那么这个时候，司法机关便可以援引新的法律进行裁决，但是，必须遵循“就轻不就重”的原则：“诸犯罪未发及已发未论决而改法者，法重，听依犯时；法轻，从轻法。”

司马光其实也无意于杀死阿云，用他的话来说：“阿云获贷死，已是宽恩；许遵为之请，欲天下引以为例，开奸凶之路，长贼杀之源。”司马光所忧心者，并不是阿云个人的下场，而是阿云案成为具有法律效力的判例，“谋杀已伤，自首减等”成为代替刑律的敕命，导致犯罪得不到应有的惩罚。所以，司马光执政之后，要做的一件事就是推翻熙宁元年七月三日的敕文：犯了谋杀罪的人，在已经造成受害人损伤的情况下，如果能够自首，可以获得减刑。司马光只是推翻了这一条法律条文，并不是重新审理阿云案。

不过，我们可以确定：如果阿云生活在清代的乾隆盛世，则必死无疑。乾隆三十三年（1768 年），清廷纂修《历代通鉴辑览》，乾隆皇帝亲自撰写了数万言评语，这御批中就提及北宋阿云之狱：“妇谋杀夫，悖恶极矣，伤虽未死，而谋则已行，岂可因幸而获生以逭其杀夫之罪？又岂可以按问即服遂开自首之条？许遵率请未减，已为废法，即科以故出而罢之，亦不为过。刘述身为刑官，执之诚是。安石乃祖遵而诋述，且定谋杀首原之令，不特凶妇因曲宥以漏网，非所以饬伦纪，且诚使奸徒有所恃而轻犯，尤不足以止辟。安石偏执妄行，不复知有明罚。”

乾隆帝会不会佩服宋仁宗？

不少网文都煞有介事地说：“自称十全老人的清乾隆皇帝弘历，自视甚高，很少有人能入其法眼。但他承认，有三个帝王，却为他所佩服，一是他的祖父康熙玄烨，二是唐太宗李世民，三是宋仁宗赵祯。”在这个版本中，乾隆最佩服的三个帝王是唐太宗、宋仁宗、康熙。

◎故宫南薰殿旧藏宋仁宗坐像

还有另一个版本的说法：“乾隆心中合格的皇上有三位：汉文帝、唐太宗和宋仁宗；汉文帝虽贤，却不善于挑选人才来辅佐自己；宋仁宗虽仁，能力却有所不足。令他真正钦服的，只有唐太宗一人而已。”这个版本中，入了乾隆法眼的三个帝王是：汉文帝、唐太宗和宋仁宗。两个版本中都有宋仁宗。

但，凭着一名历史研究者的直觉，我根本不相信乾隆会佩服宋仁宗——因为他们完全是两类人。那些关于宋仁宗受乾隆佩服的传言究竟是从哪里来的呢？网文不会注明典故的出处，写网文的作者自己肯定也不知道出处。我检索了《乾隆朝实录》，找不到称佩服宋仁宗的任何记录。不知道网文的说法到底出于什么文献。

恰恰相反，有证据显示，宋仁宗其实是乾隆所瞧不起眼的那一类君主。乾隆曾说："宋仁宗储位既定，郁郁不乐；宋英宗立太子后，泫然泣下，皆朕所嗤鄙，曾于批阅通鉴辑览时，评斥其非。"（见《乾隆朝实录》）乾隆认为宋仁宗恋权，他表示鄙视（写至这里，忍不住大笑）。

乾隆还写过一篇批驳宋代程颐观点的雄文说："昔程子云'天下之治乱系宰相'，此只可就彼时朝政冗者而言。若以国家治乱专倚宰相，则为之君者，不几如木偶旒缀乎？""夫用宰相者，非人君其谁乎？使为人君者，但深居高处，自修其德，惟以天下之治乱付之宰相，己不过问，幸而所用若韩（韩琦）、范（范仲淹），犹不免有上殿之相争；设不幸而所用若王（王安石）、吕（吕惠卿），天下岂有不乱者？此不可也。且使为宰相者，居然以天下之治乱为己任，而目无其君，此尤大不可也。"乾隆认为，宋朝的皇帝就如"木偶旒缀"，哪有我家大清皇帝的英明神武？

乾隆还说过一句话："设不断以乾纲，如宋明庸主，遇事辄令廷臣聚议，众论纷纷，迄无定见，徽调纷烦，缓不济急。"直接说出了他对宋朝（与明朝）君主的真实观感：都是一群"遇事辄令廷臣聚议，众论纷纷，迄无定见"的庸主。

恰好宋仁宗曾有自白："屡有人言朕少断。非不欲处分，盖缘国家动有祖宗故事，苟或出令，未合宪度，便成过失。以此须经大臣论议而行。台谏官见有未便，但言来，不惮追改也。"显然，按乾隆的标准，宋仁宗堪称是"庸主中的庸主"了。一个自视雄才大略的皇帝，会佩服一个庸主吗？不可能。

要说乾隆最佩服的帝王，我看只有一位，那就是明朝的朱元璋。

我不知道乾隆有没有公开表达过最佩服明太祖之类的意见，但我们可以确认一件事：将朱元璋列为最伟大的帝王，那可是清王朝的祖训，是清朝开国之初就立下的标准：

顺治年间，皇帝问大学士范文程、额色黑、甯完我、陈名夏等人：

“上古帝王，圣如尧舜，固难与比伦，其自汉高以下，明代以前，何帝为优？”众学士对曰：“汉高、文帝、光武、唐太宗、宋太祖、明洪武，俱属贤君。”顺治曰：“此数君者，又孰优？”陈名夏曰：“唐太宗似过之。”顺治曰：“岂独唐太宗。朕以为历代贤君，莫如洪武。何也？数君德政有善者，有未尽善者，至洪武所定条例章程，规画周详，朕所以谓历代之君，不及洪武也。”范文程等奏曰：“诚如圣谕。”

总而言之，朱元璋才是清朝皇帝心里的那杯茶，才是他们的真爱。

宋朝皇帝怎么称呼他的爹娘

1

准确使用称呼是人际互动的基本功。你上淘宝网购物，客服是怎么称呼你的？亲，亲，亲，给个好评。是吧。现在对什么人都可以称“亲”了，但在以前，亲是指有血统或者婚姻关系的人。宋朝有位皇帝就管自己的爹叫“亲”。这个皇帝叫赵曙，是宋仁宗从哥哥家过继过来的儿子，亲生父亲是濮王赵允让。仁宗皇帝生育过三个儿子，但都不幸夭折了，只好将赵曙收养于宫中，立为皇太子。仁宗驾崩后，赵曙继位，便是宋英宗。

◎故宫南薰殿旧藏宋太祖坐像

当时有大臣提出了一个礼仪上的问题：新皇帝应该怎么称呼他的亲生父亲，濮王。

英宗自己的心意，当然是叫“皇考”。考，就是指父亲，一般用来称呼逝世后的父亲。当时濮王已经去世了。宰相韩琦、参知政事欧阳修也支持称“皇考”。但司马光、吕公著等礼官、台谏官坚决反对，他们认为英宗应该称濮王为“皇伯”。今天我们可能会觉得司马光这些人不可理喻，是吧？连称自己生父为父亲都不可以，太过分了。不过，从古代礼法的角度来看，宋英宗之所以能够继承皇位，是因为他过继给仁宗当儿子这一法律身份，没有这个法律身份，你继承皇位的合法性便很可疑。所以，在礼法上，在法律上，你应该是宋仁宗的儿子，而不是濮王的儿子。

围绕英宗应该怎么称呼濮王，以执政官为一派、台谏官与礼官为一派，争论了好久。最后，由曹太后出面调解，下了一道手诏，说：“可令皇帝称亲。”不如让英宗称濮王为“亲”吧。这才慢慢平息了争论。所以，现在淘宝店主叫你“亲”，你应该感到很荣幸。

说笑了，其实，我想说的是，宋朝皇室里的称呼，是大有学问的。我们从电视剧、电影里看到的称谓，其实很多都是不严谨的。如果穿越到宋朝，按古装戏里演的那一套来称呼宋朝人，很可能宋朝人会感到莫名其妙。

2

真实的宋朝人是怎么称呼的呢？首先我们来说说宋朝皇帝怎样称呼他的家人，比如，怎么叫他的父亲。

一般来说，皇帝的父亲也是皇帝，除了像宋英宗这样的特殊情况。大部分的观众听到这个问题，第一个想到的应该是，叫“父皇”，因为电视剧里都是这么叫的。但是，“父皇”的称呼，是明清时候才兴起的，明朝和清朝的皇子才习惯称他们的皇帝父亲为“父皇”，宋朝时还没有这个习惯，我检索过《续资治通鉴长编》，没有找到一个称“父皇”的例子。不过，宋英宗倒是曾经下诏说“不敢追尊父皇母后之礼”，意思是说，他不敢追尊自己的亲爹亲妈为“父皇母后”。但这里的“父皇”，不是表示称谓，而是表示身份。总而言之，“父皇”的称呼，是到了明清时期才比较常见的。

喜欢看清宫戏的朋友可能会说，清朝的阿哥都叫他父亲为“皇阿玛”吧。几乎所有的清宫戏都是这么演的。但电视剧这么演并不是很准确。实际上，清朝的阿哥并不叫皇帝为“皇阿玛”，而是叫“汗阿玛”，汗，就是大汗；阿玛，是满族语中的父亲。如果我们去翻清宫的档案，就会发现，写的是“汗阿玛”，不是“皇阿玛”。只是到了清末，在民间文学中，“皇阿玛”的说法才多了起来。另外，清代皇子叫他的父亲，也有叫“父皇”的，或者倒过来，叫“皇父”。

扯远了。我们还是说回宋朝。宋朝的皇帝到底怎么称呼他父亲？皇帝的父亲无非存在两种情况，一种是已经驾崩了，一种是还活着。驾崩的就叫“先帝”，还活着的就叫“太上皇”，或简称“太上”。

我举两个例子，你就明白了。北宋时，宋真宗去世后，宋仁宗继位，按照从前的礼法，新皇帝要在即位次年更改年号。公元1023年，朝廷宣布改元“天圣”（上一年的年号为“乾兴”），当时宋仁宗哭着说：“朕不忍遽更先帝之号也。”

南宋时，宋高宗宣布退位，由养子孝宗继位，自己当了太上皇。孝宗有一回宴请大学者胡铨，席间提起高宗，都是尊敬地叫“太上”“太上皇”。

不过，这是严肃场合上的称呼。私下里，日常生活里，宋朝皇帝、皇子对父亲的称呼，跟我们民间的叫法是一样的，通常都是叫“爹爹”。

我再举个例子，南宋初，宋高宗的母亲韦太后从金国回来，北宋末她被金兵掳走，宋金议和之后，给送了回来。有一年，韦太后过生日，高宗派人在太后的寝宫里点了十几根名贵蜡烛，为什么说是名贵蜡烛呢，因为这些蜡烛都灌入了龙脑、沉香、龙涎香等香料。南宋初，皇室比较穷，这是很奢侈的行为，但韦太后还是觉得不满意，说：“你爹爹那时，皇宫里到处都插满了这种蜡烛，金碧辉煌。”高宗偷偷跟皇后吐槽说：“如何比得爹爹富贵？”你看，韦太后在儿子面前提起先帝——即高宗的父亲宋徽宗，是叫“你爹爹”；高宗称呼他的父亲，也是叫“爹爹”。跟我们现在说话没什么不同。

皇帝跟我们一样，有父亲，也有母亲。那么皇帝又该怎么称呼他的母亲呢？比如，宋高宗要怎样称呼韦太后。你可能会说，叫“母后”啊。嗯，电视剧里都这么说。但“母后”也是明清的皇子才这么叫的。宋朝虽然也有“母后”一词，但一般都用于客观的描述，比如说“母后听政”“母后临朝”之类，在日常生活的对话中，宋朝皇帝称他的母亲，通常都是叫“娘娘”，如宋仁宗便叫刘太后为“大娘娘”，叫他的养母杨太妃为“小娘娘”。

现在我们以为“娘娘”是指皇宫里的嫔妃，其实在宋代，“娘娘”就是母亲的意思，民间的子女称自己的母亲，也有叫“娘娘”的。那宋朝皇帝对他的嫔妃，又怎么称呼呢？可以叫“娘子”，比如宋高宗宠爱的两个妃子，都姓刘，一个就叫“大刘娘子”，一个叫“小刘娘子”。

一般情况下，皇帝当然有兄弟，所以我们还要说说皇帝怎么称呼他的兄弟。宋人称呼兄弟，有个习惯，按照排行，叫“大哥”“二哥”“三哥”“四哥”“五哥”“六哥”，以此类推。皇室也一样。比如，宋高宗赵构排行第九，他的皇帝哥哥、宋钦宗便叫他“九哥”。

有意思的是，按宋人的习惯，爹妈有时候也会叫自己儿子为“大哥”，这是父子、母子之间比较亲切的一种称呼。大家都知道，南宋时，宋金对峙，宋高宗是主和派，而他的养子宋孝宗，则是个主战派，有一次，孝宗找高宗谈收复中原之策，高宗对儿子说：“大哥，我百年之后再议这事吧。”“大哥”便是高宗对儿子的昵称。

3

皇帝除了要在内廷见家人，还要在外廷见大臣。那么在朝堂之上，宋朝皇帝会怎么称呼大臣呢？看过古装剧的朋友，可能会说，叫“爱卿”，电视剧里都这么叫的嘛。

宋朝的确有“爱卿”的称呼，不过，不是用在皇帝称呼大臣上，而是男人用来称呼他的情人。举个例子，宋话本《新桥市韩五卖春情》中，有一个叫作吴山的富二代，结识了一个叫作韩五娘的女子，两人卿卿我我，如漆如胶，分别后，吴山给韩五娘写了一封情书，抬头就是这么写的："爱卿韩五娘。"宋朝还有一位歌伎，很有才艺，擅长泼墨画竹，有个姓潘的诗人在她的画作上题了一首小词，表示爱慕之情。这首小词是这么写的："玉带悬鱼，黄金铸印，侯封万户。待从头缴纳君王，觅取爱卿归去。"词中的"爱卿"，便是指那名有才的歌伎。

总之，我们要注意，"爱卿"不是宋朝皇帝对大臣的称呼，你让皇帝称大臣为"爱卿"，成何体统嘛？宋朝皇帝称呼大臣，是称"卿"，而不是称肉麻的"爱卿"。

反过来，宋朝大臣又会怎么称呼皇帝呢？可以用的称呼有好多，比如，"陛下""圣上""至尊""我主""吾皇陛下"。在正式、严肃的场合，大臣们这么称皇帝，都是没问题的。而在不那么正式的场合，宋朝人对于皇帝，更喜欢用另一个称呼：官家。如宋神宗熙宁变法期间，"外议皆云：天下弊病甚众，官家多应不知"。

其实，内廷嫔妃、宫女、内侍，外间的老百姓，说起皇帝时，都习惯叫"官家"。来看一个例子：一日深夜，宋仁宗在宫里听到外面传来歌舞之声，便问宫女：这是什么声音啊？宫女说：这是民间酒楼寻欢作乐的歌声。然后，这个宫女又吐槽说：官家你听，外面酒楼这么热闹，倒是我们宫里冷冷清清。

为什么叫"官家"呢？我估计宋朝的皇帝也弄不清楚，只知道大家都习惯这么叫。宋真宗时，皇帝请一位叫李仲容的才子喝酒，曾经趁着酒意问李仲容："何故谓天子为官家？"李仲容说："三皇官天下，五帝家天下。圣上兼三皇五帝之德，所以叫官家。"宋真宗听了很高兴，说，今晚跟你喝酒真高兴。

但李仲容的解释，实际上是拍皇帝的马屁。而且他还说错了，按中国古老的传说，是"五帝官天下，三王家天下"。"三皇五帝"是指传说中上古时期的八位君主；“官天下”是公天下的意思，表示天子由选举产生；“家天下”则是表示帝位世袭的意思。但“官家”到底有何含义，现在也解释不清，所以我们也不必深究。从语感来说，我个人的感觉，是觉得“官家”的说法，还是挺亲切的。不知道大家是不是也有这种感觉。

4

在人与人的交往中，你除了要称呼他人，还需要自称。假如你穿越到了宋朝，当上了皇帝，你平时说话，会怎么自称？你可能会说，这我知道，称“朕”嘛。电视剧里都是这么说的。皇帝自称“朕”，当然也没错，但是，在宋朝，如果你这个皇帝成天“朕”“朕”“朕”，“朕”个不停，大家可能会觉得你很端，很装。其实，宋朝的皇帝在非正式场合，比如在后宫里，在宴席上，往往都自称“我”，跟我们民间平时说话并没有两样。

如果我们去检索记录宋朝皇帝私人生活的笔记，就会发现，皇帝都是自称“我”。比如宋仁宗有一次在内廷跟宫人玩赌博，小赌怡情嘛。仁宗输了一千文钱，就不再赌了。宫人取笑他：“官家您也太穷酸了。”仁宗辩解说：“你们知道这些钱是谁的钱吗？此非我钱，乃百姓钱也。我今日已妄用百姓千钱。”这里，皇帝与宫人的对话，都是用“用”，而不是用“朕”。

而如果我们去检索《续资治通鉴》等史料，宋朝皇帝与大臣在朝堂上的对话，则通常都是用“朕”。总之，我们要纠正一种误解，就是不要以为宋朝皇帝说话总是“朕”个不停。

说到这里，我顺便提问另一个问题：皇太后又怎么自称呢？我们从电视剧、电影里看到，都是自称“哀家”。其实呢，宋朝的皇太后是不会自称“哀家”的。不但宋朝太后不会自称“哀家”，其他朝代的太后也不会。你去查文献，是找不到“哀家”这个说法的，古代倒是有一种梨，叫“哀家梨”，因为是一个姓哀的人家培育出来的。至于皇太后自称“哀家”，那是明清时期的民间文人编小说时，自己编出来的。大概是认为，皇太后大多寡居，自称“哀家”，可以表达对先帝归天的哀伤吧。但在历史文献中，我们是找不到“哀家”的。

那么宋朝皇太后的自称究竟是什么呢？我们不妨先来看一个例子：宋仁宗去世后，曹皇后成了皇太后，垂帘听政，有一日宰相韩琦表达了辞职的意愿，曹太后挽留他说：“相公安可求退？老身合居深宫，却每日在此，甚非得已，且容老身先退。”这个例子告诉我们：宋朝太后在大臣面前，自称“老身”。很平民化，跟当时民间老年女性的自称是一样的。

太后也可以自称“我”，如南宋初，苗傅、刘正彦兵变，拥立三岁的赵旉为帝，请孟太后垂帘听政，孟太后拒绝，说：“今强敌在外，我以妇人抱三岁小儿听政，将何以令天下？”皇太后可自称“我”、自称“老身”，但不会自称“哀家”。

皇后、嫔妃的自称呢？由于皇后、嫔妃通常都不需要面对大臣，所以这里只说说她们跟皇帝、皇太后对话时的自称——一般都是自称“臣妾”。

5

总的来说，宋代皇室里的称呼，并不像我们从电视剧、电影里听到的那样，严肃得不像人话，而是跟我们普通人日常的称呼习惯差不多。

自秦始皇规定“朕”为皇帝专用的自称，其他人不得称“朕”之后，古代帝王逐渐形成了一套专用的话语系统，从谥号、庙号、自称，到以皇帝名义发布的文书，都有专门的名词，比如皇帝的命令叫作“圣旨”，这些帝王专用名词，普通人是不可以使用的。通过这套专用的话语系统，强化了皇帝这一角色的与众不同。

但我们需要注意，古代皇帝的这个“与众不同”，主要是政治意义上的，强调的是他作为一国之君的角色。同时，君主作为一个人，他也有七情六欲，也是人之子、人之父，在日常生活里，在人伦意义上，他与普通人并没有不同。宋代皇室的日常称呼与民间的差不多，管父亲叫“爹爹”，管母亲叫“娘娘”，正体现了皇帝也是常人的一面，体现了人之常情。

而明清时期，皇室的内部称呼出现了一些不同于常人的专用名词，比如皇子称皇帝为“父皇”，我觉得这是日常生活泛政治化的表现。

我个人比较欣赏宋朝皇室说常人话的称呼。

第七辑

科举制让寒门子弟突破了阶层壁垒

早在《人民的名义》刚刚开播之时，网络上已经出现过一拨关于阶层固化的争论，评论文章指出"'阶级固化'的论调不能成立"。文章说"中国从来就不是一个'阶级固化'的国家。这是由中国特殊的历史文化造就的独特现象"，"连刘邦、朱元璋这种出身社会最底层的人都能做皇帝，这在其他国家是难以想象的"。

文章举刘邦、朱元璋为例，试图证明社会阶层非固化，这一例证极不妥当。刘朱辈的发迹，不过是乱世中的"时势造英雄"，绝非正常的、可普遍复制的阶层流动范例。

饶是如此，评论其实并没有欺骗你。平心而论，阶层固化在传统中国社会大部分的时间里都不存在，但这靠的并不是"皇帝轮流做，明年到我家"的改朝换代，而是科举制度。

从察举制到科举制度

在科举制出现之前的两汉，政府主要采用察举、征辟制选拔社会精英。皇帝听说你有才，"征"你来做官；地方高级官员认为你有才，"辟"你为幕僚。但察举制到了东汉末时，已经丧失了选拔人才的功能，当时有民谣说："举秀才，不知书；举孝廉，父别居。寒素清白浊如泥，高第良将怯如鸡。"

曹操是"举孝廉"出仕，但囿于当时的局面，开始对这种选官制度发出挑战。他的《求贤令》要求“惟才是举”，不拘品行。其子曹丕干脆废了他老子服侍的汉家王朝，连老子受惠的汉家察举制也一起废除，改为“九品中正制”，按家世、道德、才能三要素评定人才。但九品中正制到后来，基本上变成了唯血统论，“上品无寒门，下品无士族”，“公门有公，卿门有卿”，门阀子弟充任高官，阶层固化十分严重。

这一等级森严的阶层固化是被科举制冲破的。

一直以来，我们都习惯于从负面想象科举制度，认为科举制是维护“封建专制”、禁锢读书人思想的工具，也是近代中国落后于西方列强的文化因素。但如果我们持正公允，便会发现，科举制度其实为传统中国创造了一个开放性的士人政府，一个流动性的平民社会。

从字面的含义看，“科举”乃是“分科举人”的意思，指一种与两汉察举制、魏晋九品中正制不同的人才选举制度。最早推行“分科举人”的时代是隋代，开皇十八年（598 年），隋文帝命“京官五品以上，总管、刺史，以志行修谨、清平干济二科举人”。所以学界有人将隋开皇十八年列为科举制度的肇造之年。

但是，这一年的“二科举人”究竟如何进行，史料语焉不详，有没有采取卷面考试的形式，也不得而知。史料有明确记载的第一次科举考试，是在隋炀帝时代：“近炀帝始置进士之科，当时犹试策而已。”当时的进士科考试要试策论。

唐承隋制，继续推行科举考试。但科举制度的完备化、科考取士的鼎盛期，要到宋代才宣告来临。

锁院·封弥·誊录

从打破阶层固化的角度而言，跟隋唐时期相比，宋代科举有几项制度创新是可圈可点的。

其一，宋朝科举考试更加强调程序的公正，更有利于寒门子弟脱颖而出。

隋朝为科举草创之时，考试制度尚很简陋；唐代科举在制度设计方面还是不甚用心，以致存在很多作弊的漏洞，比如唐朝科举允许“公荐”，每到开科之年，朝中权贵便纷纷宴请主考官——“知贡举”，向他们推荐心仪的进士人选。所以唐时的科举，往往尚未开考，而录取的名单及名次已经预定下来，考试只是走走过场而已。

唐文宗大和二年（828年），礼部侍郎崔郾被任命为知贡举，前往东都洛阳主持进士科考试，长安的公卿都来给崔郾饯行，拜托崔郾留意他们的门生子弟。其中有一个叫作吴武陵的太学博士，带着一篇《阿房宫赋》，向崔郾推荐杜牧：“侍郎请看这《阿房宫赋》，作者的才华好得不得了。”崔郾读了《阿房宫赋》，认为杜牧的文章的确写得好。吴武陵趁机说：“请将杜牧录为状元。”崔郾说：“这事不好办，不瞒你说，状元已经许给其他人了。这样吧，我将第五名安排给杜牧吧。”当时有人反对将杜牧列为第五名，称杜牧这个人品行有问题。崔郾说：“已经答应了吴君，不可食言。不管杜牧是杀猪的，还是卖酒的，都给他第五名。”

这种名为公荐、实为请托的做法，到了宋代就不被允许了。建隆四年（963年）正月二十七日，宋太祖下诏：“礼部贡举人，今后朝臣不得更发公荐，违者重置其罪。”为杜绝朝臣请托，宋政府在科举考试中推行“锁院制”，即主持考试的知贡举确定下来后，马上进入贡院，不得出外，不得与外人交通，食宿都得在贡院之内。（美国的大陪审团遴选出来后，要求与外界隔离，以免受干扰）

宋太宗时，又创设“封弥制”，即将考生答卷卷首的考生姓名、年甲、乡贯等个人信息密封，代之以字号，又叫“糊名考校”。这样考官在评卷的时候，由于不知道某卷的考生是何人，就算想给熟人卖一个人情，也无从下手。（今日的高考评卷还沿用宋人发明的封弥制）

不过，“糊名考校”并不能完全杜绝考官徇情，因为考官还可以通过辨认笔迹或暗记，认出答卷是不是出自熟悉的考生之手。到宋真宗时，朝廷又设立“誊录制”，堵住了“封弥制”的制度漏洞。所谓“誊录

◎明　仇英《观榜图》局部

制”，是说每一份考生交上来的试卷，都要经专门的书吏用红笔抄录成副本，然后将副本送考官进行评卷。

应该承认，锁院制、封弥制与誊录制的推行，使得宋代科举的考试程序更为公平，“一切以呈文任去留”，能力之外的资本等于零。从中受益的，当然是那些朝中无贵人、胸中有才学的寒门读书人。

“矫正的平等”

其二，宋朝科举取士不问家世，甚至有意抑制世家，照顾寒门利益。

隋唐之时，门阀制度尚有遗存，政治几乎为世族垄断，社会也存在着不可逾越的门第壁垒。这一门阀制度遗存在科举中也有体现，比如世家子弟占有得天独厚的教育资源与人脉资源，可以通过“公荐”获得主考官的照顾，因此，寒门子弟借科举考试出人头地的机会尽管存在，但不可高估。

赵宋立国后，有意在科举考试中抑制世家子弟。开宝元年（968 年）三月开科，翰林学士陶谷之子陶邴名列第六，但宋太祖说：“闻陶谷不能训子，陶邴安得登第?”命宰相加以复试，陶邴在复试时成绩及格，才被录取。之后宋朝立下了一条原则：“食禄之家，有登第者，礼部具姓名以闻，令复试之。”

雍熙二年（985 年）还发生过这么一件事：宰相李昉之子李宗谔、参知政事吕蒙正的从弟吕蒙亨、盐铁使王明之子王扶均在科考中名入上等，但殿试时，宋太宗认为，“势家不宜与孤寒竞进”，俱罢之，将名次让给寒门子弟。此举看似对“势家”不公，但从化解阶层固化的角度看，却体现了一种“矫正的平等”——类似道理，可参考美国黑人的平权运动。

与此同时，宋朝政府还为寒门子弟参加科举提供经济资助。参加科举考试需要成本，包括从家乡到京城的路费，偏远地方的贫家子弟往往因为掏不出盘缠而不得不放弃了考试。针对这一情况，开宝二年(969 年)十月，宋太祖下诏：“国家岁开贡部，敷求俊乂，四方之士，无远弗届，而经途遐阻，资用或阙，朕甚愍焉。自今西川、山南、荆湖等道举人，往来给券。”西川、山南、荆湖的读书人进京考试，凭“券”可以免费使用官驿的交通工具，并在官驿借宿。

宋朝的地方政府也相继设立“贡士庄”与“贡士库”，资助参加科考的当地士子。贡士庄是地方政府拨出若干公田放租，以田租为基金，给当地赴考的读书人提供经济资助。贡士库则是地方政府拨出若干公款，成立一只基金，基金的本金通常用于投资解库（相当于钱庄），再以放贷收取的利息资助应考的当地士子。

贫家子弟参加科考的经费有了着落，“朝为田舍郎，暮登天子堂”的童话才有变现的可能性。

宋朝进士出寒门

其三，宋代取士的规模远超隋唐时期，寒门子弟被录取的机会也更大。

隋朝时的科举考试，录取人数极为有限，“秀异之贡，不过十数”。唐朝也是如此，每榜不过录取一二十人；而且，由于允许“公荐”，这寥寥可数的一二十个录取名额，也多数被世家子弟占据。研究者对《旧唐书》记载之人物的出身进行分类统计，发现：“《旧唐书》所载从唐肃宗到唐代末年之间的人物，大约有将近十分之七出自名族和公卿子弟，出身于寒素者不及七分之一，如果以宰辅的家世作比较，两者的比例更加悬殊（80%：7%）。”（参见梁庚尧《宋代科举社会》第九讲“社会流动及其局限”）

这一情况到了宋代就扭转过来了。宋代是历史上第一个全面通过科举取士的王朝，每榜录取的进士数目扩大了10倍以上。据研究者统计，两宋三百余年，总共通过科举考试录取进士及诸科登科人数超过10万名，是唐至五代登科总人数的近10倍、元代的近100倍、明代的近4倍、清代的3.8倍。在这10万多名宋朝进士中，布衣出身之人超过半数。

从南宋宝祐四年的《登科录》来看：当年录取了601名进士，其中平民出身的有417名，官宦子弟只有184名，寒门进士占了绝大多数。

研究者还发现：“《宋史》列传中的北宋人物，出身于高官家庭的不过四分之一左右，而出身于布衣的则超过二分之一，而且随着时间的演进，时代愈晚，布衣出身的比例也愈高；以宰辅的出身来作统计，情况也大体相似。而布衣官员入仕的途径，在北宋初期以科举出身的约占三分之一，在北宋中期已超过四分之三，到北宋晚期更超过五分之四。”（参见梁庚尧《宋代科举社会》第九讲“社会流动及其局限”）

范仲淹的“人生小目标”

正是在这样的“唐宋变革”历史背景下，一名生活在宋朝的寒门子弟，才完全可以通过正常的制度通道，被选拔进政府，乃至晋升为政府领袖——宰相。

后来成为宰相的北宋杜衍，自幼丧父，母亲改嫁钱氏，少年时投奔母亲，却不容于继父，生活非常落魄，以帮人抄书为生。官至参知政事的欧阳修，也是四岁时失去父亲，“家贫，至以荻画地学书”，家里穷得买不起纸笔，只好用荻草在地上练习写字。

杜衍、欧阳修的朋友范仲淹，也是一位寒门子弟，出身寒微，两岁丧父，之后随母亲改嫁朱氏，从苏州吴县迁至山东长山县。所以现在有两个地方都宣称是“范仲淹故里”，一是江南的苏州，一是山东的淄州。

长山朱家算是殷实之家，但少年范仲淹过的却是清苦日子。他在山寺读书，每日饮食都是咸菜就粥：“惟煮粟米二升，作粥一器，经宿遂凝，以刀画为四块，早晚取二块，断齑数十茎，酢汁半盂，入少盐，暖而啖之。”稍后，范仲淹求学于应天府（今河南商丘），也是以稀粥为食，“人不能堪，仲淹不苦也”。

尽管日子过得清苦，但范仲淹从未对未来失去信心。他十六岁时便立下一个“人生小目标”：不为良相，便为良医。立志从医的人生理想比较寻常，我读中学时的几个小伙伴，今天都当上医生了。而立志成为良相，那就不简单了，首先你得成为一名“一人之下，万人之上”的宰相。

一个寒门子弟，又没有朝中大人物做靠山，居然放言要问鼎相位，这不是白日梦吗？如果范仲淹生活在门阀制度森严的魏晋时期，他的“不为良相，便为良医”誓言，大概会被同窗传为笑话。如果他生活在世族制度犹存的隋唐，当上宰相的机会也微乎其微，近乎“癞蛤蟆想吃天鹅肉”。但在全面推行科举取士的宋代，没有人敢取笑范仲淹的“人生小目标”。

公元1015年，北宋大中祥符八年，范仲淹考中进士，从此踏上一条尽头便是相位的通道。至于能不能走到尽头，就看他的造化与能力了。入仕之初，范仲淹被任命为广德军司理参军。广德军，今在安徽广德县；司理参军，即州一级政府的司法官。这个经历，跟祁同伟有点接近，都是被下放到偏远地方当司法官员。

之后，范仲淹当过知县、书院教习、州通判、知州，还在陕西领过兵，跟西夏人打过仗，论人生的剽悍，范夫子远胜于祁厅长。1043年，即庆历三年，五十五岁的范仲淹被宋仁宗任命为参知政事，进入权力中枢，领导“庆历新政”。宋朝的参知政事相当于副宰相，不妨说，范氏庶几实现了拜相的人生目标。

从少年范仲淹“不为良相，便为良医”的梦想，我们可以看到宋朝读书人对于社会上升通道的信心；范仲淹的仕途经历也让我们相信，那个时候的社会上升通道确实是值得信任的。

而这一社会上升通道的维持，主要便得益于科举制度的实行。

元朝时科举式微，但明清两朝，科举制度又继续为无数寒门子弟提供了进入社会上层的制度通道。旅美华裔历史学家何炳棣先生的研究发现，从明代至清代，虽然平民向上流动的机会出现渐减的趋势，但就整个明清时期来说，社会仍然具有相当程度的流动。

遗憾的是，由于从朱元璋时代开始，朝廷偏好以僵化的“八股文”取士，以至于选拔出来的官员，对“兵刑、财赋、河渠、边塞之利病”漠不关心；及至获授官职，治理一方之政时，却“懵然于中而无以应”。特别是晚清之时，局势大变，这种庸碌的官员更是难以适应近代化的挑战，导致科举制度无辜受累，遂于1905年被清政府宣布废止。

延续了一千多年的科举时代宣告结束，但历史似乎尚未做好准备迎接新时代的来临。

宋朝科举考什么题目

如果我问：古代的科举考试考什么？也许你会不假思索地说：考八股文呗。

但这个答案并不准确，至少不够全面。相对于科举制度，八股文的历史要短暂得多，科举制创立于隋朝，而八股文要到明代才出现。即使在明清时期，科举也不仅仅考八股文，明代的乡试与会试各考三场，首场试经义，此即所谓的“八股文”，第二场试“论”及应用文写作，第三场试“策”；清代的乡试与会试也是各考三场，首场试经义及韵诗，第二场试经文，第三场试“策”。在八股文尚未登场的宋代，科举考试的题目就更丰富多样了。

宋代的科考实行两级试：发解试与省试。发解试相当于初试，由各州郡主持，考生通过发解试获得参加省试的资质；省试相当于复试，由礼部主持，被录取者便可从此步入仕途。至于殿试，通常都不黜落，只排定名次。

宋代科举又分进士科以及九经、五经、开元礼、三史、三礼、三传、学究、明法、明经各个专科，以选拔专业人才；此外还有“不限前资，见任职官、黄衣草泽悉许应诏”的特别考试，叫作“制科”。其中以进士科最为重要，录取的人数也最多。后王安石罢诸科，只保留进士科与制科，另设新明法科遴选司法官。

我们要介绍的主要是进士科省试与殿试的试题。宋代省试的科目虽然屡经变革，但有四个科目差不多是必考的：诗赋，经义，论，策。殿试通常都是试策。各个科目各有其功能，用宋人的话来说，“国家以科目网罗天下之英隽，义以观其通经，赋以观其博古，论以观其识，策以观其才”。

我们都习惯将现在的高考比拟为古代的科考，其实科举要比高考重要得多，高考只是高校录取新生的门槛而已，科举却是传统社会选拔贤能之士治理国家的基本政治制度。科举制度的设计目的，是识别、发现优秀的治国人才，“网罗天下之英隽”，因此需要以试诗赋考查应试者的文学才情与审美能力，以试经义考查对经典义理的理解与阐释，以试论考查应试者的学识与见解，以试策考查解决时务的识见与才干。

宋人轻诗赋而重经义、策论，如司马光极力反对以诗赋取士：“国家设官分职，以待贤能，大者道德器识以弼谐教化，其次明察惠和以拊循州县，其次方略勇果以扞御外侮，小者刑狱钱谷以供给役使，岂可专取文艺之人，欲以备百官、济万事邪？”诗赋题目在宋代科举考试中的地位逐渐下降，经义与策论的重要性则得到强化。

从答题形式上看，试经义、试论、试策都有点像今天的高考作文，都是以议论文为主，目的当然是为了测试考生对于经典、史事、时务的见解。考试时，主考官会在试场前面挂出一块帘幕，“出示题目于厅额，题中有疑难处，听士人就帘外上请，主文于帘中详答之讫，则各就位作文”，一般考三场或四场。

具体来说，试经义是出题者从儒家经书中截取一句话，请考生阐述其蕴含的义理。明清时试经义演变成考八股文，从外在的文体形式到内在的思想都严重僵化，但在宋代，人们崇尚“独立之精神，自由之思想”（此语本为陈寅恪纪念王国维的碑铭，我们借用来形容宋人之学术，陈先生必定同意，因为陈先生又说过：“六朝及天水一代思想最为自由。”），考生可以自由解经、传注、质疑古说、阐发新见，“借他题目说自家道理”，甚至不乏“全不顾经文，务自立说，心粗胆大，敢为新奇诡异之论”者。王安石设经义科目，并试图将他的新学立为考试评判标准，即受到司马光的抗议：“王安石不当以一家私学，欲掩盖先儒，令天下学官讲解及科场程式，同己者取，异己者黜。……若己论果是，先儒果非，何患学者不弃彼而从此，何必以利害诱胁，如此其急也！”司马光所追求者，是各家各自解释经学，百家争鸣，在思想市场展开竞争。

试论，则类似于命题作文，通常是要求考生评论经史记载的某个典故或某一位历史人物。北宋嘉祐二年（1057 年）进士科省试的论题是“刑赏忠厚之至论”，典出《尚书》孔安国注文：“刑疑付轻，赏疑从众，忠厚之至。”换成现在的说法，这题目就是“论疑罪从轻”。当年苏轼的应试作文《刑赏忠厚之至论》深获主考官欧阳修的赞赏。在这篇文章中，苏轼还杜撰了一个典故：“当尧之时，皋陶为士。将杀人，皋陶曰‘杀之’三，尧曰‘宥之’三。”连欧阳修都不知出自何典。这要是放到明清时期，恐怕有欺君之罪。

试策跟今天公务员考试中的“申论”差不多，一般都是主考官就时务提出具体问题，让考生发表见解，所以又称“策问”，考生的回答则称“对策”。对策通常是千字文，但也有洋洋洒洒写了上万言的对策。由于策与论都是议论文体，宋人又将两者并称为“策论”。

策问往往可以体现出题者的“问题意识”，许多当过主考官的宋朝文人都对自己拟出的策问题目有些“敝帚自珍”，将策问收入自己的文集。

◎明　仇英《观榜图》局部

如《欧阳文忠公集》收录有策问多道，其中一道问："周天子之田方千里，号称万乘，万乘之马皆具，又有十二闲之马，而六卿三百六十官，必皆各有车马，车马岂不多乎哉？千里之地，为田几何，其牧养之地又几何，而能容马若是之多乎哉？千里之地，为田几何？马之法又如何？今天下广矣，常患无马，岂古之善养马而今不善乎？宜有说以对也。"此题涉及对宋朝缺乏良马问题之关切，而要问答这道策问，不但需对马政有切实见解，也要掌握一定的数学、几何与畜牧业知识。

熙宁四年（1071年），苏轼担任开封府试官，出的策问题目是："晋武平吴以独断而克，苻坚伐晋以独断而亡；齐桓专任管仲而霸，燕哙专任子之而败，事同而功异，何也？"翻译成大白话，就是"试述专权的优劣"。当时王安石与宋神宗正推行新法，王氏"既得政，每赞上以独断，上专信任之"，出现专制的苗头。苏轼拟此题目，自然是想引导考生对君相"独断"时局的注意与思考。

我没有检索到当年考生的应试作文，不过南宋宝祐四年（1256年），文天祥参加殿试时的一篇长篇对策（全文超过一万字），其中一段话倒是可以用来回答苏轼的策问：

> 臣闻公道在天地间，不可一日壅阏，所以昭苏而涤决之者，宰相责也。然扶公道者，宰相之责，而主公道者，天子之事。天子而侵宰相之权，则公道已矣。三省枢密，谓之朝廷，天子所与谋大政、出大令之地也。政令不出于中书，昔人谓之斜封墨敕，非盛世事。国初三省纪纲甚正，中书造命，门下审覆，尚书奉行，宫府之事无一不统于宰相。是以李沆犹以得焚立妃之诏，王旦犹得以沮节度之除，韩琦犹得出空头敕以逐内侍，杜衍犹得封还内降以裁侥幸。盖宰相之权尊，则公道始有所依而立也。……
>
> 然或谓比年以来，大庭除授，于义有所未安、于法有所未便者，悉以圣旨行之。不惟诸司升补上渎宸奎，而统帅躐级、阁职超迁，

亦以寅缘而行恩泽矣。不惟奸赃湔洗上劳涣汗，而选人通籍、奸胥逭刑，以钻刺而拜宠命矣。甚至闾阎琐屑之斗讼、皂隶猥贱之干求，悉达内廷，尽由中降。此何等虮虱事，而陛下以身亲之。大臣几于为奉承风旨之官，三省几于为奉行文书之府。臣恐天下公道自此壅矣。

景祐间罢内降，凡诏令皆由中书、枢密院，仁祖之所以主张公道者如此。今进言者，犹以'事当间出宸断'为说。呜呼！此亦韩绛告仁祖之辞也。朕固不惮自有处分，不如先尽大臣之虑而行之。仁祖之所以谕绛者何说也！奈何复以绛之说，启人主以夺中书之权，是何哉？宣和间创御笔之令，蔡京坐东廊专以奉行御笔为职，其后童贯、梁师成用事，而天地为之分裂者数世，是可鉴矣。臣愿陛下重宰相之权，正中书之体，凡内批必经由中书、枢密院，如先朝故事，则天下幸甚、宗社幸甚。

文天祥此段策论的核心意思，是说，国家的执政权归于宰相，因为宰相由选举（科举也是一种选举）产生，代表着"公道"；而君主虽身份尊贵、地位崇高，却不可"侵宰相之权"。实际上，这也是宋人的共识：君主当垂拱而治，以执政权付宰相，以监察权付台谏。换言之，宋人是反对君主专权的。北宋韩绛曾劝宋仁宗收揽权柄，被仁宗拒绝，两百年后还受到文天祥的抨击。

有些士子还在策论中对皇帝本人提出激烈批评。宋仁宗嘉祐六年（1061年），二十三岁的苏辙参加制科考试，仁宗问策数十条，包括询问对"阙政尚多""浮费弥广"等问题的见解。苏辙年少轻狂，对策七千言，矛头直指宋仁宗："窃闻之道路，陛下自近岁以来，宫中贵姬至以千数，歌舞饮酒，欢乐失节，坐朝不闻咨谟，便殿无所顾问。""陛下赋敛烦重，百姓日以贫困，衣不盖体，则是陛下未得以财结民也。吏之不仁，尚可以为吏之过；赋敛之不仁，谁当任其咎？"意思很明显，陛下你难辞其咎。

这篇直言不讳的策论在朝廷掀起轩然大波，有人提议："陛下恭俭，未尝若是。辙言狂诞，恐累盛德，乞行黜落。"但宋仁宗极力回护苏辙："朕设制科，本求敢言之士，辙小官，敢如此极言，特与科名，仍令史官编录。"并未降罪，反而授予苏辙秘书省校书郎之职。

宋朝是国家全面推行科举取士的第一个王朝（唐朝虽有科举，但每榜不过录取一二十人，宋代的进士选取数目扩大了十倍以上），科举制度为宋王朝源源不断地输送治理国家的优秀人才，特别是宋仁宗嘉祐二年的省试，出现非常多的牛人：苏轼、苏辙、曾巩、张载、吕大钧、程颢、王韶、吕惠卿……后来的宰相章惇也参加了这一次考试，但因耻于名列其侄子章衡之下，放弃了功名，嘉祐四年又参加考试，名列进士甲科。这份名单，庶几囊括了当时最优秀的政治人才、文学人才与哲学人才。其实，宋仁宗朝四十年间，无数才俊都被科举制发现，进入国家的储才库，几乎做到了"野无遗贤"。

我们看看宋代科举考试的题目，便会相信它确实可以遴选出有才学、有见识的国家治理人才。今天有些朋友将科举考试想象得那么不堪，显然是对科举制度的历史缺乏了解、又先入为主地存有偏见所致。

被“包公戏”扭曲的宋朝司法制度

“包公戏”中的包拯是宋朝人，但宋代的戏曲并没有什么“包公戏”。“包公戏”是在元朝才兴起的，至晚清时终于蔚为大观。数百年间，包公审案的故事被编入杂剧、南戏、明传奇、话本、拟话本、评书、小说、清京剧，以及众多地方戏；近代以来，“包公案”还被多次改编成新编戏剧、电视剧、电影。无数中国人都通过“包公戏”了解古代的司法制度与司法文化；一些学者也以“包公戏”为样本，煞有介事地分析传统的“人治司法模式”，反思“中国传统司法迟迟不能走向近代化的重要原因”。

然而，作为一种在宋代文明湮灭之后才兴起的民间曲艺，“包公戏”的故事几乎都是草野文人编造出来的，他们在舞台上重建的宋朝司法情景，完全不合宋代的司法制度。如果以为“包公戏”展现的是宋代的司法过程，那就要闹出“错把冯京当马凉”的笑话了。换言之，数百年来，“包公案”误导了无数看戏的愚氓、市民、文人、知识分子。现在，我们有必要来澄清被“包公戏”遮蔽的司法传统。

“那厮你怎么不跪”

在所有的“包公戏”中（包括今人拍摄的《包青天》电视剧），都不约而同地这么表现包公审案的情景：诉讼两造被带上公堂，下跪叩首，然后整个过程都一直跪着。比如元杂剧《包待制智勘后庭花》讲述，王庆等人被带到开封府审问，众人跪下，王庆不跪，包公喝道：“王庆，兀那厮你怎么不跪？”王庆说：“我无罪过。”包公说：“你无罪过，来俺这开封府里做甚么？”王庆说：“我跪下便了也。”遂下跪。

跪礼在宋代之后，含有卑贱、屈辱之意。“跪讼”的细节，当然可以理解为官府对于平民尊严的有意的摧折。有论者就认为，“在（古代）司法实践中，无论是刑事案件，还是民事诉讼，……涉讼两造（包括其他干连证人等）一旦到官受审，不仅要下跪叩首，而且还要受到‘喝堂威’的惊吓”。这一制度的设定，是为了“使涉讼之人在心理上有了自卑感”。

但是，宋代的司法是不是出现了要求讼者下跪的制度呢？或者说，一名宋朝平民如果被包拯传唤到公庭审讯，是不是就必须下跪叩首呢？

我曾经检索多种宋朝文献考据过这个问题。结果发现，不管是《名公书判清明集》《折狱龟鉴》《洗冤录》等司法文献，还是《作邑自箴》《州县提纲》《昼帘绪论》等宋代官箴书，均找不到任何关于诉讼人必须跪着受审的记录。

倒是《折狱龟鉴》“葛源书诉”条载，宋人葛源为吉水县令，“猾吏诱民数百讼庭下”，葛源听讼，“立讼者两庑下，取其状视”。《折狱龟鉴》“王罕资迁”条载，宋人王罕为潭州知州，“民有与其族人争产者，辩而复诉，前后十余年。罕一日悉召立庭下”。《名公书判清明集》收录的一则判词称：“本县每遇断决公事，乃有自称进士，招呼十余人列状告罪，若是真有见识士人，岂肯排立公庭，干当闲事？”

从这几起民讼案例不难发现，当宋朝法官开庭听讼时，诉讼人是立于庭下的。那么“站着听审”到底是个别法官的开恩，还是宋代的一般诉讼情景？

据官箴书《州县提纲》介绍的州县审讼“标准化”程式，“受状之日，引（诉讼人）自西廊，整整而入，至庭下，且令小立，以序拨三四人，相续执状亲付排状之吏，吏略加检视，令过东廊，听唤姓名，当厅而出”，可知宋朝平民到法庭递状起诉是用不着下跪的。

朱熹当地方官时，曾制订了一个“约束榜”，对诉讼程序作出规范，其中一条说：州衙门设有两面木牌，一面是“词讼牌”，一面叫作“屈牌”，凡非紧急的民事诉讼，原告可在词讼牌下投状，由法庭择日开庭；如果是紧张事项需要告官，则到“屈牌”下投状：“具说有实负屈紧急事件之人，仰于此牌下跂立，仰监牌使臣即时收领出头，切待施行。”“跂立”二字也表明，民众到衙门告状无须下跪。

那法官开庭审理的时候，诉讼人又用不用跪着听审呢？按《州县提纲》的要求，开庭之际，法吏“须先引二竞人（诉讼两造），立于庭下。吏置案于几，敛手以退，远立于旁。吾（法官）惟阅案有疑，则询二竞人，俟已，判始付吏读示”。朱熹的再传弟子黄震任地方官时，也发布过一道“词讼约束”，其中规定：法庭对已受理的词讼，“当日五更听状，并先立厅前西边点名，听状了则过东边之下”。可见宋代法庭审理民事诉讼案，并未要求诉讼人跪于庭下。

◎南宋《十王图》中的公堂

又据另一部官箴书《作邑自箴》，“（法官）逐案承勘，罪人并取状之类，并立于行廊阶下，不得入司房中。暑热雨雪听于廊上立”。审讯刑事案时，受审的“罪人”看来也是立于庭下，而不必跪着。

跪着受审的制度应该是入元之后才确立起来的。清人撰写的官箴书，已经将“跪”列为诉讼人的“规定动作”

了，如清初黄六鸿《福惠全书》记录的清代审讼程式：“午时升堂，……开门之后放听审牌，该班皂隶将‘原告跪此’牌安置仪门内，近东角门；‘被告跪此’牌安置仪门内，近西角门；‘干证跪此’牌安置仪门内，甬道下……原差按起数前后，进跪高声禀：‘某一起人犯到齐听审。’随喝令某起人犯进，照牌跪……”只有取得功名的士子乡绅，才获得见官免跪的特权。

很明显，清代官箴书中的审讼场面跟宋代官箴书描述的审讼情景，差异非常大。“包公戏”的编剧们显然是将元明清时期的庭审制度套到宋人身上去了。

包公包办了所有诉讼案？

我们看“包公戏”“包公案”小说，还会发现一个细节：人们到开封府诉讼，不管是大案小案，还是刑事民事，都由老包一个人审理，仿佛偌大一个开封府，只有包青天一个法官，顶多有一个公孙策在幕后赞襄。

但实际上，北宋开封府设置有庞大的司法机构，据《宋史·职官志》，“开封府牧、尹不常置，权知府一人，以待制以上充。掌尹正畿甸之事，以教法导民而劝课之”；“其属有判官、推官四人，日视推鞫，分事以治。司录参军一人，折户婚之讼。左右军巡使、判官各二人，他掌京城争斗及推鞫之事。左右厢公事干当官四人，掌检覆推问，凡斗讼事轻者听论决”。这里的判官、推官、司录参、左右军巡使、军巡判官、左右厢公事干当官，都负有司法之职能，其主要职权便是审理刑事案与民事诉讼。你到开封府告状，通常是左右军巡院受理。开封知府不过是统率一府之公事而已。如果每桩案子都要包公亲审，以宋代的健讼之风，且“开封为省府，事最繁剧”，老包得像孙悟空那样有分身之术才行。

这其实是宋代司法专业化的体现：国家建立了一个专业、专职的司法官队伍来处理司法。不独作为国都的开封府如此，其他的州郡一般也都设有三个法院：当置司、州院与司理院；有些大州的州院、司理院又分设左右院，即有五个法院；当然一些小州则将州院与司理院合并，只置一个法院。每一个法院都配置若干法官，叫作“录事参军”“司录参军”“司理参军”“司法参军”。主管当置司的推官、判官，他们的主要工作也是司法。录事参军、司理参军、司法参军都是专职的法官，除了司法审案之外，不得接受其他差遣，即便是来自朝廷的派遣，也可以拒绝，“虽朝旨令选亦不得差”。

而且，宋朝的司法官在获得任命之前，必须通过司法考试。这个司法考试，宋人叫作“试法官”，由大理寺与刑部主持，两部相互监督，以防止作弊，并接受御史台的监察。“试法官”每年举行一次或两次，以神宗朝的考试制度最为详密：每次考六场（一天一场），其中五场考案例判决（每场试10~15个案例），一场考法理。案例判决必须写明令人信服的法理依据、当援引的法律条文，如果发现案情有疑，也必须在试卷上标明。考官逐场评卷。考试的分数必须达到8分（不知总分是不是10分），且对重罪案例的判决没有出现失误，才算合格。必须承认，这个司法考试的制度已经非常严密、详备了。

可惜宋人开创的高度发达的司法体系，以及司法专业化的历史方向，并未为后面的朝代所继承，元明清三朝的司法制度，退回到非常简陋、粗糙的状态，如明代的府一级（相当于宋代的州），只设一名推官助理讼狱，而清代则连推官都不设置，府县的司法完全由行政长官兼理。长官力不从心，只好私人聘请刑名师爷襄助。《三侠五义》中的公孙策，其实就是清代艺人根据当时的刑名师爷形象塑造出来，北宋并没有公孙策这一号人物，宋代的州府也没有师爷。

所谓师爷，是行政幕府制度发展到明清的产物，又称“幕友”。而宋朝恰恰是历史上唯一一个不设行政幕府的王朝（军政幕府还有保留）。以前许多学者都是从强化中央集权的角度来解释行政幕府制度在宋代的消失，但我们如果换一个角度来看，便会发现，宋朝已经在地方建立了专业化的行政、司法机构，当然不需要行政幕府赞襄。

行政幕府制度在明清时期复活，出现了专职化的刑名师爷、钱谷师爷等，正是因为明清的地方编制简略，同时朝廷以八股取士，“上之所以教，下之所以学，惟科举之文而已。道德性命之理，古今治乱之体，朝廷礼乐之制，兵刑、财赋、河渠、边塞之利病，皆以为无与于己，而漠不关其心。及夫授之以官，畀之以政，懵然于中而无以应”，如此选拔出来的官员，严重缺乏司法、理财等专业技能，遂不得不依赖刑名师爷、钱谷师爷对付公务。

韦伯称：“（大意）传统中国的官吏是非专业性的，是士大夫出任的政府官员，是受过古典人文教育的文人；他们接受俸禄，但没有任何行政与法律的知识，只能舞文弄墨，诠释经典；他们不亲自治事，行政工作是掌握在幕僚之手。”但这个论断可能符合明清的情况，却完全不合宋朝之实际。

宋代司法重不重程序？

“包公戏”中的包拯，是一个权力大得吓人的法官，集侦查、控诉、审判、执行四权于一身，一桩案子，明察秋毫的包公往往当庭就问个清清楚楚，然后大喝一声“堂下听判”，辞严义正宣判后，又大喝一声“虎头铡侍候”，就将罪犯斩首了。有一些学者据此认为，“这种权力混同行使的现象一直是我国古代司法制度所无法突破的障碍”，“正是中国传统司法迟迟不能走向近代化的重要原因”。

问题是，“包公戏”展现的完全不是宋代的司法制度，因为宋朝司法特别强调“分权与制衡”，用南宋一位大理寺司法官的话来说，“国家累圣相授，民之犯于有司者，常恐不得其情。故特致详于听断之初；罚之施与有罪者，常恐未当于理，故复加察于赦宥之际。是以参酌古义，并建官师，上下相维，内外相制”。

为实现“分权与制衡”，宋朝的立国者建立了一套非常烦琐的司法程序。首先，侦查与审讯的权力是分立的，宋代的缉捕、刑侦机构为隶属于州、路衙门的巡检司，以及隶属于县衙门的县尉司，合称“巡尉”，相当于今天的警察局，其职责是缉拿、追捕犯罪嫌疑人，搜集犯罪证据、主持司法检验等，但按照宋朝的司法制度，他们不可以参与推勘，更不能够给嫌犯定罪。宋初的一道立法规定：“诸道巡检捕盗使臣，凡获寇盗，不得先行拷讯，即送所属州府。”

案子进入州府的庭审程序之后，先由一名法官审查事实，这叫作“推勘”。这位推勘官将根据证人证言、证物、法医检验、嫌犯供词，将犯罪事实审讯清楚，能够排除合理怀疑。至于犯人触犯的是什么法，依法该判什么刑，他是不用管的。被告人画押之后，便没有推勘官什么事了。但如果审讯出错，则由他负责任。

这一道程序走完，进入第二道程序。由另一位不需要避嫌的法官，向被告人复核案情，询问被告人供词是否属实，有没有冤情。这道程序叫作“录问”。如果被告人喊冤，前面的庭审程序推倒重来，必须更换法庭重新审讯。这叫作“翻异别勘”。如果被告人未喊冤，那进入下一道程序。

案子的卷宗移交给另外一位独立的法官，这名法官将核查卷宗是否有疑点，如发现疑点，退回重审；如没有疑点，则由他根据卷宗记录的犯罪事实，检出嫌犯触犯的法律条文，这叫作“检法”。推勘与检法不可为同一名法官，这就是宋代特有的“鞫谳分司”制度。宋人相信，“鞫谳分司”可以形成权力制衡，防范权力滥用，“狱司推鞫，法司检断，各有司存，所以防奸也”。

检法之后，将案子移交给一个判决委员会。判决委员会负责起草判决书，交委员会全体法官讨论。若对判决没有异议，则集体签署，将来若发现错案，所有署名的法官均追究责任。这叫作“同职犯公坐”。对判决持异议的法官，可以拒不签字，或者附上自己的不同意见，这叫作“议状”，日后若证实判决确实出错了，“议状”的法官可免于问责。

判决书必须获得全体法官签署，才可以进入下一道程序：送法院的首席法官（即知府、知州）做正式定判。首席法官定判后，还需要对被告人宣读判词，询问是否服判。这时被告人若称不服判，有冤要伸，那么将自动启动“翻异别勘”的程序——原审法官一概回避，由上级法院组织新的法庭复审，将前面的所有程序再走一遍。原则上刑案被告人有三次“翻异别勘”的机会。

如果被告人在听判之后，表示服法。那么整个案子告一段落，呈报中央派驻各地的巡回法院（提刑司）复核。巡回法院若发现疑点，案子复审。若未发现疑点，便可以执行判决了。但如果是死刑判决，且案情有疑，则必须奏报中央法司复审。

宋代刑事司法程序之繁复、严密，堪称历代之冠，即使在今日看来，也会觉得过于“烦琐”。包拯要是像“包公戏”表演的那么断案，毫无疑问，属于严重违反司法程序，早就被台谏官弹劾下台了。

遗憾的是，恰如民国法学学者徐道邻先生所指出：“元人入主中原之后，宋朝优良的司法制度，大被破坏，他们取消了大理寺，取消了律学，取消了刑法考试，取消了鞫谳分司和翻异移勘的制度。”生活在元明清时期的小文人已经完全不知道宋代繁密的司法程序设计，只能凭着自以为是的想象编造包公审案的过程。

大义灭亲与司法回避

为了无限拔高包公执法如山的高大全形象，对宋代司法制度全无了解的文人还创造了一个大义灭亲、不近人情的包公故事：包公的侄子包勉，为萧山县令，因贪赃枉法被人检举，奉旨出巡的包拯亲审此案，查明真相后，下令铡死亲侄子。京剧《赤桑镇》《铡包勉》演的就是这个故事。

有人以《赤桑镇》《铡包勉》为样本，著文批判：“法官担任与自己案件有牵连的裁判官，如果他有道德自律性，能够‘认定事实清楚’，‘适用法律准确’的裁判案件的话，都会被冠以‘青天’的美誉。这正体现中国人从古至今一直关注的是诉讼裁判结局的公正性——实体正义，而忽略了法律程序和司法裁判过程的正当性——程序正义。”

编造出“包公铡侄”故事的旧时文人，与将“包公铡侄”行为当靶子的今日学者，其实都误以为传统司法制度不讲究亲嫌回避，才会出现大义灭亲的司法官，只不过前者将“大义灭亲”吹捧为美德，后者视“大义灭亲”为司法回避程序的缺失。然而，所谓的包公铡侄案绝不可能发生在宋朝。

包拯生前留有一条家训：“后世子孙仕宦有犯赃滥者，不得放归本家，亡殁之后，不得葬于大茔之中。不从吾志，非吾子孙。”他的子孙也确实没有辱没祖宗，子包绶、孙包永年都居官清正，留有廉声。包拯显然并没有一个成了贪污犯的侄儿，又何须大义灭亲?

即便包拯确有侄子犯罪，也轮不到包拯来大义灭亲。因为宋代司法特别讲求亲嫌回避，在司法审判的各个环节，都设置了非常严格而周密的回避制。

宋朝法院如果受理了一起诉讼案，在开庭之前，要做的第一件事就是核定回避的法官。所有跟诉讼的原告或被告有亲戚、师生、上下级、仇怨关系，或者曾经有过荐举关系者，都必须自行申报回避：“自陈改差，所属勘会，诣实保明。”如果有回避责任的法官不申报呢？许人检举、控告。不用说，这自然是为了防止法官的裁断受到私人关系、私人情感的影响，出现假公济私、公报私仇的情况。实际上也可避免发生亲铡侄儿之类的人伦悲剧。如果包拯的侄儿因为贪赃枉法而被告上法院，那包拯首先就得提出回避，绝不可能亲自审讯此案。

不但与诉讼人有亲嫌关系的法官需要回避，在一起案子的审判过程中，负责推勘、录问、检法的三个法官，也不能有亲嫌关系，否则也必须回避。而且，法律还严禁推勘官、录问官与检法官在结案之前会面、商讨案情，“诸被差鞫狱、录问、检法官吏，事未毕与监司及置司所在官吏相见，或录问、检法与鞫狱官吏相见者，各杖八十”。

如果是复审的案子，复审法官或与原审法官有亲嫌关系，也需要回避，法院“移勘公事，须先次契勘后来承勘司狱（复审官）与前来司狱（原审官）有无亲戚，令自陈回避。不自陈者，许人告，赏钱三百贯，犯人决配”。对隐瞒回避义务的法官，处罚非常严厉，“决配”。

甚至上下级法官之间也要回避——即有亲嫌关系的法官不能成为上下级。宋代立法规定：“诸职事相干或统摄有亲戚者，并回避。提点刑狱司检法官于知州、通判、签判、幕职官司理、司法参军（录事、司户兼鞫狱、检法者同），亦回避。”

这样的司法回避制度，可以说已经严密得无以复加了。那些批判传统司法制度欠缺程序正义的人，显然是将戏说误当成历史了。

宋亡之后才批量出现的“包公戏”，其实跟宋代司法制度已经毫无关系，顶多只能反映元明清时期的一部分司法观念与实践而已。借助“包公戏”批判传统司法模式是大而无当的，因为“包公戏”实际上遮蔽了发达的宋代司法文明。我写此文的目的，是为揭破这层遮蔽，重新发现优良的司法传统。

缓刑到底是不是宋朝发明的

网上有一则说法流传颇广，被无数个自媒体小号抄来抄去，说的是宋初大将曹彬“发明了缓刑”的故事。我先将网络上的说法抄录下来：

曹彬任节度使知徐州时，他手下有一个年轻的官吏犯了法，案件都已经查实了，本应处罚20大板。可是曹彬就是对此事不闻不问。曹彬一向执法严明，所以大家都对此事感觉奇怪。一年之后，曹彬忽然下令将那个下属抓了起来，打了他20大板，说这是对他上年所犯罪行的惩罚。

对他的这一做法，大家更是如坠云雾之中，问他：“既然此人是一年前犯的罪过，为什么当时不处理，偏要等一年后才处罚呢？”曹彬解释道：“一年前，此人的罪行刚查实的时候，我了解到他才娶了媳妇，如果那时处罚他，打他板子，他的父母一定会认为是新媳妇给他带来的厄运，那就会对新媳妇早骂晚打，新媳妇也会觉得自己命不好，无脸见人，也许会发生什么意外之事，他的婚姻也就完了。但是国法军纪又不能废，所以我对他的处罚缓一年执行。”众人一听，都对曹彬表示佩服，称赞他的“缓刑”良苦用心。

历史上有没有这回事呢？按《宋史·曹彬传》的记载，是有这回事：“（曹彬）为帅知徐州日，有吏犯罪，既具案，逾年而后杖之，人莫知其故。彬曰：‘吾闻此人新娶妇，若杖之，其舅姑必以妇为不利，而朝夕笞詈之，使不能自存。吾故缓其事，然法亦未尝屈焉。’”

其实北宋还发生过一起“缓刑”故事，只不过主角换成了韩琦。事见《韩魏公集》：韩琦判大名府，“有案吏请假娶妻，继有讼其不法及参假，送狱勘正，将引断，乃令封起公案。及半年后，一日令取前案，送签厅行遣。二倅乃白公曰：‘此人自封案后，颇谨愿，不为非法。乞恕罪如何？’公乃问二倅曰：‘二公知某封案之意乎？’曰：‘不知。’公乃云：‘此人缘请假娶妻，继而至讼，当时若便断遣，必伤三家人情，此人与父母必咎其妻，而妻之父母亦不悦，所以封起案卷。今已半年矣，无可疑者，请一面行之。’”

两则记载的故事情节高度相似，不知是巧合，还是互抄。这且不去管它，我们关心的问题是：曹彬或者韩琦的做法，算不算开创了缓刑制度。

这里我们需要先对缓刑下一个定义。我们认为，缓刑是指一个人触犯了刑律，经法院判定有罪，应依法接受刑罚，但法院只先宣告定罪，却暂时不执行刑罚，然后根据人犯在考验期间内的表现，再决定是否执行刑罚。

以这样的定义来衡量曹彬与韩琦的做法，并不能算作缓刑，因为这两个故事都缺少了“根据人犯在考验期间内的表现，决定是否执行刑罚”的要素。而且，在韩琦的故事中，大名府的通判曾向韩琦提建议：“此人自封案后，颇谨愿，不为非法。乞恕罪如何？”如果韩琦采纳这一建议，那么他的判决倒确实非常接近缓刑制度的含义。然而，韩琦并没有因为案吏的改过自新而停止执行刑罚，而是“请一面行之”。

从这个角度来说，我们认为，不管是曹彬，还是韩琦，都没有发明缓刑的制度，只是偶尔作出了一则暂缓执行的判决而已。

那么宋朝（或者其他王朝）有没有缓刑制度呢？

有人说，古代的“秋后处斩”就是缓刑嘛。但是很抱歉，根据前述我们对缓刑的定义，“秋后处斩”并不是缓刑制度，而是国家对死刑执行日期的统一安排。

还有人说，从北魏到清末一直实行的“存留养亲”制度，不就是缓刑么？所谓“存留养亲”，是指人犯若有直系尊亲年老无依，而且所犯非“十恶”之罪，那么允许具状上请法外容情，流刑可免发遣，徒刑可以缓期，将人犯留在家中照顾老人，待老人去世后再执行刑罚。如此看来，“存留养亲”的含义还是跟现代缓刑制度不一样。

所以，现在非常多的人都认为，中国古代没有缓刑制度，比如有学者写论文论证说：“在古代中国，适用刑罚重在强调报应和通过惩罚犯罪人以达到威吓的效果，为了挽救犯罪者本人而放弃对他的实际处罚的缓刑制度的目的显然与这两方面的目的格格不入，这就注定了在中国古代不可能存在现代意义上的缓刑。”（原文照录，你要是觉得拗口，我也没办法）

真的如此吗？

其实，宋朝是有缓刑制度的，只不过不是曹彬发明的——事实上我们并不知道到底是谁发明的，只可以确定：宋朝法官在审理一些轻微罪

◎宋 《孝经图卷》中的公堂

（杖以下）的案子时，通常在对犯罪人作出刑罚判决（比如杖八十）之后，基于情理法的衡平考虑，先将判决书入匣，暂不执行判决的刑罚，这叫作“封案”，有时也叫作“寄杖”。如果犯罪人能够悔改前非，则刑罚不再执行；如果犯罪人不思悔改，则开匣取出判决书，执行刑罚，这叫作“拆断”。“封案—拆断”，就是宋朝的缓刑制度。

不管是从“封案—拆断”的形式来看，还是从这一司法惯例的出发点来看，都跟现代意义上的缓刑非常接近。宋朝“封案”制适用于杖以下的轻微犯罪，今天各国实行的缓刑制，一般也是只对轻微罪行适用，而不能适用于重罪重刑。现代缓刑制度的构成要件是有罪判决，但暂时不执行，再根据犯罪人表现决定是否执行刑罚，宋朝的“封案—拆断”同样包含了这些要素。现代国家设立缓刑制度的初衷，乃是以刑罚为威慑，又给予当事人悔过的机会，宋朝的“封案”亦是基于同样的考虑。

可惜“封案—拆断”制度似乎为宋朝所独立，宋朝覆灭后，这一古典的缓刑制度便湮灭了，以至今日许多文史类自媒体的写手、专业的法律工作者，都未必知道“封案—拆断”制度为何物，要么咬定中国古代产生不了缓刑制度，要么胡扯曹彬发明了缓刑制度。

在你开骂程朱理学之前，请先理解它

最近《芈月传》好像很火热，据看过这部戏的人说，演的虽然是战国的故事，不过男女主人公表达爱情跟现代人一样奔放，什么“月儿就是我的命”，特肉麻。有点穿越的感觉。导演郑晓龙解释说：“那个时候还是战国时期，男女示爱的方式是比较直接的。开始变保守都是‘程朱理学’出来之后的事，男女间越来越授受不亲”。

◎明代画家郭诩所绘的朱熹画像

用“程朱理学”来替历史剧的“穿越感”（穿帮感）做挡箭牌，确实是好主意。因为自近代以来，程朱理学一直就是一个大箭垛。任谁，只要觉得不爽都可以往那里射一箭，真可谓众矢之的，千夫所指。

五四新文化运动的伟大旗手鲁迅先生，率先给程朱理学画了一个小丑的红鼻子：“由汉至唐也并没有鼓吹节烈，直到宋朝，那一班‘业儒’才说出‘饿死事小失节事大’的话，看见历史上‘重适’两个字，便大惊小怪起来。”（这位抛弃发妻找小三的爷，快将自己装扮成“妇女之友”了）

与鲁老爷子齐名的胡适呢，尽管说过父亲给他“留下了一点程朱理学的遗风”，但他年轻时也向程朱理学开过炮：“八百年来，一个理字遂渐渐成了父母压儿子、公婆压媳妇、男子压女子、君主压百姓的唯一武器；渐渐造成了一个不人道，不近人情，没有生气的中国。”

连自许服膺于儒门的“国学大师”南怀瑾先生也认为，五四旗手动手砸“孔家店”是必然的，“因为这个店，本来是孔孟两个老板开的股份有限公司，下面还加上一些伙计曾子、子思、荀子等等，老板卖的东西货真价实。可是几千年来，被后人加了水卖，变质了。还有些是后人的解释错了，尤其是宋儒的理学家为然”。(大师的解说怎么这么粗俗?)

今天你到互联网上随便一检索，更是立即便会发现，程朱理学已经成了中国社会的万恶之源：有人控诉“程朱理学鼓吹缠足、戕害妇女”；有人指出“程朱理学压抑了中国人的开拓精神和创新能力”；有人痛骂“程朱理学彻底把中国人奴化，人成了逆来顺受的奴才”；有人痛心疾首于“程朱理学阻碍了中国一千年的发展”；还有人考证出“抹胸的产生与程朱理学的兴盛不无关系，理学是中国女性乳房发育不良的罪魁祸首”……

显然，程朱理学被妖魔化太久，被误解太深了。

我愿意给诸位讲述四个小故事，用四个小故事为程朱理学正本清源。

程朱理学是旨在约束君权的政治哲学

我要讲的第一个和第二个故事关涉到程朱理学究竟是什么。我们可以说程朱理学是一门系统化的哲学及信仰体系，后世学界将程朱理学说成“客观唯心主义”，将陆王心学说成“主观唯心主义”，便是从哲学的角度解释理学。不过，我们其实可以从更“薄”的层面去理解程朱理学，将程朱理学还原为一门政治哲学。理学虽然强调“内圣”，但“内圣”只是出发点，归宿还是“外王”，从“内圣”开出“外王”。这应该是我们理解程朱理学的一个逻辑起点，从这个逻辑起点出发，我们对程朱理学中一些不近常理的说法才会豁然开朗。

程朱理学是一门政治哲学，换言之，这门学说其实是讲给君主、讲给治理国家的士大夫群体听的；宋代理学家特别讲求的“理”，也是用来约束君主与士大夫的。程颐说“饿死事小，失节事大”也好，朱熹说“存天理，灭人欲”也好，都是针对君主与士大夫提出来的道德标准，他们是统治者，是社会精英，承受更为严格的道德约束也是应该的。

晚清的徐继畬就这么解释程颐为什么要提出“饿死事小，失节事大”：“宋承五季之后，世风靡靡，夫妇一伦轻亵已甚，故伊川（程颐）立此严峻之防，使士大夫有所矜式，非为愚夫愚妇言也。”实际上，程颐还主张，大夫以上，至诸侯、天子，同样不应该再娶，“大夫以上无再娶礼。凡人为夫妇时，岂有一人先死，一人再娶，一人再嫁之约？只约终身夫妇也”。这个高标准亦不适用于一般平民。大夫以下的平民是可以“不得已再娶”的。对于“愚夫愚妇”，儒家的主张向来是“体民之情，遂民之欲”；“礼不下庶人”，用不着那么讲究。

现在来说第一个故事。北宋元祐元年（1086 年），程颐以布衣之身份，被朝廷召征为“崇政殿说书”，充任年幼的哲宗皇帝的经筵官。这是一个极清贵的职位，不过程颐没有马上应承，而是上了三道札子，阐述他对经筵制度的看法，并提出一个条件：如果朝廷赞成他的意见，他便担任经筵官；如果不赞成，那“崇政殿说书”一职还是另请高明。

在第三道札子上，程颐说：“臣窃以人主居崇高之位，持威福之柄，百官畏慑，莫敢仰视，万方承奉，所欲随得。苟非知道畏义，所养如此，其成德可知。中常之君，不无骄肆。英明之主，自然满假。此自古同患，治乱所系也。”总而言之，如果君主不知道克制、敬畏，后果很严重。

怎么办？程颐提出了一个解决方案，其中包含两套制度：一，君德成就责经筵；二，天下治乱系宰相。什么意思呢？首先是经筵制度，程颐认为，皇帝比任何人更加需要教化，因此，必须建立经筵制度，礼聘大儒讲课，让君主长期接受儒家理想的熏陶，潜移默化，养成克制的自觉与能力（君德）。这个过程，也叫作“格君心之非”，是理学的重要主张。

其次是宰相负责制，程颐认为，应当剥夺君主的执政权力。君主地位尊贵，是最高的仲裁者，受众臣、万民景仰，但是，君主不应该具体执政，不必亲裁细务，执政的权力委托给宰相领导的政府，并由政府承担“天下治乱”的责任。这也是宋儒的共识。从程颐后来还是欣然就任“崇政殿说书”来看，朝廷应该对他的意见没什么异议。

另一位大儒朱熹后半辈子都在强调“正心诚意”，这同样是对君主与士大夫的要求。我来说第二个故事。南宋淳熙十五年（1188 年），年近六十的朱熹应宋孝宗之召，赴杭州入对。启程之际，友人劝告他：皇上不喜欢“正心诚意”之论，您就别提这个话题了。朱熹正色说：“吾平生所学，惟此四字，岂可隐默以欺吾君乎？”

待见到了宋孝宗，朱熹劈头就对皇帝一顿臭骂：“陛下即位二十七年，因循荏苒，无尺寸之效可以仰酬圣志。”为什么会这样，朱熹分析说，是因为陛下您“天理有所未纯，人欲有所未尽”。最后朱熹建议皇上：“愿陛下自今以往，一念之顷必谨而察之：此为天理耶，人欲耶？果天理也，则敬以充之，而不使其少有壅阏；果人欲也，则敬以克之，而不使其少有凝滞。”

不管朱熹的这一套皇帝听不听从，但朱熹的本意确是要求君主与士大夫节制人欲、遵循天理，而不是要老百姓这样做。学者陈来先生在岳麓书院的一次演讲中澄清过这个问题：“有人讲，宋儒讲‘格物致知’、‘正心诚意’，讲‘存天理、灭人欲’，是讲给老百姓听的，是用来控制老百姓的思想。这个不对。我们看朱熹的经历，他一开始就是讲给皇帝听的，是向承担各级职务的知识分子宣讲的。”

而且，朱熹对天理与人欲的区分，也不是今天许多人想象的那般极端、刻板。朱熹自己解释说：“饮食，天理也；山珍海味，人欲也。夫妻，天理也；三妻四妾，人欲也。”显然，朱熹并不反对正当的人性需求，而是反对没有节制的欲望。从公共治理的角度来说，朱熹的主张也是有道理的。人有欲望，但人生活在相互的关系中，如果欲望不加节制，特别是统治者的欲望如不受限制，则必将对他人构成威胁或伤害。所以人们在交往、结群的过程中，会形成道德、伦理、礼法。道德、伦理、礼法都是为了节制人性中过度的欲望，从而达成大众福利的最大化。优良的公共治理秩序，有赖于人们对道德、伦理、礼法的遵守；而一个各人听任于自己欲望的社会，也必然会变成丛林世界。

程朱理学在宋代的影响极有限

许多人言之凿凿地指出，由于受到程朱理学的束缚，中国从宋代开始走向内向、保守、停滞。甚至有研究服饰史的学者宣称，因为程朱理学的影响，宋代女性的着装趋于拘谨、呆板，包裹严实。但实际上，如果你去看宋画中的宋朝女性，便会发现她们的着装性感得很，通常都是内衣外穿、酥胸微露。宋代的思想流派也可谓百花齐放，理学不过是其中的一个学派而已，而且在相当长的时间内，朱熹的学说受到朝廷的排斥。我再讲一个朱熹的故事，这故事可以说明朱熹在当时的影响力实在有限。

朱熹有位“一语定交”的好友郑自明（郑鉴），官至“著作佐郎”，娶了宰相陈俊卿之女、朱熹另一位朋友陈师中之妹陈氏为妻。淳熙九年（1182 年），郑自明不幸英年早逝，一年后坊间传出陈氏意欲再嫁的消息，朱熹便给陈师中写了一封信：

> 自明之亡，行且期矣，念之怛然，痛恨如新。……朋友传说令女弟甚贤，必能养老抚孤，以全柏舟之节。此事更在丞相、夫人奖劝扶植以成就之，使自明没为忠臣，而其室家生为节妇，斯亦人伦之美事。计老兄昆仲必不惮翼成之也。昔伊川先生尝论此事，以为饿死事小，失节事大，自世俗观之，诚为迂阔，然自知经识理之君

子观之，当有以知其不可易也。况伏丞相一代元老，名教所宗，举错之间，不可不审。熹既辱知之厚，于义不可不言，不敢直前，愿因老兄而密白之，不自知其为僭率也。

朱熹的意思是希望陈师中能够劝说其妹不要改嫁，留在郑家“养老抚孤”。这也是朱熹全部文章中唯一引述程颐“饿死事小，失节事大”的地方，朱老夫子承认“自世俗观之，诚为迂阔”。可见当时社会并无女性不改嫁的一般观念。只不过陈家乃宰相之家，“名教所宗”，朱熹才“僭率”建议，但他实际的用心恐怕还是出于对亡友一家老幼未来生活的忧虑。

朱熹可能预感到这封信并不管用，又给陈师中的父亲陈俊卿写了一封信，意思还是恳请陈宰相劝说女儿不要改嫁，并解释他冒昧写这封信，乃是“正以人伦风教为重，而欲全之闺门耳。伏惟相公深留意也”。尽管朱熹说得非常恳切，陈氏还是改嫁了。据朱熹本人所作《陈俊卿行状》，陈俊卿“次女适故著作佐郎郑鉴，再适太常少卿罗点”。

实际上，两宋时期，从士大夫家庭到百姓人家，妇女改嫁的事件俯拾皆是，王安石的儿媳宠氏、岳飞的前妻刘氏、陆游的前妻唐琬都改适他人。宋史学者张邦炜先生曾利用南宋笔记小说《夷坚志》所记事例进行统计，结果发现：“单单一部《夷坚志》中，所载宋代妇女改嫁的事竟达六十一例之多，其中再嫁者五十五人，三嫁者六人。这虽属管中窥豹，但由此亦可想见其时社会风尚之一斑。”张邦炜先生得出结论：“宋代妇女再嫁者不是极少，而是极多”；“宋代对于妇女改嫁绝非愈禁愈严，相反倒是限制愈来愈小，越放越宽。”鲁迅讽刺宋人“看见历史上‘重适’两个字，便大惊小怪起来”，是不折不扣的污蔑，如果不是无知的话。

宋代的社会风气也不以再嫁为耻，对再嫁妇女并无歧视之意，范仲淹给范氏宗族福利基金订立的《义庄规矩》规定：“嫁女支钱三十贯，再嫁二十贯；娶妇支钱二十贯，再娶不支。”对再嫁女子的资助优于男子再娶。宋朝皇室也没有歧视有改嫁经历的女性，四川妇人刘娥，原本是银匠龚美之妻，“（龚）美携以入京，既而家贫，欲更嫁之”。那刘娥改嫁给谁了？襄王赵元侃。后元侃当上皇帝，是为宋真宗，刘氏则册封为皇后。宋仁宗皇后曹氏也是改嫁女，原嫁与李家，但新婚之夜丈夫逃婚，“曹氏复归，后曹氏选纳为后，慈圣光献是也”。

宋朝的法律也没有任何压制女性改嫁权利的条文，只是禁止居丧改嫁、强迫改嫁、背夫改嫁——这些行为在任何时代都是应该予以限制的。南宋后期，有一个叫阿区的妇女，在丈夫李孝标去世后，先后改嫁李从龙、梁肃。李孝标之弟李孝德到官府控告嫂子“背兄”，审判这个案子的法官叫胡颖，是一位理学家，他虽认为阿区“以一妇人而三易其夫，失节固已甚矣”，但也承认“其夫既死之后，或嫁或不嫁，惟阿区之自择”，这是阿区的合法权利。最后胡颖维护了阿区改嫁的自由，并斥责诬告的李孝德：“小人不守本分，不务正业，专好论诉。”

即便是朱熹本人，也并不反对妇人改嫁。他说过：“夫死而嫁，固为失节，然亦有不得已者，圣人不能禁也。”朱熹曾跟朋友讨论一个案子：建阳县（今建阳市）有一名妇女，由于夫家太贫穷而提出离婚，事情闹到衙门，县官判离。朱熹的朋友对这个判决很不以为然，说：“夫妇之义，岂可以贫而相弃？官司又岂可遂从其请？”朱熹说：“这般事都就一边看不得。若是夫不才，不能育其妻，妻无以自给，又奈何？这似不可拘以大义。只怕妻之欲离其夫，别有曲折，不可不根究。”可见朱老夫子尽管性格有些严肃，但也不是不近人情。

理学在清代被帝王扭曲了

朱熹生前郁郁不得志，身后却极尽哀荣，元、明、清三朝都将他的学说尊为正统，于是程朱理学完成了从一门在野政治学说向国家意识形态转变的跳跃。明王朝更是将程朱理学列为科举考试的标准答案。不过，明代的理学家仍能接续宋儒余绪，尝试以“理”抗衡皇权的“势”。晚明理学家吕坤便宣告："天地间惟理与势为最尊。虽然，理又尊之尊者也。庙堂之上言理，则天子不得以势相夺。即夺焉，而理则常伸于天下万世。故势者，帝王之权；理者，圣人之权也。帝王无圣人之理，则其权有时而屈。"

以"理"抗"势"是宋明理学作为一门政治哲学一以贯之的核心主张。宋代理学家推演出一个"道理系统"，这个"道理系统"由周敦颐"倡其始"，程颢程颐"衍其流"，关西张载"翼其派"；又由朱熹"推广之"，张栻"讲明之"。他们强调，"天下惟道理最大，故有以万乘之尊而屈于匹夫之一言"。道理高于皇权，哪怕是一介匹夫，只要道理在他一边，即便是"万乘之尊"（皇帝）也应当屈服之。吕坤之论，与宋代的"道理最大"之说一脉相承，只是明朝时"势"与"理"的紧张关系已经显露出来。

入清之后，大清皇帝对程朱理学的尊崇到了无以复加的地步，士大夫不尊程朱之学，竟然会被处以"毁谤程朱"之罪。我来讲完最后一个故事。雍正年间，有个叫作谢济世的监察御史，因为弹劾皇帝的宠臣田文镜，被发往军前效力赎罪。两年后，有人举报谢济世私注《大学》，毁谤程朱。雍正勃然大怒："朕观谢济世所注之书，意不止毁谤程朱。乃用《大学》内见贤而不能举两节，言人君用人之道，借以抒写其怨望诽谤之私也。"谢济世因此差点被处死，已经被绑上刑场，临刑前，才得旨："谢济世免死。"

后来乾隆继位，似乎是一个不怎么喜欢田文镜的帝王，谢济世觉得机会来了，将他的《大学注》（重新整理过了，删掉了被雍正指为"怨望诽谤"的句子）进呈给乾隆。谁知却给乾隆掷了出来。此时乾隆杀心未起，谢济世总算得了善终，但他去世之后，朝廷从他儿子谢梦熊家中抄出他的一本遗著《梅庄杂著》，乾隆阅后，恨恨地说："阅《杂著》所签各条，诚不免语含怨望。使其人尚在，自当明正其罪，以昭惩创。"

你看，大清对程朱理学是多么的尊崇，连一句对程朱表示异议的话也不可以说。然而，非常讽刺，清初最有杰出的理学家吕留良（时人评价吕留良“守程朱之学之严，无若先生者”），却被清廷剖棺戮尸，子孙与门人或被戮尸，或被斩首，或流放为奴。为什么？就因为吕留良的理学思想对皇权专制提出了挑战。比如他说：“秦汉以后，许多制度，其本心却绝是一个自私自利，惟恐失却此家当。……此朱子谓‘自汉以来二千余年，二帝三皇之道未尝一日行于天下’者是也。后世儒者议礼，都只去迎合人主这一点心事。”

朱熹那句“二帝三皇之道未尝一日行于天下”的牢骚，要是在清朝说说，恐怕早已被砍了脑袋。程颐要是生在大清盛世，也必为乾隆治罪，因为他说过：“天下重任，惟宰相与经筵。天下治乱系宰相，君德成就责经筵。”这句话让乾隆感到特别不爽，专门写了一篇《御制书程颐论经筵札子后》来驳斥程夫子：“为宰相者，居然以天下之治乱为已任，而目无其君，此尤大不可也。”在乾隆看来，臣子若自命不凡，以“天下治乱系宰相”自许，将皇帝往哪里摆？眼内还有皇上吗？

高压之下，清代的所谓理学家已全无宋明士大夫的风骨，如清初的李光地曾大拍康熙的马屁：“自朱子而来，至我皇上又五百岁，应王者之期，躬圣贤之学，天其殆将复启尧、舜之运，而道与治之统复合乎？伏惟皇上乘天之命，任斯道之统，以升于大猷。”将康熙皇帝捧为“道统”的接班人。而在宋人构建的理学道统谱系中，从未将“三代”之后的君主列入其中，道统完全独立于皇权。另一名理学家焦循则大骂吕坤之论：“此真邪说也。孔子自言事君尽理，未闻持理以要君者。吕氏此言，乱臣贼子之萌也。”

意在以“理”抗衡皇权之势、以“正心诚意”格君心之非的程朱理学本身，此时也被扭转方向，用于束缚民间社会与一般平民。段塔丽教授曾经对《古今图书集成·闺媛典》记载的历代贞妇烈女进行了统计，结果发现：隋唐时，朝廷褒奖的贞妇烈女有 61 名，两宋有 274 名，元代 742 名，明代有 35829 名，清初（前 82 年）有 12323 名。这个贞妇烈女数量的增幅，跟程朱理学获得官方尊崇的轨迹是同步的。也就是说，当程朱理学从在野的政治学说蜕变成官方意识形态之后，它的约束对象就开始发生了错位。

但即便如此，程朱理学也没有某些人控诉的那么“罪孽深重”，要为中国近百年（或五百年，或一千年）的落后负责云云。恰恰相反，晚清时候，随着以曾国藩为代表的理学家崛起，士大夫政治意识得以觉醒，理学出现了一波回归，而这次“理学回归”的过程，基本上又跟“同治中兴”同步。换言之，理学并没有造成清王朝的专制与衰败（而是清王朝的专制导致了理学的衰败），反而创造了晚清最后的辉煌。

反驳钱穆先生

钱穆先生于我个人的读史经历而言，有重大意义。我少年时多读鲁迅、柏杨杂文，对中国历史、对传统文化持一种反传统的浅薄启蒙主义立场。直至年岁渐长，对国史了解渐深，此时读了钱穆先生的《国史大纲》《中国历代政治得失》等著作，才慢慢将自己的历史观扭转过来。

钱先生的历史观，总而言之，可以总结为他在《国史大纲·引论》提出的几句话：自称知识在水平线以上者，应该对本国历史略有所知；对本国历史略有所知者，应该对本国历史心存温情与敬意；对本国历史心存温情与敬意者，至少不会对本国历史抱一种偏激的虚无主义；有此历史观之国民渐多，国家乃有向前发展之希望。

我对国史之情感与看法，受钱先生这一史观影响颇深。但有意思的是，我的历史关注点放在宋代，这几年也写过不少鼓吹大宋文明成就的文章；而钱先生对于宋朝体制的评价却是极低，他认为，若从政治制度上来看，宋朝是最没有建树的一个时代，不但毫无建树，而且比之唐朝还倒退了几步。

史学界与民间讲史者关于宋朝的“积弱积贫”评价，最早便出自钱穆先生著作：《国史大纲》“两宋之部”的第一个标题便是“贫弱的新中央”，题目下分述“宋代对外之积弱不振”“宋室内部之积贫难疗”。《中国历代政治得失》亦称：“（宋王朝）养了武的又要养文的，文官数目也就逐渐增多，待遇亦逐渐提高。弄得一方面是冗兵，一方面是冗吏，国家负担一年重过一年，弱了转贫，贫了更转弱，宋代政府再也扭不转这形势来。”经钱先生肇始，“积弱积贫”已成大众心目中根深蒂固的宋朝形象。

钱先生又认为，“宋代的相权，较唐代低落得多”，因为汉唐时属于宰相的几项职权都被分割出去，比如军权划给枢密院，财权划给三司，而“相权低落之反面，即是君权提升”。钱先生还认为，宋朝的台谏权出现了退化，因为“谏官台官渐渐变成不分。台官监察的对象是政府，谏官诤议的对象还是政府，而把皇帝放在一旁，变成没人管。做宰相的既要对付皇帝，又要对付台谏，又如何得施展？”。

坦率地说，我对钱先生关于宋朝政制的这几点评判，都无法同意——不是因为我对天水一朝情有独钟，而是揆之史实，钱先生之说真的言过其实了。

◎宋 《瑞应图》中的宋朝君臣

先来看看宋朝是否“积弱”之问题。平心而论，宋朝的军事力量与战场表现虽不如汉唐强盛之时那般令人瞩目，但也谈不上“积弱”。试想一下，赵宋立国之初，中原尚未统一，割据政权林立，如果宋朝军事力量很弱，它又是如何统一中原的？

再看南宋后期，有

人统计过："蒙古军团征服中亚霸主西辽、荡平花剌子模帝国，都不过用了一年的时间；驯服斡罗斯联盟，灭木剌夷国、黑衣大食，都是用了不足五年的时间；灭西夏用了差不多十年的时间；捣毁大金帝国用了二十几年时间。"那征服南宋用了多少时间？用了半个世纪的时间。南宋能坚持这么长时段的抵御，在当时是绝无仅有的。

宋朝的悲剧是碰上北方草原民族最强盛之时，它们此时已不是汉唐时的部落文明，而是有了国家建制，动员能力与技术水平都远远强于以前。而且，中国在残唐时失去了长城防线与西北养马地，导致宋朝立国之后，骑兵的力量比较薄弱，又无法靠天险御敌。在冷兵器时代，骑兵才是硬道理。可以说，宋朝的军事防线与进攻力量因为这先天不足的原因，给我们的印象，便显得有点弱了。

再说所谓的"积贫"。许多学者的研究都表明：宋朝非但谈不上"积贫"，而且财富之多，堪称历朝之冠。不管是从政府的岁入总量、国家的铸币数量（货币量往往意味着市场经济规模的大小与货币化、市场化的深入程度）、国民收入水平，还是从国家财税的结构（是以实物税为主，还是以货币税为主；是以农业税为主，还是以非农业税为主）、城市化的程度、海外贸易的发达与否等角度来看，学者通过研究估算出来的数据，均显示宋代经济水平处于中国历史最高峰。

网络上流传过好几个关于宋朝 GDP 的版本，从占世界 50% 至占 80%，当然都是胡说八道，估计是某位通俗历史写手信口胡扯出来的，而许多网友则以讹传讹。不过，也有严肃的历史学者在研究宋朝的 GDP。尽管他们估算出来的具体数据或有争议，但都是基于史料，不算离谱。我这里可以提供三位学者关于宋朝 GDP 的统计：

一是香港科技大学的刘光临先生，据他的统计与推算，宋朝的人均国民收入位于历代最高峰，为 7.5 两白银，远远高于晚明 2.88 两的，要到十九世纪的晚清，才追上宋代的水平。

二是清华大学的李稻葵团队，曾系统测算和研究了北宋、明、清的

GDP 总量、经济结构、增长格局与公共财政，结果发现，“北宋中国生活水平世界领先，但到 1300 年左右（元朝）已落后于意大利，1400 年前后（明朝）被英国超过”。

三是英国的经济史学家安格斯·麦迪森也认为：“在 960—1280 年间，尽管中国人口增加了 80%，但人均国内生产总值却由 450 美元增加到 600 美元，增加了 1/3；以后一直到 1820 年都保持着此水平。欧洲在 960—1280 年间，人口增加了 70%，人均国内总值则从 400 美元增至 500 美元，只增加了 1/4。”也就是说，宋代的经济与生活水平，不但在纵向上优于其他时代，而且在横向上遥遥领先于同时代的欧洲。

至于钱先生说宋朝宰相的军权被枢密院分割、财权被三司分割，倒是属实。不过，请注意，北宋元丰改制之后，三司便撤销了，财权又收归宰相之下的户部；宰相与枢密院分掌国政、军政的体制尽管延续至宋末，但这一权力分割只是就承平时期而言，战时，按宋朝惯例，宰相可兼辖枢密院，或者枢密院要向宰相报告工作。更重要的是，宋代宰执团队的权力远比汉唐宰相稳定，汉唐的宰相法定权力常常被帝王或其非正式代理人（如皇帝近臣、宦官、外戚、后妃）侵占，而这样的事情在宋代则几乎没有发生过。事实上，南宋可是出现了一大串相权的，如秦桧、韩侂胄、史弥远、贾似道。可见宋朝宰相制度的问题，并不是相权被分割了，而是相权太大了。

宋人强调，君主不可侵夺宰相之职权，用朱熹的话来说，君主与宰相“各有职业，不可相侵”。君主若侵占政府之职，则将受到群臣抗议：“今百司各得守其职，而陛下奈何侵之乎？”君主当然具有至高无上的地位、最高的权威，不过从宋真宗朝开始，宋代出现了君权象征化的趋势，并渐渐形成了君主“统而不治”的惯例。在传统君主制下，最大的权力莫过于制诏。宋朝的诏书虽然名义上皆出自君主，但一道以皇帝名义发出的诏书，必须有宰相的副署，才得以成为朝廷的正式政令。诏书若无宰相之副署，则不具备法律效力，用宋人的话来说，“不由凤阁鸾台，盖不谓之诏令”；“凡不由三省施行者，名曰‘斜封墨敕’，不足效也”。

因此，我们有理由认为，钱穆先生所称宋代“相权低落、君权提升”，是不合史实的。

宋朝的台谏制度也绝非如钱先生所言：“不为纠绳天子，反来纠绳宰相。”两宋之世，“人主以为是，台谏、给舍以为非；人主以为可，台谏、给舍以为不可”的情形，并不比其他朝代少见，甚至在台谏压力下，君主不得不修改诏书，如仁宗朝初期，因皇帝年幼，由刘太后垂帘听政，刘后的姻亲钱惟演“图入相”，监察御史鞠咏极力反对，说“惟演憸险，今若遂以为相，必大失天下望”。钱惟演仍不死心，鞠咏便跟谏官刘随说：“若相惟演，当取白麻廷毁之。”意思是说，如果太后真的任命钱惟演为宰相，那咱们就将除拜宰相的诏书（白麻）当廷撕毁。惟演闻之，只好灰溜溜走了。

不过，宋朝台谏官确实也将太多精力放在“纠绳宰相”上，以致有时候出现谏垣与政府势同水火的局面。但这应该放在“君权象征化”的背景下来看待。正因为君权象征化，执政权操于宰执之手，才需要强化台谏对于宰执的独立性与制衡之权，否则，整个权力结构便会失衡。而从南宋屡屡出现权相权揽朝纲的情况来看，可以说，宋朝宰相受到的制衡还远远不够。

钱穆先生是我敬仰的大家。2015 年，我借参加常州大学组织的钱穆先生诞辰 120 周年纪念会之机，又到无锡瞻仰了钱穆故居，在钱先生的塑像前恭恭敬敬三鞠躬。但作为钱先生的追随者与尊崇者，作为一名宋史研究者，我不能不说钱先生对于宋朝心存偏见。这一偏见很可能是那个时代知识分子关注国运的焦虑情绪的投射。记得宋史研究大家邓小南说过，（大意）百年前，中国正面临千年未有的屈辱，知识分子对于民族复兴有强烈愿望，因而也更喜欢汉唐的盛世，憧憬盛世的时代，而宋朝却满足不了他们的这一需求。

第八辑

宋朝士大夫为什么要劝皇帝揽权

我这些年检读宋臣奏劄、政论，发现不止一位士大夫都上书著文要求“天子揽权”。比如南宋绍兴二十七年（1157年），王十朋考中进士第一名，殿试时又被擢为状元。他殿试提交的策论题目就是“法天揽权”，文首便赤裸裸劝宋高宗揽权：“臣观自古善言治之人，未尝不以揽权为先。”

然而，接下来，王十朋又这么解释“君主揽权”：“臣尤劝陛下揽权者，非欲陛下衡石程书如秦皇帝，而谓之揽权也；又非欲陛下传食德政如隋文帝，而谓之揽权也；又非欲其强明自任、亲治细事、不任宰相如唐德宗，而谓之揽权也；又非欲其精于吏事、以察为明、无复仁恩如唐宣宗，而谓之揽权也。”用一连串否定句式划出君权的边界：皇帝不要强明自任，不要亲治细事，不要不任宰相。

那么什么才是王十朋想要的“君主揽权”呢？王十朋说：“夫人主赏刑之大者，莫如进退天下之人才。今陛下每进一人，必出于陛下素知其贤，亲自识擢可也。”原来王十朋想说，君主亲擢人才，然后放手让他们治理国家，这就是“揽权”。实际上王十朋并不相信君主有能力识遍天下英才，故而他又补充说：“不然，则出于大臣侍从公心荐举可也；不然，则采于舆论，而天下国人皆曰‘贤’可也。”天子进退人才，到底还是需要尊重臣僚的“公心荐举”与天下国人的舆论。你说，这究竟是劝皇上揽权呢，还是劝皇上不要揽权？

读宋人的这些论述，有时候读着读着我忍不住就乐了，耳边仿佛真切听到许多士大夫跟皇帝说：“没错，陛下你应该揽权，不过揽权并不代表您要管那么多事，治理国家的事还是应该交给执政大臣好了。”

从劝皇上揽权的立论出发，最后得到“善揽权就是不揽权”的结论，从逻辑上来看，非常奇怪，完全说不通嘛。

不过，宋人却能自圆其说，我们来看南宋士大夫徐鹿卿呈给宋理宗的《上殿奏事第一劄》，在这篇奏劄上，徐鹿卿开门见山第一句话就说：“恭惟皇帝陛下独奋乾纲，再立人极，并建宰辅，收揽威权。”他是在劝皇帝揽权专制吗？看下来你就明白他的用意了：“陛下惩臣下之专，收大权而自揽之是也。然权病乎专，亦病乎分。善揽权者，非必万事万物尽出于我，而后谓之揽权也。权之在中者，即其在人主也。如必一一而身任之，则聪明必有所遗，威福必有所寄，将以揽权而权愈散。能防之于外庭，而不能不失之于旁出。祖宗未尝不以事权付中书，而能使臣下无专制之私者，以有台谏封驳之司也。”

◎宋 《却坐图》表达的君臣关系

徐鹿卿的论证逻辑

是：皇帝如果“收大权而自揽”，那就算他天纵英明（宋人从骨子里不相信有这么圣明的君主），也必有疏漏；就算皇帝精力再盛，也独力难支，因此，还是需要有近臣、私臣协助，但如此一来，又给了近臣、私臣弄权之机。君主揽权的后果却是揽不了权。倒不如将治理国家的权力委托给专业的执政团队。权在中央政府，即代表权在人主。

与徐鹿卿大致同时代的黄履翁也写过一篇给宋理宗看的政论文，题目叫作“揽权不必亲细务”，立论是说君主必须“总权”。表面看来，这也是劝理宗皇帝揽权的。但黄履翁同样认为，“人主之所谓总权者，岂必屑屑然亲事务之细哉？夫苟屑屑然亲之，则其聪明必有所遗，而威福必有所寄。聪明有所遗者，乃生患之原；而威福之所寄者，即弄权之渐也”。因此，真正“善揽权”的君主（如宋仁宗）是这么做的：“以天下之责任大臣，以天下之平委台谏，以天下之论付士夫，则人主之权重矣。”

黄履翁还进一步阐述说：“权不可以不归于人主，而必重庙堂之柄以总之；政不可以不在庙堂，而必择台谏之臣以察之；言不可以不从台谏，而必通天下之情以广之。如是，则万世无弊矣。”黄氏其实描述了一个有着宋朝式分权与制衡的权力结构：权归人主，政出中书，察之台谏，相制相维。首先是权政二分，权是象征化的君主权威，政是实务性的执政大权；同时，为防范执政大臣专制，又立一个独立的代议机构（台谏系统）来监督、制衡政府之权。宋人心仪的“共治政体”，实际上就是这么一种分权制衡的权力构造。

总而言之，宋人看似是在劝君主揽权，其实是试图通过对“揽权”的颠覆性解释，要求君主不亲政务，保持超然的地位，将具体治理国家的权力委托给士大夫集团，执政团队对皇帝负责，并接受台谏的监督与制衡。宋人跟皇帝解释说，这才叫作“总权之大纲”，这才是“善揽权”。

他们这种别有用心的“伎俩”，后世精明的清朝皇帝一眼就看穿了，康熙指出：“昔人每云帝王当举大纲，不必兼综细务。朕不谓然。……天下大权当统于一，神器至重，为天下得人至难，是以朕垂老而惓惓不息也。”

不过宋朝的君主没这么精明，往往被士大夫“哄”得一愣一愣，表示同意士大夫的解释。如富弼批评皇帝：“内外之事，多出陛下亲批，恐喜怒任情，善恶无准，此乃致乱之道。”神宗只好说：“金石之言，朕不忘也。”

宋朝是一个专制王朝吗

中国大陆的主流史学界与历史教科书，似乎至今仍然将宋朝描述成“封建专制主义的发展期”，如周宝珠、陈振编著的《简明宋史》认为，宋朝的制度“都是为加强君主专制主义而设，皇权大大地膨胀起来了”；历史学者程念祺提出，“从宋朝开始，的确可以说，历史已为专制和大一统铺平了道路”；高中历史教材则这样概括宋代的政制：“君主专制政体的演进与强化”，并将这一课程的“教学目的”确定为“了解中国古代君主专制与帝王权力逐步强化”。宋朝是一个皇权专制王朝，好像已经是盖棺定论了。

然而，如果我们深入了解宋代的权力结构及其运行机制，便会发现所谓的“皇权专制”只是后人的成见，并不符合历史事实。评判一个政体是否为“皇权专制”，可以看看皇帝在这个政体中掌握着怎么样的权力，是否受到制度性的约束与制衡。下面我们就来考察宋代君主在行政、立法、司法这三组权力结构中的的权力及其运行情况。

中国式的分权与制衡

毫无疑问，跟其他王朝一样，宋朝君主居于权力金字塔的顶端，拥有至尊的地位、最高的世俗权威。但是，按照宋人的政治理念，君主的“最高权威”应当是象征化的，而不是表现为实体性的执政权。这一点，跟后来标榜“朝纲独断”的明清政体很不一样。

北宋大理学家程颐解《周易》，提出："进居其位者，舜、禹也；进行其道者，伊（伊尹）、傅（傅说）也。"意思是说，天子（舜禹）只是天下的主权者（进居其位），宰相（伊傅）才是天下的治理者（进行其道）。余英时先生认为："程颐理想中的君主只是一个以德居位而任贤的象征性元首；通过'无为而治'的观念，他所向往的其实是重建一种虚君制度，一切'行道'之事都在贤士大夫之手。我们还可以肯定地说，这不是他一个人的想法，而代表了理学家的一种共识。"

确实如此。如北宋名臣富弼告诫宋神宗：现在政务"多出亲批，若事事皆中，亦非为君之道。脱十中七八，积日累月，所失亦多"。显然，富弼反对君主"亲批"政务，即便是皇帝天纵英明，"事事皆是，亦非为君之道"。南宋大理学家陆九渊也说："人主高拱于上，不参以己意，不间以小人，不维制之以区区之绳约，使其臣无掣肘之患，然后可以责其成功。故既已任之，则不苟察其所为，但责其成耳。"表达的也是"虚君"的意思。

君主既然"垂拱而治"，那国家应该由谁来治理呢？宋人认为，宰相。用程颐的话来说，"天下治乱系宰相"。宰相是政府的首脑，《宋史·职官志》这样概括宋代宰相的职权："佐天子，总百官，平庶政，事无不统。"《宋会要·职官》也说宰相"掌邦国之政令，弼庶务，和万邦，佐天子，执大政"。

许多治史的学者（包括钱穆先生）都认为，与汉唐相比，宋代的君权得到强化（君权强化不等于君主专制），而相权被削弱了。其中的理由是，宰相的权力被多个机构分割，比如宋代军权由枢密院执掌，作为宰相的中书管不着军事；宋代又设三司，将财政大权从宰相身上分走。但这种推断不是很准确，因为宋代宰相所统率的政府，作为一个整体，其权力跟汉唐宰相机构并无不同，只不过宰相个人的权力不是那么集中了。而且宋代宰相机构的权力，比之前之后任何王朝的相权都要稳固，基本上不曾受到帝王及其非正式代理人（如宦官）的侵夺。

当然宋朝所有的诏书都以君主的名义发出。那么宰相的执政大权如何体现呢？首先，诏书的起草，原则上都需经宰相所辖的中书舍人之手，诏书表达的通常就是政府的意见，皇帝只是照例批准而已。更重要的是，一道以皇帝名义发出的诏书，必须有宰相的副署，才得以成为朝廷的正式政令。诏书若无宰相之副署，则不具备法律效力，用宋人的话来说：“凡不由三省施行者，名曰斜封、墨敕，不足效也。”北宋初，因为找不到宰相副署，太祖皇帝差点连个任命状都签发不了。

根据“天下治乱系宰相”的原则，宰相之责任不可谓不重，宰相之权力不可谓不大。那么问题来了，如何防范宰相擅权、滥权？台谏。

宋代是历代最重台谏的一个王朝，甚至“以立国之纪纲”寄予台谏。台谏掌握着行政监察、弹劾、司法审查等权力，但凡“诏令不允、官曹涉私、措置失宜、刑赏逾制、诛求无节、冤滥未伸，并仰谏官奏论，宪臣弹举”。君主与宰相颁行的诏书、法令，台谏有权追缴回来。与其他王朝的监察系统相比，宋代台谏的权力更大，可以“风闻言事”，即使弹劾出错，也不用负责任；宋代台谏的独立性也更强，汉唐时，台谏只是宰相的属官，宋代的台谏系统与政府系统则是平行的结构，不归宰相统率。

因此，宋代台谏对宰相领导的政府构成了强有力的制衡。苏轼说，台谏“许以风闻，而无官长。风采所系，不问尊卑。言及乘舆，则天子改容，事关廊庙，则宰相待罪”。按照宋朝的惯例，宰相一旦受到台谏弹劾，即应暂停职权，“待罪”家中，等候裁决。而裁决的结果，很可能便是宰相辞职。北宋侍御史刘挚对此也有描述：“伏见祖宗以来，执政臣僚苟犯公议，一有台谏论列，则未有得安其位而不去者。其所弹击，又不过一二小事，或发其阴私隐昧之故，然章疏入，即日施行。盖去留大臣，一切付之公议，虽人主不得以私意加也。”此论虽然略有夸张，但在台谏系统运转正常的时期，如宋仁宗朝，宰相因为被台谏弹劾而去职的情况十分常见，据学者统计，从明道初至嘉祐末二十余年间，因台谏论列而罢免的宰执，即有二十三人之多。

◎ 宋《瑞应图》中的宋朝官员

说到这里，我们便明白过来了，宋朝的政体实际上包含了双重的“二权分立”：第一重是君权与相权的分立。政权归于君主，治理权归于宰相，用宋人的话来说，“权归人主，政出中书，天下未有不治”。君主的权责是任命宰相（论一相），宰相的权责是组阁（论百官），治理天下。君主与宰相“各有职业，不可相侵”，君主若是侵夺宰相之职权，则属违制，将受到群臣抗议：“今百司各得守其职，而陛下奈何侵之乎？”

第二重是政府与台谏的分立。宋人经常将“执政”与“台谏”对举，可以看出他们有着非常明确的分权意识：“天下之事，一切委之执政”；“一旦谏官列其罪，御史数其失，虽元老名儒上所眷礼者，亦称病而赐罢”；君主则居于超然地位，“常使两者（执政与台谏）之势适平，足以相制，而不足以相胜”，如是，“人主可以弁冕端委而无所事”。

不能不承认，这是一个精妙的政体结构，体现了中国式的分权与制衡之美，——谁说传统政治中没有优良制度呢？

历史上独一无二的“立法民主”

宋代的立法，可以大致分为两种，一是具有宪法性质的惯例与文件，宋人称为“祖宗法”；一是全体臣民均需遵守的一般性法律，宋朝最常见的便是“编敕”。

我们先来看“祖宗法”。历代，当以宋明二朝最重“祖宗法”。不过，宋明二朝“祖宗法”的形成机制又有很大差别，明代的“祖宗法”是由开国皇帝朱元璋亲手订立、颁行的成文法，要求子孙永世遵守：“今令翰林编辑成书，礼部刊印以传永久。凡我子孙，钦承朕命，无作聪明，乱我已成之法，一字不可改易。非但不负朕垂法之意，而天地、祖宗亦将孚佑于无穷矣！”

宋代的“祖宗法”，却不是哪一个皇帝制定的，而是由一系列先帝故事、习惯法、惯例、故典所组成。特别需要指出的是，这些故典与惯例的整理，通常都是由士大夫群体来完成，士大夫在筛选、阐释“祖宗法”的过程中，毫无疑问融入了儒家的治理理想。因而，宋朝的“祖宗法”甚至不能说是哪一位赵宋皇帝本人的意思，而是士大夫集体塑造出来、经过漫长时间形成的非成文宪章。

宋朝“祖宗法”内容庞杂，外延模糊，也缺乏系统性的成文解释，但我们化繁为简，还是可以对其做一个界定——“祖宗法”乃是宋王朝的宪法性惯例与文件，旨在约束君主行为、规范政治构架，这一点跟限制士民的一般性法律有着本质性的差异。当现任君主做出不符合儒家理想的行为时，士大夫集团往往就会搬出“祖宗法”，令君主不得不作出让步。宋真宗曾经想给他宠信的内臣刘承规讨个节度使的名衔，宰相王旦即以“陛下所守者，祖宗典故。典故所无，不可听也”为由，断然拒绝了真宗皇帝的要求。

宋朝的一般性法律，则通常都以“编敕”的形式出现。既然叫作“敕”，当然表示所有的敕条均以皇帝的名义颁行天下。但哪些规则可以成为“敕”，却不是皇帝说了算的。修敕的权力实际上掌握在通晓法学的士大夫手里。我们以为皇帝“出口成敕”，皇帝说的话就是法律，其实并不是这么回事儿。

当然中国古代还没有出现一个诸如议会那样的民选立法机构，不过，宋朝有专门负责修订、汇编法律的机关，叫作“详定编敕所”（又称“修敕局”“编修敕令所”“详定重修敕令所”）。编敕所由提举、同提举、详定官、删定官及若干文吏组成，在编敕过程中，每个立法官都可以对草案提出意见，但提举与详定官拥有对法律草案定稿的权力。

我们这里还想探讨一个问题：宋朝的民众有没有机会参与到国家的立法过程中？答案是，有的。也许您想不到，宋人已经建立了一套比较完善的“立法民主”机制。宋人认为：“自来先置局（修敕局），然后许众人建言，而删定须待众人议论。”这里的“众人”，包括朝中百官，也包括一般平民。立法不是由皇帝出口成敕，也不是由士大夫闭门造车，而是要经过“众人”的充分辩论，择其善者而从之。“自来”二字，则表明立法须走“众人议论”之程序乃是宋代一直实行的惯例。

那么平民如何参与立法呢？主要有三个途径：首先，任何人在任何时间都可以向州政府投状，以书面形式提出立法的建议，再由州政府将意见书“缴申中书”，上报中央。当来自各地的立法意见书积累到一定程度时，即交给修敕局“删定编修”。凡立法建议被采纳之人，“量事酬赏，或随材录用”。

其次，修敕局启动立法程序之后，朝廷会利用遍布各州县的粉壁，出榜公告天下，征集立法建议。如南宋建炎四年（1130 年），朝廷决定修敕，便命令各州县政府“出榜晓示”，征求意见，“诸色人等陈言编敕利害”，均可到州县衙门投书，州县政府收集后用“急脚递”（宋代的加急快递系统）送达京师进奏院，再由进奏院交给“详定重修敕令所”。凡建议得到采用者，“即保明申朝廷，乞与推恩”。

最后，法典经皇帝批准，颁布生效之后，如果民众发现其中的缺陷，还可以向朝廷奏陈立法得失，并建议修订。如宋哲宗元祐元年（1086年），朝廷批准了详定编敕所提出的一项动议：“官吏民庶等，如见得见行条贯有未尽未便，合行更改，或别有利害未经条约者，并许陈述。”当时尽管没有立法议员，但如果一项立法受到的非议很多，是可以促使朝廷重新修法的。

宋朝这一制度化的“立法民主”机制，在中国历史上是独一无二的。我们从其他王朝中找不到类似的制度。

独立审判的司法制度

我们不能说宋代已经出现近代意义的“司法独立”，宋朝行政与司法的分立并不是特别明确。不过，若说宋朝已经出现了“法治的意识”，则是没有问题的。宋人认识到，当法律制定出来之后，上自君主，下至臣民，都需要遵守，君权不能成为违法的挡箭牌。宋人的原话是这么说的：“法者，天子所与天下共也。如使同族犯之而不刑杀，是为君者私其亲也。有爵者犯之而不刑杀，是为臣者私其身也……故王者不辨亲疏，不异贵贱，一致于法。”

“法者，天子所与天下共也”，其实是中华法系的古老传统了。为深入理解这一传统，我想插播一则故事：张释之是汉朝的首席大法官（廷尉），一日，汉文帝出行，经过长安城北的中渭桥时，有一个人突然从桥下跑出来，导致拉皇舆的马受惊，文帝也差点受了伤。于是皇帝命令侍卫将那人擒住，交给张释之审讯。经讯问，原来那人是长安县（今西安市长安区）的乡下人，因为听到开路禁行的喝道声，便躲到桥下，过了许多，以为皇帝的乘舆车骑已过，便跑了出来，谁知就冲撞了皇舆（在当时，这叫作“犯跸”）。

张释之向皇帝报告了案情，然后提出处罚意见：“依大汉朝的法律，一人犯跸，当课罚金。”汉文帝听后大怒，说：“此人惊了我的马，幸亏这马儿驯良，要是换了别的马，说不定就将我摔伤了。廷尉你竟然只判处他罚金？”张释之告诉文帝：“法者，天子所与天下公共也。今法律如此规定，当依法执行。陛下如欲加重惩罚，则法不信于民也。那人犯跸之时，陛下您若将他杀了也就罢了，但现在已交到我廷尉这里，我身为廷尉，自当公正执法，若有偏差，则天下的法官都会任意轻重，那老百姓岂不是要手足无措？望陛下明察。”文帝思之良久，说道：“廷尉当是也。”承认张释之是正确的。

显然，法官张释之所秉持的司法理念是，一个案子进入司法程序后，应由法官依法裁决，皇帝也不可干预。张释之的那一句“法者，天子所与天下公共也”，也多次为后世的司法官所引述，用来对抗君主徇私枉法的意图。但宋代的学者、法官提起这起“犯跸”案例时，还是对张释之很不满意，因为张释之还说了一句“那人犯跸之时，陛下您若将他杀了也就罢了（方其时，上使诛之则已）”。他们认为，作为负责司法的廷尉，实在不应该说出这种违背法理的昏话。如宋代的洪迈就提出批评：张释之说“上使诛之则已”，无异是“启人主径杀人之端”。

南宋大儒陆九渊更是从一个很刁钻的角度发出诘问：假设汉朝的法律规定“犯跸者杀无赦”，那廷尉是不是也应该坚定地按照法条办案，将那个倒霉而无辜的乡下人处死呢？陆九渊的答案是：不可以处死。他追溯到《尚书》记载的一项古老的司法原则：“乃有大罪，非终，乃为眚灾，适尔，既道极厥辜，时乃不可杀。”这段话，需要逐字翻译一下：非终，指偶犯；眚灾，指因过失造成灾害；适尔，指偶尔；道极厥辜，指坦白自己的罪行。整句话的意思是说，如果有人犯了大罪，但属偶犯、出于过失而非故意，而且坦白了自己的罪行，那么他就不可被判死刑。

根据这项古老的司法原则，陆九渊认为，“犯跸案”中的那个乡下人，只是偶尔的过失，不存在犯罪故意，即使他使汉文帝受了伤，也应该从轻发落，何况文帝并未受伤。如果当时的法律条文违背了这样的司法原则，法官应提请皇上修订法律，使法条合乎正义。因此，张释之应该向文帝解释清楚法理所在，而不是以“今法律如此规定”相敷衍。

在这里，陆九渊阐发了他对“司法独立”的非凡见解：法官，不仅要据法决断，也当依照古老而永恒的法理审查法条。这些法理蕴含于永恒的天道人情（自然法）中，记录于古老的法典中，由饱学的法官给予发现、阐述。显然，皇帝应当接受这些先于他存在的法理；以皇帝名义制定出来的法条，也要符合永恒法理，方为善法。这样，既能够保持司法之独立，也可以避免法家式的“任法之弊”。

在具体一起诉讼案的审判过程中，宋朝也已经建立了“独立审判”的制度。这套“独立审判”的制度，可以用一句话来概括：外力（包括皇帝的意志）可以监督，可以弹劾，但不能干预审判。

宋朝的法律明确规定：一，州县法院独立进行审判，不得请示、征求上级法司的看法，“州县鞫狱，在法不得具情节申监司，及不得听候指挥结断”；二，提刑司如果发出批示干预州县法院的司法审判，州县法院可以不必理睬，一概依照法律办事，“如监司指挥具情节及令听候指挥结断者，州县不得承受，一面依条施行”；三，干涉下级独立审判的上级法司，以违制追究责任，“监司指挥具情节及令听候指挥结断者，以违制论”；四，御史接受皇帝的委派，组成特别法庭审理案件，不受宰相与君主的干预，“受诏推劾，不得求升殿取旨及中书咨禀”。

另一方面，宋代的法律也指出：“如监司见得（州县法院）果有情弊及情理未尽，即别行按劾。”上级法司与监察部门可以紧紧盯着司法，发现法官有不法情事或错判，可以弹劾，但就是不可以指挥法官如何审判。

今人以为中国古代的君主“言出法随，赏戮由心”，又以为古人没有“司法独立”的精神，传统文化是构建现代司法制度的无形障碍，殊不知这都是深深的误会。

好了。通过考察宋朝行政、立法与司法三个权力分支的制度形态，我们实在很难认同诸如“宋代君主专制得到强化”的论断。我们可以明确地说，宋朝并不是一个皇权专制的王朝。这并不是我的创见，知名历史学家钱穆先生老早就说了："倘使我们说，中国传统政治是专制的，政府由一个皇帝来独裁，这一说法，用来讲明清两代是可以的。若论汉、唐、宋诸代，中央政府的组织，皇权相权是划分的，其间比重纵有不同，但总不能说一切由皇帝专制。"1941 年，主持复性书院的马一浮邀请钱穆前往书院讲演，钱穆的演讲主题便是反驳那种认为"中国传统政治一贯专制"的成见："自秦以来二千年，皆帝皇专制。余窃欲辨其诬。"马一浮听后，大为赞赏，说："自梁任公以来，未闻此论。"我的论证，无他，只是向钱穆等前辈致敬而已。

哪些宋朝人如果生活在大清，会丢了脑袋

哪些宋朝人设若生活在大清，确切地说，生活在雍正至乾隆盛世，会被大清皇帝砍了脑袋呢？——这当然是一个假设性的问题，不可能得到直接的证实。打个比方，有一些朋友会说，如果苏轼生活在大清乾隆时代，以他所写的那些讽刺时政之诗，就算长了九个脑袋瓜，只怕也不够皇帝砍的。然而，这只能是一种推测，并没有确凿的证据，比如乾隆皇帝似乎未曾亲口说过：我要宰了苏大胡子。

不过，下面这几名宋朝人，我们比较有把握说，如果他们生在雍正至乾隆盛世，必死无疑。

第一个人就是大文豪欧阳修。欧阳修写过一篇替朋党辩诬的《朋党论》，大意是说，志同道合的君子结成一个团体，是天经地义的；治理天下，也离不开君子之党。在传统官方话语体系中，“朋党”一直是一个贬义词，跟“朋比为奸”几乎同义，历朝皇帝对朋党活动都深恶痛绝。欧阳修替朋党正名，有点惊世骇俗。不过按宋人的说法，欧阳修“上《朋党论》，以破邪说，仁宗感悟”，宋仁宗还是觉得欧阳修所说的有点道理。

不想几百年后，欧阳修之说却惹恼了清朝的雍正皇帝。雍正读过《朋党论》，特别写了一篇《御制朋党论》反驳欧阳修：天尊地卑，君尊臣卑，做臣子的，“义当惟知有君”，思想上必须与皇上保持一致，如果“心怀二三，不能与君同好恶，以至于上下之情睽，而尊卑之分逆，则皆朋党之习为之害也”。

◎《雍正行乐图》中的清雍正皇帝，北京故宫博物院藏

最后，雍正说："设修在今日而为此论，朕必饬之以正其惑。"看起来雍正并无诛杀欧阳修之心嘛，而是想找欧阳修辩论一番。但且慢，这句话其实并不是雍正原话，而是后来史官修《雍正朝实录》修改过来的。原话保存在原始文献雍正"起居注"中："宋欧阳修'朋党论'创为邪说，……设修在今日而为此论，朕必诛之以正其惑世之罪！"明明白白说了要诛杀欧阳修。

第二个会被雍正杀掉的宋朝人，是问政的伶人。要知道，在宋代，讽谏时政、取笑官员乃是滑稽戏的常见节目，宋人说，"至今优诨之言，多以长官为笑"，现在的伶人，多拿当官的调笑。宋神宗年间，京师教坊有一个很有名气的伶官，叫丁仙现，就经常在表演节目时拿当朝宰相开涮，搞得王安石狼狈不堪，"然无如之何也"，拿他没办法。后来王宰相还是恼羞成怒了，"遂发怒，必欲斩之"。但最终还是杀不成，因为宋神宗暗中叫人保护了丁仙现。

这个丁仙现假如生活在大清盛世，早就去九泉之下演戏了。雍正年间，内廷戏班演了一出《郑儋打子》，因为伶人演得很卖力，"曲伎俱佳"，获皇帝赏赐酒食。席间，有一名伶人无意问及当今常州长官是谁（因戏中郑儋为常州刺史），雍正立即变脸，勃然大怒说："你乃优伶贱辈，胆敢擅问官守？其风实不可长！"竟命人将那倒霉的伶人拉下去，活活杖死。

第三个会被大清皇帝杀掉的宋朝人，叫作王益柔。他是宋仁宗朝的文人，有一次应邀参加了朋友苏舜钦组织的饭局。苏舜钦是进奏院的头头，卖了单位的旧报纸，换成钱存入小金库，然后请几位同僚与文友集体去喝花酒。喝花酒时，王益柔乘着酒意，做了一首《傲歌》，其中两句说："醉卧北极遣帝扶，周公孔子驱为奴。"恰好这事情让台谏官知道了，台谏官便拿住苏舜钦、王益柔不放，要求朝廷重责苏舜钦挪用公款喝花酒、王益柔发表"反对言论"之罪。

结果，苏舜钦因监守自盗被"除名勒停"，即开除公职；王益柔则被贬到复州当一名税官；其他参与喝花酒的官员也分别被降职。作为喝花酒发起人与组织者的苏舜钦，受到的处分最重；发表了"反动言论"的王益柔得到的惩罚并不比其他人更严厉。

这个处理结果，让几百年后的乾隆觉得非常不爽："特宜正王益柔侮慢圣贤之罪，而苏舜钦辈醉饱之过，则教而不怒。"在乾隆看来，苏舜钦的公款吃喝只是小事一桩，可以原谅，教训一番就行了；王益柔"侮慢圣贤"，才是大事情，才应该重重治罪。那乾隆平日是怎么治文人"侮慢圣贤之罪"的？不说你也知道，就是杀杀杀。这方面，乾隆爷的经验是极为丰富的，王益柔要是遇到乾隆爷，死定了。

第四个会被乾隆爷杀了的宋朝人，叫作阿云。阿云是一位生活在宋神宗年间的登州女子，因为被家中尊长许配给一个丑男人韦阿大为妻，阿云不乐意，一日夜间，便趁韦阿大睡着，砍了他十几刀，意欲杀死他。但因为力气小，加以慌乱，未能杀死韦阿大，只是砍断了他的手指。不久案子告破，阿云承认自己就是杀手。

这个案子该如何判决，宋朝政府争论了一年多的时间，先后议法数次，司马光等人认为，应该按"谋杀已伤"之罪，判阿云死刑；王安石等人则认为，应当按"自首减刑"之法，免阿云一死。最后宋神宗采纳了王安石的意见，特赦了阿云的死罪。

清代乾隆年间编撰《历代通鉴辑览》，将宋代阿云之狱的相关争论收录了进来。乾隆皇帝对此事做出御批："妇谋杀夫，悖恶极矣，伤虽未死，而谋则已行，岂可因幸而获生以逭其杀夫之罪？又岂可以按问即服遂开自首之条？"如果阿云案发生在乾隆时代，阿云哪里还有生还之理？

宋朝又有一名老秀才，不知其姓名，他要是生活大清，也必定是自寻死路。这老秀才曾献诗成都知府："把断剑门烧栈道，西川别是一乾坤。"意思是鼓动四川割据独立，吓得成都知府赶紧上报朝廷。宋仁宗批复说："老秀才要官耳，不足治也。给他个小官当当。"

六百年后，又有一个叫曾静的文人，给川陕总督岳钟琪写信，鼓动他起兵反清。岳钟琪也是立即具折上奏，雍正马上抓了曾静。经审讯，曾静供称他的思想受了大学者吕留良影响。其时吕留良已经去世，但雍正连死人也不放过，下令开棺戮尸、枭首示众，吕留良仍在世的儿子、族人俱诛。曾静则无罪释放，派去宣讲雍正皇帝的圣谕大义。然而，曾静终究还是难逃一死，乾隆爷继位后，立即就下令将那曾静重新抓起来，一把"咔嚓"掉。

至于还有没有其他大清皇帝欲杀之而后快的宋朝人，还待日后读史时留意。

花石纲这烂事儿的另一面

◎故宫南薰殿旧藏宋徽宗坐像

张鸣先生发表过一篇大文《花石纲这个烂事儿》，讲述北宋亡国之君宋徽宗大兴花石纲的荒唐事。在张先生的妙笔下，一个任性帝王形象、一张“皇帝想从百姓那儿拿东西，看上什么拿什么”的专制皇权面目，跃然纸上。大文读罢，我忍不住技痒，也想写一篇短文呼应一下。当然，我的目的并不是要反驳张鸣老师，更不是为花石纲这烂事儿辩护，只是想补充一些张文没有述及的细节，以便读者诸君对北宋花石纲的历史有一个更全面的了解。

大约崇宁四年（1105 年），宋徽宗“以朱勔领苏杭应奉局及花石纲”，开始搜刮民间奇卉石竹，正史与稗官小说都提到朱勔在苏州践踏士庶财产权的行径：“凡士庶之家，一石一木稍堪玩者，即领健卒直入其家，用黄封表识，指为御前之物，使防视之，防不谨，即被以大不恭罪，及发行，必撤屋决墙以出。人不幸有一物小异，共指为不祥，惟恐芟夷之不速。”这样的事情，确实让我们怀疑，赵宋的皇帝老儿是不是完全无视国民的私有产权，“想从百姓那儿拿东西，看上什么拿什么”。

我相信对于身居东京深宫的宋徽宗本人来说，千里之外的江南之地发生的这一切，他是未必知情的；作为一国之君，他应该也不至于无耻到要侵夺百姓之家的一石一木。崇宁初年，蔡京刚拜相，当时有巨商六七人，带着政府的借款合同前来索债：“这是当年章惇、曾布相公向我们借的债务，总共三百七十万贯钱，到现在都没有偿还。”宋徽宗听到蔡京的汇报后，戚然说：“欠债这么久未还，真辱国！”并让蔡京设法筹款，偿还政府债务。我觉得，一个政府在出现财政缺口时，不是用征用民财而是用借债的方式来缓解财政困难，而且借款之后也羞耻于赖账，还真不好说它无视民间财产权。

宣和三年（1121 年），宋徽宗还下了一道诏书，说：“自来收卖计置花竹窠石、造作供奉物色，委州县、监司干置，皆系御前预行支降钱物，令依私价和卖，累降指挥，严立法禁，不得少有抑配。……比者始闻赃私之吏借以为名，率多并缘为奸，驯致骚扰，达于闻听。可限指挥到，应有见收卖花石、造作供奉之物，置局及专丞指挥计置去处，一切废罢。仍限十日结绝官吏钱物，作匠并拨归元处。”这道诏书透露了一个信息：宋徽宗让监司、州县采办花石纲，是从皇室经费中预支了大笔款项，“令依私价和卖”的，而且也强调了“不得少有抑配”。只不过，这笔钱到了具体办事的人手里，应该被不同程度地私吞了。

这里宋徽宗有没有可能说假话呢？其他史料可以证实当时皇室确实划拨了非常多的钱物用于花石纲，据《宋史·食货志》《皇宋通鉴长编纪事本末》，东南采办花石纲，“本路一竹之费，无虑五十缗，他路犹不止此”。为了支付花石纲的庞大花销，左藏库每月拨给皇室的经费，从原来的三十六万贯，“衍为一百二十万贯”。这些记载说明花石纲确是一件挥霍无度、浪费公帑的烂事儿；不过同时也可以佐证宋徽宗本人其实并无“想从百姓那儿拿东西，看上什么拿什么”的流氓观念。

但是，在办花石纲的过程中，还是发生了“赃私之吏借以为名”、践踏士庶财产权的丑闻，宋徽宗身为花石纲的始作俑者，难辞其咎，自不待言。现在的问题是，如此劳民伤财的烂事儿，当时就没有人反对吗？

事实上反对的人并不少。太学生邓肃进十诗讽谏，末句说：“但愿君王安百姓，圃中何日不春风。”蔡京看后，上奏徽宗：“今不杀肃，恐浮言乱天下。”不过宋徽宗没有答应，只将邓肃“放归田里”；另一位太学生翁采也上书“论花石纲扰民”；御史毛注上疏，称花石纲“虚张事势”，“数郡为之骚扰”，请求“花石停运”；另一位御史许景衡也上书说：“财力匮乏在节用，民力困弊在恤民。今不急之务，若营缮诸役，花石纲运，其名不一，……宜节以祖宗之制而省去之。”张鸣老师认为宋朝的士大夫“也不会为了商民说话”，似乎不合史实。

但即便有不少正直之士反对花石纲，毕竟还是未能阻止宋徽宗与蔡京安排花石纲的决策。这说明宋徽宗朝的政治确实出现了非常严重的问题。这个问题不在皇帝沉溺于文艺，也不在宋制本身。因为按照宋朝政体，负责执政者为宰相领导的政府（而非君主），负责监察政府者为独立的台谏，君主垂拱而治，呈现为一个比较明显的“二权分立”结构。在这样的政体之下，皇帝玩玩书画，也无伤大雅、无关大局。但是在徽宗朝崇宁之后，“二权分立”的权力结构已经被破坏了。

宋朝惯例，宰相多为群相，以便相互节制，独相的情况比较少见，但蔡京却单独担任宰相近十四年，接替蔡京的王黼也是独相，且二人都以“太师”或“太傅”之衔总领三省，这意味着，元丰改制后形成的三省内部的权力制衡（中书揆而议之，门下审而覆之，尚书承而行之）不复存在。蔡京、王黼权力之大，为北宋其他宰相所无，时人称“但知有蔡京，不知有朝廷”；“（王）黼当国之久，专权稔恶，中外畏之，无敢言者”。

与此同时，作为平行于政府系统的台谏系统的独立性，也受到削弱。宋朝台谏官例由君主亲擢，“宰臣、执政官勿预”，这一制度设计是有道理的，因为这样台谏官才可以对政府保持最大程度的独立性，不受政府意见左右。但宋徽宗继位，却下诏：“宰臣、执政、侍从官各举可任台谏者。”宰相从此可以合法地操纵台谏人选，蔡京就是这么做的，“自除门人为御史”。宰相自己选择出来的台谏官，怎么可能独立地对政府展开硬碰硬的监督呢？如许敦仁，是蔡京故交，被蔡京擢为监察御史，“倚为腹心”，“敦仁凡所建请，悉受京旨”。

我们都知道，北宋从仁宗朝开始出现了朋党之争，在神宗朝党争恶化，深为后人诟病。其实，适度的党争也可以给执政团队制造一定的政治压力，督促他们的施政尽量要经得起反对派的挑剔。但蔡京执政之后，立即将反对熙宁变法的元祐党人打入另册，悉数贬斥，又立元祐党人碑，“夷考罪状，第其首恶与其附丽者以闻，得三百九人”。作为作对派的元祐党人已经被完全压制下去，从此蔡京政府更是可以率性行事。

皇帝本人的权力在宋徽宗时代也大大膨胀，表现之一就是御笔的盛行。按宋朝政制，皇帝的诏令，从起草到颁布，本有一套非常周密的程序，但现在宋徽宗破坏了这套程序，诏令既不用中书舍人起草，也不经门下省审覆，而是自己亲笔书写，直接交给政府执行。不要以为君权趋强，相权就会削弱，还有一种情况，君相一体（狼狈为奸），如宋神宗与王安石、宋徽宗与蔡京，君权膨胀即意味着相权同步膨胀，因此王安石才会鼓动宋神宗独断，蔡京也支持宋徽宗发御笔手诏。

在这种畸变的权力结构下，皇帝与宰相“心心相印”，都决意要办花石纲，当然就办成了。要是在北宋的正常时期——有强大而独立的台谏力量，有适度的党争，君主超然而不具体执政，比如宋仁宗朝，像花石纲之类的动议，即使有人提出来，我相信也会在反对声浪中被否决掉。

宋徽宗破坏政体在先，开启乱局在后，最后被金人掳至北国，确实可以说是自作孽。不过，我也不同意将北宋之亡归咎于花石纲，花石纲伤害的是东南社会，而北宋的大患却来自北方。毋宁说，北宋亡于“联金灭辽”的致命性战略错误，亡于宋政府贪图安逸而军备废弛的作风。

随着北宋政府覆灭，用二十年花石纲建造出来的皇室园林——艮岳，其命运也令人唏嘘。张鸣老师的文章说：“在不懂风情的女真人的铁蹄蹂躏之下，精妙的皇家园林完了，花石纲也没了。”其实艮岳的毁坏，倒不是因为金兵的“铁蹄蹂躏”，而是宋人自毁——但这个自毁的过程无可指责，倒是让人怆然。

靖康元年（1126年）十二月，金人兵临城下，城内大雪盈尺，宋钦宗（其时徽宗已内禅退位）下诏说：“风雪大寒，小民缺柴薪，多致冻馁，皆朕不德所致，万岁山许军民任便斫伐。”万岁山即艮岳。国家危难之际，宋廷还是虑及百姓生计，打开艮岳的大门，让人们入内斫伐柴薪。几天后，东京居民已将万岁山的竹木樵采殆尽，钦宗皇帝“又诏毁拆屋宇以充薪”。由于城内流民流离失所，又下诏：“毁撤（艮岳园林）垣墙，许庶民居止。”与攻城的金兵作战时，城内缺乏炮石，也是将艮岳的假山拆卸来充当炮石。

在即将灭亡的最后一刻，北宋政府到底还是用那一座由民脂民膏堆砌起来的皇家园林，给予子民最后一点点温暖，尽管这已经无法弥补宋徽宗犯下的罪过。

为什么说宋神宗不是史上第三富

◎故宫南薰殿旧藏宋神宗坐像

美国《时代》杂志评出有史以来最富有的10名超级富豪，依次为：马里帝国国王穆萨、罗马的恺撒大帝、宋代中国的神宗皇帝赵顼、印度莫卧儿帝国皇帝阿克巴、苏联领导人斯大林、美国“钢铁大王”安德鲁·卡内基、美国超级资本家洛克菲勒、英国昔日首富艾伦·鲁弗斯、美国企业家比尔·盖茨、蒙古帝国可汗成吉思汗。

作为草原“黄金家族”的主人，成吉思汗登上这个“有史以来最富有排行榜”是理所当然的，但宋神宗居然被列为史上第三富，则多少让人感到意外。有人可能会生出一股“民族自豪感”；也有人会理性地认为，宋神宗的入选有利于扭转人们对于宋代“积贫积弱”的刻板印象。但我分明觉得，这个评选就是一场一本正经的扯淡。

《时代》杂志选中宋神宗，理由是“尽管他在位仅18年，去世时才30多岁，但积累的财富不容小觑。宋神宗在位期间，北宋国内生产总值占到全世界的25%至30%”。《时代》还宣称，“榜单结合了多名经济学家与历史学家的研究成果，比较了富豪个人拥有财富占国家与当时世界GDP的比重，最终排出名次”，似乎做足了功课。但按北宋的GDP将宋神宗评为超级大富豪，其实显示了他们对中国传统政治的陌生与自以为是。

国民财富、国家财政不是君主私产

《时代》杂志首先混淆了国民财富与皇家财产之间的界限——准确地说，他们或不相信宋代中国存在着一条这样的界限。所谓“普天之下，莫非王土”，天下的财富难道不是君主的私有财产么？

在推行家产制的草原汗国，“黄金家族”确实将他们所征服的土地、人口与财产都当成自己的私产，“普天率土，尽是皇帝之怯怜口”。但在宋朝，宋人并不认为天下为君主私有，一位士大夫告诉宋高宗：“天下者，中国之天下，祖宗之天下，群臣、万姓、三军之天下，非陛下之天下。”因此，假如宋神宗时代的国内生产总值真的占全世界30%，但这个财富也是国家、国民的财富，并不是宋神宗自己的私有财产。赵顼本人也绝不敢将国家与国民的财产据为私产。

其次，《时代》杂志混淆了国家财政与天子私财之间的界限。宋神宗在位期间，经过志在富国强兵的王安石变法，北宋政府确实积累了庞大的财富量。用宋人的话来说：“熙宁、元丰之间，中外府库，无不充衍，小邑所积钱米，亦不减二十万。”但这财富归国家财政所有，可不是赵氏皇帝的家产。

钱宾四先生曾指出：“拿历史大趋势来看，可说中国人一向意见，皇室和政府是应该分开的，而且也确实在依照此原则而演进。”皇室与政府分开的一个表现，便是皇室经费与政府财政的分立。宾四先生在介绍汉代政治制度时说，汉朝的大司农和少府，都是管经济的，“大司农管的是政府经济，少府管的是皇室经济。大司农的收入支销国家公费，少府收入充当皇室私用。皇室不能用大司农的钱”。这套制度延续至唐宋，只不过机构的名称改变了。唐代的国家财政机构为转运司、度支司，而皇室私库则为琼林、大盈二库。宋朝的国家收入也分属户部、三司控制的国库与独立于国库系统的内藏库。

国库非君主之私产。有一件事可以说明宋代国库的这一性质。宋真宗时，“帑藏盈溢，其名数皆籍于三司，其总数在三司使得之”。皇帝并不掌握国家财政的统计数目。真宗“屡欲知其数，宰相李文靖公沆终不肯令供。恐其知数而广用也”。皇帝想知道国库储存几何，多次找财政部要报表，但每一次都被宰相李沆拒绝掉，说皇上您不需要知道国家财政的数目。这事情要是发生在中世纪英伦，恐怕要被今天的中国知识分子大书特写，但发生在宋朝，就鲜为人知了。

政府动用财政，需要审计

而且，在宋代，每一笔政府公帑、内廷经费的使用，都需要经过重重审计。应该说，宋代的审计制度是比较发达的。我们知道，清代光绪三十二年（1906 年），新政中的清廷取法于西方国家的现代审计制度，设立“审计院”，但由于几年后辛亥革命爆发，审计院尚未运作，清王朝已经先完蛋。而实际上，早在十二世纪，南宋人已经建立了审计院。从审计史的角度来看，宋朝的审计制度可以说是历代最繁密的，宋人对审计的重视程度，远远超出了其他任何王朝。这应该跟宋代商品经济的发达、财政规模的庞大以及政府对市场的深切介入有关。

如果要总结宋代审计制度的特点，我觉得有三个方面不可不提。第一，审计的专业性。宋代前后设立了多个专职的审计部门，北宋前期的勾院、都磨勘司、勾凿司、三司会计司，后期的比部、审计司以及成立于南宋的审计院，都是审计机关。“审计”一词，也最早出现于宋代，其含义跟今天没有什么差别。宋人是这么解释“审计”的：“自宫禁、朝廷，下至斗食佐吏，凡赋禄者，以法式审其名数，而稽其辟名者。”意思是说，审计的对象是“赋禄”，即国家的财税收支（含皇室经费）；审计的方式是审核财税收支是否合乎“法式”；而审计的重点则是“稽其辟名者”，即核查是否隐匿财物。

第二，审计的独立性。宋代在元丰改制之前，国家的财税机关是三司，财税审计部门也隶属于三司，有“财审合一”的特点。元丰改制之后，撤销三司，财税大权归于户部，作为国家审计机关的比部，隶属司法部（刑部），恢复了唐代的“财审分离”制，由司法部审计财政部，独立性是不言而喻的。南宋时成立审计院，隶属太府寺（宋代掌财税出纳的部门），对户部的审计也能保持相对的独立性。

第三，审计的严密性。在宋代，每一笔财政支出，都要经过层层把关，先由一个部门（如三司）开具支取凭证，由另一个部门（都凭由司）审核，审核无误后盖印签发，送出纳部门（如粮料院）领取钱物，支讫，出纳部门填写开支报表，送回审计部门核销，事后所有的账簿还要交另一个部门（如都磨勘司）审计。

为应对如此复杂的审计程序，宋政府同时设立了多个审计部门，这些部门职能交叉、重叠，形成一个十分严密的复式审计体系，包括内部审计、外部审计、专项审计、事前审计、事后审计、初审、复审，如南宋时磨勘司与审计院互审“官物纳给”。在专职的审计机构之外，台谏的外部监察也包含了审计的功能。

内藏库也不是宋朝皇帝的私财

一般情况下，宋朝国库的支出用于政府的公共开支。而皇家的用度，则一般取自内藏库。所以《宋史》的编撰者认为：“凡货财不领于有司者，则有内藏库，盖天子之别藏也。”宋代的内藏库的确具有天子私库的性质，比如宋太宗在内廷置内藏库时，“乃令拣纳诸州上供物，具月帐于内东门进入，外庭不得预其事”；内藏库的勾当官以宫廷内侍充任；有一段时间，“内藏库出纳，外臣不得预闻，故膳服之费、赐予之费、玩好之费，惟上之旨”。

如此说来，我们是不是可以说，熙宁、元丰年间内藏库有多少积蓄，便说明神宗皇帝有多少私财呢？

也不可以这么说。因为内藏库又不仅仅是天子私库。实际上，宋朝的内藏库还具备公共财政的功能，这一点跟汉代的少府、唐代的琼林库与大盈库大不一样。

内藏库的前身为宋太祖创立的封桩库。《宋史·食货志》载："初，太祖以帑藏盈溢，又于讲武殿后别为内库，尝谓：'军旅、饥馑当预为之备，不可临事厚敛于民。'"太宗继位之后，封桩库改称内藏库。宋人笔记的记述更有戏剧性："太祖皇帝削平僭伪诸国，收其帑藏金帛之积，归于京师，贮之别库，号曰'封桩库'。凡岁终国用羡赢之数皆入焉。尝密谕近臣曰：'石晋苟利于己，割幽燕郡县以赂契丹，使一方之民独陷外境，朕甚悯之，欲俟斯库所蓄满三五百万，当议遣使谋于彼国，土地民庶倘肯归之于我，则此之金帛悉令赍往，以为赎直。如曰不然，朕特散滞财，募勇士，俾图攻取，以决胜负耳。'会太祖上仙，其事亦寝。太宗改为右藏库，今为内藏库。"

总之，从设立的初衷来看，内藏库与其说是"天子之别藏"，不如说是国家的战略储备库。这其实也是宋人的共识，如宋真宗说："内藏库所贮金帛，备军国之用，非自奉也。"宋仁宗说："国家禁钱，本无内外，盖以助经费耳。"司马光说："彼内藏库者，乃祖宗累世之所蓄聚，以备军旅非常之用也。"

从内藏库物资的实际应用来看，内藏库也更像是战略储备库，而非天子私藏。尽管皇室的日常用度均取之内藏库，但这部分的支出只占极小的比重，内藏库更重要的开支，乃是用于国家的公共事务，包括：①弥补国家财政用度之不足，"有司计度之所阙者，必籍其数以贷于内藏，候课赋有余，即偿之"；②赞助军费，如"元丰六年，诏岁以内藏库缗钱五十万桩元丰库，补助军费"；③赈灾恤贫，如设于京师的福利机构福田院的经费，即来自内藏库，宋英宗"岁出内藏钱五百万"支持福田院；

④熙宁变法期间，朝廷广置官立商业机构，其本钱也多取自内藏库，如神宗皇帝曾经下诏："宜出内藏库钱帛，选官于京师置市易务，其条约委三司本司详定以闻。"等等。

宋代内藏库的战略储备功能与公共财政功能，是之前几代王朝的皇室私库所不具备的。因此，尽管编撰《文献通考》的宋末人马端临将宋之内藏库与汉之少府、唐之琼林库相提并论，但宋朝人苏辙却不这么认为，他说："元丰及内库财物山委，皆先帝多方蓄藏，以备缓急。若积而不用，与东汉西园钱，唐之琼林、大盈二库何异？愿以三十万缗募保甲为军。"苏辙强调的正是内藏库区别于前朝天子私库的公共功能。

从内藏库的日常管理来看，虽说宋太宗时，"外庭不得预其（内藏库）事"（这当然体现了内藏库的天子私库色彩），但太宗又解释说，"此盖虑司计之臣不能节约，异时用度有阙，复赋率于民，朕不以此自供嗜好也"。而且，实际上，外臣对于内藏钱的使用还是握有发言权的。

宋仁宗至和年间发生过一件很有意思的事：由于入中钱粮、换取钞引的商人日益增加，榷货务的现钱不足，以至于"商人持券以俟，动弥岁月"，钞引持有人往往要在京师等候几年，才能兑现到现钱。许多人等不了，干脆"损其直以售于蓄贾之家"，"其钞每百千止鬻六十千"，即打六折卖给交引商。换句话说，钞引的市场价贬值了。这时，有人向仁宗皇帝提议说："今若出内藏库钱二百万缗，量增价收市之，岁可得遗利五十万。"

仁宗一听，有道理啊，便采纳了这个建议，"出内藏库钱二百万缗"。但此举受到谏官范镇的反对。范镇说："内藏库、榷货务同是国家之物，岂有榷货务固欲滞商人算钞，而令内藏库乘贱以买之。与民争利，伤体坏法，莫此为甚。"仁宗皇帝只好撤回成命，叫停与民争利之举。

宋神宗在位期间，内藏库加速向公共财政机构转化，"元丰更定官制，以金部左藏案主行内藏之出纳，而奉宸库则隶于太府，所以示天子至公，无内外之异也"，将内藏库划归户部管理，天子私库的色彩被淡化。宋哲宗元祐年间，又“令户部、太府寺，于内藏诸库皆得检察”，即内藏库须接受政府的审计。

可以说，宋代内藏库具有双重属性，既有天子私库的色彩，又有公共财政的性质，特别在宋神宗时代，内藏库的公共财政性质更是得到强化。因此，即使宋神宗时代内藏库的储蓄堆积如山，也不可以将这批财富当成神宗皇帝的私人财产。

国民有私，天子无私

即便是理论上归皇帝自由支配的那部分财产，即内藏库拨给皇室的日常用度，皇帝实际上也没有完全的支配权。这是因为宋朝实行“以外统内”的制度，内廷的一切用度，须经外朝的宰相核准，内廷用度如果超出预算，还会受到宰相的查问。宋仁宗用自己的私房钱赏赐入内廷做法事的僧人：“众僧各赐紫罗一疋。”却因为担心被台谏抓住不放，只好交代获赏的僧人，将紫罗藏在怀里，悄悄出去，不要被人撞见：“来日出东华门，以罗置怀内，勿令人见，恐台谏有文字论列。”弄得像做贼似的。

传统中国有一项古老的制度：“惟王不会。”意思是说，天子的用度不必会计、审计。这也是古代成立天子私库的法理基础，即天子私库有多少财富，都归天子挥霍，花完拉倒。但宋人对“惟王不会”的传统提出了质疑，南宋士大夫韩元吉申明：“惟王后之服、王之裘、王后之酒、王后及世子之膳，则不会，其余则太宰未尝不受其会，而有均式。”另一位南宋士大夫汪应辰也称：“王之用度，虽曰不会，要不出乎式也。”式，即制度。天子的用度，必须接受制度的约束。朱熹更是主张：“凡饮食、酒浆、衣服、次舍、器用、财贿与夫宦官、宫妾之政，无一不领于冢宰。使其左右前后，一动一静，无不制以有司之法，而无纤芥之隙、瞬息之顷，得以隐其毫发之私。”

宋朝皇室的日常用度，也确实受到制度性的约束。比如内廷要造一个“熏笼”（点燃熏料驱赶蚊虫的器物），不过数十文钱，但按宋代的“条贯”（法律），须经过政府层层审批，“事下尚书省、尚书省下本部、本部下本曹、本曹下本局，覆奏，又得旨，复依，方下制造”。为什么要这么复杂？宋朝的立法者认为，此条贯可“使后代子孙若非理制造奢侈之物、破坏钱物，以经诸处行遣，须有台谏理会”。

再如发生仁宗朝的一则故事：后宫嫔妃要“进官”（类似于评职称，进一级可增加月钱），例经政府批准，不是皇帝一人可定。“有请降御笔进官者，上取彩笺，书‘某宫某氏特转某官’，众喜谢而退。至给俸日，各出御笔乞增禄，有司不敢遵用，悉退回。诸嫔群诉，且对上毁所得御笔，曰：‘原来使不得！’上（仁宗）但笑而遣之。”皇帝也不能随便给自己的妃子增工资。仁宗本人“好食糟淮白鱼。祖宗旧制，不得取食味于四方，无从可致”，堂堂一国之君，想吃一次糟淮白鱼，竟然因为“不得取食味于四方”的祖宗旧制，而吃不到。后来还是老家在寿州的宰相吕夷简献了两奁，仁宗皇帝才过了一把“糟淮白鱼”的瘾。

再如南宋绍兴五年（1135年），宋徽宗死于金国，高宗在为父皇服丧期间，将御椅换成了尚未上漆的木椅。有一回，钱塘江钱氏公主入觐，见到这张龙椅，好奇问道：“此檀香倚子耶？”张婕妤掩口笑曰：“禁中用胭脂皂荚多，相公已有语，更敢用檀香作倚子耶？”其时宰相乃是赵鼎、张浚。可知宋朝宰相有权过问内廷的日常开支。

被《时代》杂志评为史上第三富的宋神宗本人，生活也极节俭。据王安石说：“臣见陛下（神宗）于殿上盖毡，尚御批减省，以此知不肯用上等匹帛，靡费于结络。”不妨设想一下，按照宋朝条贯，如果宋神宗挥霍无度，也必为大臣阻止。

今天许多人都以为，“家天下”时代嘛，天下皆为天子所私有。其实在宋朝士大夫的观念中，并非“天下归天子私有”，而是“王者无私”。国民需要拥有明晰的私有产权，但天子不应该有私属财产。《时代》将宋代君主推上史上最富有排行榜，显然是因为不能理解宋代的政治制度与宋人的公私观念。

15 年前，即 2001 年，美国《华尔街日报》也曾推出一个近 1000 年来世界最富有的 50 人榜单，其中蒙古大汗成吉思汗、元代皇帝忽必烈、明代权监刘瑾、清代权臣和珅、晚清十三行大商人伍秉鉴和民国金融家宋子文上榜。没有宋神宗。我觉得，这个榜单比《时代》杂志的那个史上最富榜要靠谱得多。

宋辽之间的战争与和平

后周显德七年（960 年），当赵匡胤在陈桥“黄袍加身”，从周恭帝手里接过政权时，也许当时谁也想不到他建立的赵宋王朝能够享国三百余年，是汉朝之后国运最长的一个朝代。在陈桥兵变之前，已经有五个短命王朝（后梁、后唐、后晋、后汉、后周）以兵变登场，又被兵变推翻（严格来说，后晋为辽所灭），安知赵宋不会重蹈覆辙，成了五代之后的第六代？

况且，宋太祖从后周接手的地盘，也不过是传统中原地区的一部分而已，周边割据军阀林立：长江中游一带有南平国、独立的马平节度使政权，四川有后蜀，岭南有南汉，江南有富庶的南唐、吴越王国，山西有北汉。更加强悍的对手是站在北汉身后的大辽国。

辽国的前身是游牧于北方草原的契丹部落，五代后梁贞明二年（916 年，此时赵匡胤尚未出生），统一了契丹诸部的耶律阿保机称帝，建立帝国，国号契丹。二十年后，中原为后唐清泰三年（937 年），军阀石敬瑭叛变，并向契丹国借兵，消灭了后唐，建立后晋政权，并割让燕云十六州给予契丹。至此，契丹帝国的国土北至贝加尔湖，西抵中亚大漠，东临日本海，南部则跨过长城切入中原。再过十年（947 年），因石敬瑭的继任者石重贵与契丹反目，辽太宗耶律德光发兵直逼开封，灭晋，同年耶律德光将国号改称“大辽”。

赵宋建立后，赵匡胤曾于开宝二年（969 年）亲率大军北伐，包围北汉太原城，却由于辽国出兵助汉，宋师无功而返。辽国之强悍，可以左右邻国后晋与北汉的存亡。

当宋太祖、宋太宗兄弟先后平定南平、后蜀、南汉、南唐、北汉各个割据政权之后，注定要跟大辽直接摊牌。

对新生的宋王朝来说，收复后晋时被割让出去的燕云故土，是太祖、太宗的夙愿。宋太祖尝设封桩库，储备战略物资，宣称："石晋苟利于己，割幽燕郡县以赂契丹，使一方之民独陷外境，朕甚悯之，欲俟斯库所蓄满三五百万，当议遣使谋于彼国，土地民庶倘肯归之于我，则此之金帛悉令赍往，以为赎直。如曰不然，朕特散滞财，募勇士，俾图攻取，以决胜负耳。"宋太宗也计划"异时收复燕蓟，当于古北口以来据其要害，不过三五处，屯兵设堡寨，自绝南牧矣"。

而对辽国而言，其势力之强可以征服草原诸部落，发兵灭晋、灭渤海王国，迫使高丽纳贡称臣，未尝没有挥鞭南下、经略中国、统一天下之心。况且，辽国与宋朝之间也有领土争端。原来，后周时，周世宗柴荣曾收复燕云十六州的瀛州、莫州、宁州三州和瓦桥关、益津关、淤口关三关，这一领土遗产为赵宋所继承。此即所谓的"关南之地"。辽国一直以取回关南之地为借口，频频发兵南侵。

因此，在"澶渊之盟"达成之前，宋朝要北伐，辽国要南征，双方一直互有征战。这差不多就是宋辽这两个东亚大国的历史宿命。

战争

宋真宗景德元年（1004 年）闰九月初八，辽国大举南伐。

算起来，这是契丹第九次发起对宋王朝的侵略了。在真宗继位之后的咸平二年（999 年）、咸平四年（1001 年）、咸平六年（1003 年），辽国都曾进兵冒犯边境，或小胜北还，或为宋师所败。但这一次辽军的来势特别凶猛。辽主萧太后与辽圣宗御驾亲征，率兵号称二十万之众，先锋为辽国大将萧挞凛。十五日，辽国破宋境顺安城；十六日，又破遂城，并擒宋将王先知；又自定州东部突破宋人的唐河防线，逼近阳城；然后，辽军分兵三路，扑向瀛州、祁州，并欲乘虚直下贝州、冀州、天雄军（参见中信出版社出版、台湾三军大学编著的《中国历代战争史》第11册）。

军情自边关急递至京师汴梁，宋王朝“中外震骇”。

其时宋真宗赵恒继承大统不过几年，作为一名从未像他的伯父（太祖）、父亲（太宗）那样在沙场厮杀过的文弱君主，面对来势汹汹的契丹军团，真宗该如何对付这一场迫在眉睫的危机？——这不但是国家的危机，也是真宗个人的荣誉危机。

真宗召宰相等大臣商议对策。参知政事王钦若是江南人，“密言于上，请幸金陵”，建议皇帝到金陵避避祸；签书枢密院事陈尧叟是四川人，“请幸成都”。真宗问宰相寇准：有大臣提议迁都金陵或成都，爱卿有何意见？寇准假装不知道是王钦若与陈尧叟的意思，当着两人的面说：“谁为陛下画此策者，罪可斩也！今天子神武，而将帅协和。若车驾亲征，彼自当遁去。不然，则出奇以挠其谋，坚守以老其众。劳逸之势成，我得胜算矣。奈何欲委弃宗社，远之楚蜀耶？”真宗不敢再存迁都之念，决定御驾亲征。

这个时候，前线辽军咄咄逼人的攻势也受到遏止。九月下旬，辽人以数万骑进攻山西草城川，宋军将领高继勋率兵来援，登高望草城川，说：“敌众而阵不整，将不才也。我兵虽少，可以奇取胜。先设伏山下，战合，必南去，尔起乘之，当大溃。”遂与辽兵激战于寒光岭，“敌兵果败，自相蹂躏者万余人，获马牛橐驼甚众”。

十月上旬，辽师围困河北瀛州城，“昼夜攻城，击鼓伐木之声，闻于四面。大设攻具，使奚人负版乘墉而上”。瀛州原为辽人所占据，后为柴荣夺回，现在辽国对拿下瀛州是志在必得的。但宋军也早有防备，“知州李延渥率州兵、强壮，又集贝、冀巡检史普所部拒守，发垒石巨木击之，皆累累而坠；逾十数日，多所杀伤”。辽人强攻不下，萧太后亲自上阵督战，“契丹主及萧太后又亲鼓众急击，矢集城上如猬”，却被守城的宋军以礌石、巨木、弩箭击毙“三万人”，“伤者倍之”。辽军“弗能克，乃退”。

瀛州保卫战的大捷，极大挫伤了辽军企图一鼓作气拿下关南之地的信心，同时也坚定了宋真宗御驾亲征的决心。

十一月十四日，真宗离开东京，移驾前往澶州前线，亲征辽人。并于二十六日抵达澶州南城。当时澶州被黄河分隔为南城与北城，北城正是战争前线。真宗原本打算驻扎在南城，不过黄河。这样安全一些。但寇准坚请渡河：“陛下不过河，则人心益危，敌气未摄，非所以取威决胜也。”真宗这才过河，登上北城门楼，“远近望见御盖，踊跃欢呼，声闻数十里。契丹相视惊愕，不能成列”。

此时辽师数万骑已于十一月二十二日直抵澶州城下，随时可以发起攻城之战。相持十余日之后，辽军统军萧挞凛自恃其勇，出营督战，守

◎宋　赵伯骕《番骑猎归图》中的契丹人

城的“威虎军头张瑰守床子弩，弩撼机发，矢中挞凛额，挞凛死”。萧太后闻讯，“哭之恸，辍朝五日”，深知战局再拖下去，辽军也讨不到好处，不得不向宋方提出议和，《辽史》说：“将与宋战，挞凛中弩，我兵失倚，和议始定。或者天厌其乱，使南北之民休息者耶。”

宋真宗无疑是一名和平主义者，并不希望战火一直烧下去，也有意于议和，于是派曹利用为谈判代表，赴辽营和谈。

议和

宋辽停火谈判是在宋军取得战场优势的情况下进行的。按寇准的意思，应该趁机对辽国提出苛刻的讲和条件：一，契丹交回燕云十六州；二，契丹称臣。但显而易见，这样的停火条件是辽国绝对不可能接受的。辽国开出的要求是，宋王朝交回关南之地。

宋真宗问计群臣：“吾固虑此（指辽国意在关南之地），今果然，将奈何？”辅臣说：“关南久属朝廷，不可拟议，或岁给金帛，助其军资，以固欢盟。惟陛下裁度。”真宗说：“朕守祖宗基业，不敢失坠。所言归地，事极无名，必若邀求，朕当决战耳！实念河北居人重有劳扰，倘岁以金帛济其不足，朝廷之体，固亦无伤。”意思是说，割地求和这种事情，是我万万不能做的。辽人如果执意要夺关南之地，我们不惜跟他们一战！如果辽人愿意放弃关南，可以考虑给他们一点经济补偿。这是宋朝一方定下来的谈判基调。

曹利用动身前往辽营之前，宋真宗再三叮嘱他：“地必不可得，若邀求货财，则宜许之。”曹利用问，那最多可以答应给辽人多少钱？真宗说：“必不得已，虽百万亦可。”但曹利用出发前，被寇准叫到帐内，寇准警告他：“虽有旨许百万，若过三十万，将斩汝！”

到了辽营，辽方果然提出要宋朝归还关南之地。曹利用说：“北朝既兴师寻盟，若岁希南朝金帛之资以助军旅，则犹可议也。”无论如何都不可能割地。

辽方说："今兹引众而来，本谋关南地，若不遂所图，则本国负愧多矣。"曹利用答道："禀命专对，有死而已。若北朝不恤后悔，恣其邀求，地固不可得，兵亦未易息也！"如果辽国坚持要地，那就战场上见分晓吧。

萧太后与辽圣宗"闻之，意稍息，但欲岁取金币"。双方谈判的焦点遂放在岁币的数额上。最后曹利用"许遗绢二十万匹、银十万两，议始定"。

和谈既成，曹利用回澶州向宋真宗复命。当时真宗正在进食，便叫内侍出来问曹利用到底谈了多少钱。曹利用告诉内侍："此机事，当面奏。"内侍说："姑言其略。"曹利用还是不肯明说，"而以三指加颊"。内侍入内报告真宗："三指加颊，岂非三百万乎？"真宗失声说："太多！"既而又说："姑了事，亦可耳。"

待真宗用餐完毕，召曹利用进见。曹利用再三称罪，说："臣许之银绢过多。"真宗问："几何？"曹利用说："三十万。"宋真宗"不觉喜甚，故利用被赏特厚"。

十二月初七，宋方派使者持誓书前往辽营报聘。誓书写道：

> 维景德元年，岁次甲辰十二月庚辰朔、七日丙戌，大宋皇帝谨致誓书于大契丹皇帝阙下：共遵诚信，虔守欢盟。以风土之宜，助军旅之费，每岁以绢二十万匹、银一十万两，更不差使臣专往北朝，只令三司差人搬送至雄州交割。沿边州军，各守疆界，两地人户，不得交侵。或有盗贼逋逃，彼此无令停匿。至于陇亩稼穑，南北勿纵惊骚。所有两朝城池，并可依旧存守，淘壕完葺，一切如常，即不得创筑城隍，开拔河道。誓书之外，各无所求。必务协同，庶存悠久。自此保安黎庶，慎守封陲，质于天地神祇，告于宗庙社稷，子孙共守，传之无穷，有渝此盟，不克享国。昭昭天监，当共殛之。远具披陈，专俟报复。不宣，谨白。

辽国回复宋朝的誓书写道：

维统和二十二年，岁次甲辰，十二月庚辰朔、十二日辛卯，大契丹皇帝谨致誓书于大宋皇帝阙下：共议戢兵，复论通好，兼承惠顾，特示誓书，云“以风土之宜，助军旅之费，每岁以绢二十万匹、银一十万两，更不差使臣专往北朝，只令三司差人般送至雄州交割。沿边州军，各守疆界，两地人户，不得交侵。或有盗贼逋逃，彼此无令停匿。至于陇亩稼穑，南北勿纵惊骚。所有两朝城池，并可依旧存守，淘壕完葺，一切如常，即不得创筑城隍，开拔河道。誓书之外，各无所求，必务协同，庶存悠久。自此保安黎献，慎守封陲，质于天地神祇，告于宗庙社稷，子孙共守，传之无穷，有渝此盟，不克享国。昭昭天监，当共殛之。”孤虽不才，敢遵此约，谨当告于天地，誓之子孙，苟渝此盟，神明是殛。专具谘述，不宣，谨白。

这就是辽宋两国于公元1004年达成的“澶渊之盟”，两份历史性的文件。

均势

宋王朝与辽帝国之所以能够在交战二十五年（从979年宋太宗第一次北伐到1004年“澶渊之盟”签订）之后，能够达成和约，最重要的原因应该是由于双方军事上的势均力敌。

宋辽之间比较大的战争少说已经发生过十数次，双方各有胜败。大体来说，宋朝的北伐固然都无功而返，辽国的南侵也基本上都遭到挫折。从战场的胜负来看，宋王朝与辽帝国的军事实力可以说是旗鼓相当的，谁都有机会小胜对方，但谁也无法一举吞掉对手。宋方想收复燕云故土，基本上无望；辽方要夺回关南之地，也近乎不切实际。

那么，为什么刘彻时代的西汉能够击溃匈奴，李世民时代的大唐能够征服突厥，而宋王朝在国力最盛的时候也无法从辽国手里拿回燕云之地？进而言之，为什么宋王朝在与辽国、西夏、金国等草原铁骑的交兵中，都未能重振汉唐雄风？

相信许多朋友会归咎于宋王朝“崇文抑武”的立国精神。然而，宋朝的所谓“抑武”，只不过表现为对武官坐大、预政的制度性防范；对于国防与武备，可是从来都没有丝毫的放松。宋政府不但设有当时最先进的兵工厂，还将一半以上的财政收入用于养兵。试想一下，在11至13世纪极为恶劣的地缘政治环境中，如果宋王朝不重武备与国防，恐怕早就被草原骑兵碾灭了。

但宋人确实在战场上的表现乏善可陈。这里的原因，就宋王朝方面而言，从立国那一天起就有着严重的先天不足。首先，由于后晋割让燕云十六州，中原王朝丧失了长城防线：“自石晋割燕、蓟入契丹，无险可守，由是虏骑直出燕。”长城尽管谈不上是百分之百保障安全的保险线，但显然是一道有效的防御线，有这道屏障在，胡人便不能轻易地跃马南下；失去这道屏障，便可一马平川南下牧马。宋人对长城的功效，也是比较怀念的，一首宋词写道：“胡马长驱三犯阙，谁作长城坚壁，万国奔腾，两宫幽陷，此恨何时雪？”

其次，在冷兵器时代，自马镫发明之后（汉代时马镫的应用尚未普及，骑兵的威力未能发挥到最大化），战马就是最强悍的装备，骑兵就是最厉害的部队。宋人已认识到：“马者，兵之大也，边庭之所以常取胜中国者也。”然而，“中国之兵，步多骑少，骑兵利平，步兵利险。夫自河以北，地若砥平，目与天尽，不见堆阜，此非用步之利也，虽步卒百万，讵能抗戎马之出入乎？”你去看《清明上河图》，会发现画家画出的毛驴与骡子比马匹多得多，这正是宋朝缺乏马匹的写照。之所以缺马，是因为五代以降，中原王朝控制的西北养马地落入契丹、西夏之手，良马的供应量严重减少。宋人说，“冀之北土，马之所生，自契丹分据之后，无匹马南来。备征带甲之骑，独取于西戎之西偏”。

如果说，长城防线的丧失导致宋人的防御力大打折扣，那么良马的匮乏，则使宋朝部队的攻击力受到限制，难以跟草原铁骑一争兵锋。相比之下，辽国、西夏都是马资源充沛的地方，战马唾手可得。按辽国兵制，“每正军一名，马三疋”，每一名士兵配备三匹马。这是宋人不可能做到的。

另一方面，就契丹而言，10 世纪之后的辽国跟汉武帝时代的匈奴、李世民时代的突厥也不可同日而语。匈奴与突厥都处于比较原始的部落或部落联盟的文明形态，而辽国已经从中原王朝学习到构建国家的组织能力。在耶律阿保机建立契丹帝国之前，契丹各部只是松散的部落联盟，各部落拥有独立的武装力量，平时各自为战，耶律阿保机仿效中原王朝的组织方式，将它们结成一个紧密的国家共同体，设立南北枢密院控制全国武装，并创设直隶于契丹皇帝的常备军——宫帐军。不管从国家的组织能力、财税汲取能力，还是从战时动员能力来说，大辽帝国都非以前的匈奴与突厥部落所能比拟，即使汉武帝与唐太宗再世，也未必能够征服辽国。

宋辽双方军事优劣势的此消彼长，导致了宋朝部队很难在对辽战争上取得压倒性的胜利，只能双方对峙。

盟约

毫无疑问，宋辽之间谁也吞不了谁的战争，如果长久耗下去，只会两败俱伤，对谁都没有好处。因此，双方停火，坐下来谈判，在承认既成现实的基础上达到和平协议，无疑是双赢的选项。我们对宋辽“澶渊之盟”的评价，也应该放在这样的历史背景下展开。

今天有些人可能会习惯地认为，“澶渊之盟”是城下之盟，是一份丧权辱国、割地赔款的和约。但事实上，“澶渊之盟”是在宋朝打了胜仗的情况下，愿意停兵与辽朝谈判，并做了让步而达成的和议，跟屈辱性质的城下之盟完全不是一码事。从“澶渊之盟”的内容来看，也没有屈辱的条款，而是一份平等的条约。

来看看盟书以及后续约定所达成的重要协议：一，宋辽双方约为“兄弟之国”，地位平等；二，宋朝每年给予辽朝岁币十万两银、二十万匹绢，“以风土之宜，助军旅之费”；三，双方大致按占领现状划清领土边界（宋政府坚决不割地），在国境线立下“石峰”（相当于今天的界碑），“沿边州军，各守疆界，两地人户，不得交侵”；四，约定两国互不单方面增加边防武装，“所有两朝城池，并可依旧存守，淘濠完葺，一切如常，即不得创筑城隍，开拔河道”；五，约定双边司法上的合作，“或有盗贼逋逃，彼此无令停匿”，类似于罪犯引渡协定；六，两国在边境开设榷场，开展双边贸易。

许多人认定宋朝签订澶盟为“丧权辱国”，想来应该是因为盟书约定了宋政府每年要给予辽朝岁币。但从岁币的性质来看，它既不是战败国的战争赔款，19 世纪鸦片战争以降，清政府对西方列强支付的银子，才是屈辱的战争赔款。岁币也不是藩属国的纳贡，宋政府对岁币的交割形式，也尽力避免给人纳贡的印象：“更不差使专往北朝，只令三司差人搬送至雄州交割。”毋宁说，岁币其实是发达国家对经济落后国家的资助，这一点盟书已经说得很清楚了，“以风土之宜，助军旅之费”，类似于今天国与国之间的经济援助。

而且，对宋王朝来说，每年十万两银、二十万匹绢的岁币支出，也是收益远大于成本的划算买卖。以宋朝庞大的财税收入，区区十万两银、二十万匹绢的开销并不构成什么负担；同时，由于宋朝对辽朝的贸易长期处于“出超”地位，每年的岁币基本上又流回宋人手里，据日本汉学家斯波义信的估算，宋朝通过对辽贸易，每年可获八十万贯价值的顺差，数额超过送出去的岁币。宋朝人自己也曾做过一番成本—收益计算，结论是“虽每岁赠送，较于用兵之费，不及百分之一”；“岁遗差优，然不足以当用兵之费百一二焉”。岁币支出只相当于战争损耗的百分之一。

至于有一些网文认为，“由于宋朝经济文化影响力太盛，两国互市之后，宋朝的大观通宝在辽国成了贸易的结算货币。到宋辽贸易后期，辽国发现铸币无用，干脆也就不铸了。于是要辽国老命的一场货币战争就悄无声息的开始。随后的一百多年里，曾经不可一世的契丹国被掏空了”。显然就是“货币战争”阴谋论的一次过度引申了。

当然“澶渊之盟”也确实在客观上产生了一些消极影响，那就是它在给宋辽带来百年和平的同时，也让两国都消磨了斗志，松懈了军备，致使大辽与北宋先后都被新锐的女真铁骑所灭。然而，这种“事后诸葛亮式”的判断不能用来否定和平协定的价值。

战争无疑是烧钱的游戏，更是杀戮的游戏。财物的损耗还是小事，宋人更不愿意接受的是，如果宋辽征战，势必有无数的军人与平民要死于战火。而从“澶渊之盟”生效，到北宋末宋朝与女真秘密订立“海上之盟”，辽国两国实现了一百余年的和平，其间尽管有纠纷、有局部冲突，有钩心斗角，但基本上都是通过谈判解决问题，并没有引发战争。想想近代西方国家创设的国际组织、机制、协约，还未有一项能够维持一百年和平。从这个角度来看 1000 年前中国的“澶渊之盟”，给予多高的评价我觉得都不过分。

附录:

大宋简史

一　陈桥兵变

唐末五代，天下大乱，兵强马壮者，自立为王、为帝。短短五十余年间（907 年—960 年），更替五个王朝；中原王朝鞭长莫及之处，割据政权林立。后周显德七年（960 年）正月初一，传言契丹和北汉联兵南下，殿前都点检赵匡胤率军北上抵御，兵至陈桥驿，众将哗变，拥立赵匡胤为帝。赵宋王朝自此诞生。

二　平定割据

赵宋立国，周边尚有荆湖、后蜀、南汉、南唐、北汉诸割据政权。宋太祖赵匡胤与宰相赵普定下方略：先南后北，依次平定割据，统一天下。之后，太祖、太宗兄弟，相继收复荆湖、后蜀、南汉、南唐、吴越、北汉，结束了五代十国之分裂与战乱状态。但亦有史家认为，先南后北的统一战略，平定了割据，却错失了收复燕云的时机。

三　杯酒释兵权

唐朝安史之战，唐末藩镇割据，五代兵变频仍，原因在于中央权威下降，兵骄将傲，军阀得以拥兵自重。宋太祖立国后，于建隆二年（961 年）七月初九宴请石守信、高怀德等禁军高级将领，席间劝其交出兵权，在杯盏交错、谈笑风生间，和平地化解了自残唐五代以来一大遗患，史称“杯酒释兵权”。

四　科举取士

太祖之弟赵光义继位后，于太平兴国二年（977 年）举行科举考试，录取进士 109 人、诸科 207 人，另有 191 人考试未及格但“赐及第”，共取士 507 人。此前，尽管也有科考，但每榜取士不过十数人。太平兴国二年的科举，宣告一个全面通过科举取士的时代自此来临。太宗武功不及乃兄，却完成了从“武功开国”到“文治天下”的转型。

五　宋辽之战

宋朝与辽国接壤，宋朝欲收复五代时失去的中原故土——燕云十六州，辽国也有意挥鞭南下、经略中国，故，两国时有征战。从宋太宗第一次北伐，到“澶渊之盟”签订，宋辽之间比较大的战争，少说已发生过十数次，双方各有胜败。大体来说，宋朝的北伐固然都无功而返，辽国的南侵也基本上都遭到挫折。

六　澶渊之盟

景德元年（1004 年）闰九月，辽国再次挥兵南下；十一月，真宗御驾亲征。在澶州前线，宋人用弩箭射杀辽军统军萧挞凛，在战场得利的情况下，同意跟辽人议和，最后达成“澶渊之盟”，宋辽约为兄弟之邦，和平相处，宋朝愿每年以绢二十万匹、银一十万两资助辽国，不过通过边境贸易，这笔钱实际上又流回宋人之手。

七　泰山封禅

宋朝第三位皇帝宋真宗，一生做了两件大事：一是签订澶渊之盟，实现宋辽一百余年的和平；二是于大中祥符元年（1008 年）至泰山封禅。

真宗封禅泰山，有其苦心，他是庸常的守成之君，缺乏太祖、太宗那样的“克里斯玛”权威，所以需要通过封禅泰山的仪式，让上天为他的皇位加冕，以增进君主的权威。

八　宋夏之战

景祐五年（1038 年），李元昊脱宋自立，自称皇帝，建国号“大夏”，自此引发宋夏之战的征战。宋朝在战场上失利，但双方的整体实力不可同日而语，特别是宋朝的经济实力，远非西夏可比。当西夏拒绝臣服于宋王朝，或者挑衅宋王朝时，宋廷便对西夏实行经济制裁：关闭榷场、停止互市，最后居然能够迫使西夏就范。

九　庆历新政

宋朝第四位皇帝宋仁宗在位期间，国家承平日久，难免弊病丛生，外有西夏挑衅，内有冗官冗政，财用不足。庆历三年（1043 年），仁宗起用范仲淹、富弼、韩琦为执政，推行新政。不过很快范仲淹便离开权力中枢，后人多以此认为，“庆历新政”失败了，但实际上，新政并没有明确的废止时间，部分举措也在推行。

十　嘉祐盛治

宋仁宗在位四十二年，虽非无弊，但总的来说，这四十年间，可谓政治清明，社会安定，商业繁荣，百姓富足，文化昌盛，足号“盛治”。宋人说：“庆历、嘉祐之治，为本朝甚盛之时，远过汉唐。”明人说：“庆历、嘉祐之治，号为太平。”明末王夫之对宋朝评价不高，也不得不承认：“仁宗之称盛治，至于今而闻者羡之。……宜其治之盛也。”

十一　熙宁变法

仁宗去世后，继位的宋英宗只是一个过渡性的君主，在位只有五年。

他的儿子宋神宗却是有为之君，即位未久，便于熙宁二年（1069年）厉行变法。变法由王安石主持，是一声涵盖了行政、社会与经济领域的一揽子改革。其是非得失，历来颇多争议。在我看来，熙宁变法的实质，便是试图以政府之力，将宋朝建成一个更具近代性质的国家。

十二　元祐更化

神宗英年早逝，年幼的哲宗继位，由高太后垂帘听政。高太后同情保守派，起用司马光等旧党，废罢新法，史称“元祐更化”。熙宁新法在推行过程中，确实出现了种种问题，授予反对派口实；但保守派上台，完全废弃新法，斥逐新党，虽说事出有因，却推动了北宋末党争往极端化发展。

十三　海上之盟

政和年间，收复燕云故土心切的北宋第八位君主宋徽宗，遣使泛海赴金，与金人订立灭辽复燕的盟约，史称“海上之盟”。宣和五年（1123年），宋王朝借金人之手，收复燕云，实现了自太祖立国以来，列祖列宗念兹在兹的梦想。徽宗扬扬得意，命人制“复燕云碑”，立在燕山府延寿寺，宣示自己的不世功业。

十四　靖康之变

在联金灭辽的过程中，宋朝将军力疲弱、兵不能战的致命问题暴露在金人眼皮底下，也激发了金兵挥鞭南下的野心。宣和七年（1125年），金人大举而下，围困开封，但无功而返；靖康元年（1126年）十一月，金人再次兵临开封城下，并于次年扣押了宋徽宗、宋钦宗父子，掠夺了大批金银而去，并扶植了一个傀儡政府：伪楚。北宋灭亡。

十五　建炎南渡

金兵围困开封城之际，康王赵构侥幸逃过此劫。靖康二年（1127年）

五月初一，赵构在宋朝的南京（今河南商丘）即皇帝位（是为宋高宗），改元建炎。伪楚的张邦昌派人献上传国玺，表示归政于赵宋。随后，宋高宗一路南退，渡淮河、长江至越州、杭州，颠沛流离，一度流亡海外。最后才在杭州站稳脚跟，定杭州为“行在”。

十六　绍兴和议

南宋与金国交战多年，宋收复不了中原，金也平不了江南，双方只好停战议和。绍兴十一年（1141 年），两国达成和议。跟从前的“澶渊之盟”相比，“绍兴和议”无疑是屈辱性的：宋割让岳飞收复的唐州、邓州，以淮水—大散关为界，并每年向金进贡银廿五万两，绢廿五万匹，还向金国称臣。不过和议的达成，也给了南宋生息休养之机，随后金国放宋徽宗灵柩、高宗生母韦氏归宋。

十七　隆兴和议

宋王朝第十一位皇帝、南宋第二任皇帝宋孝宗即位后，欲收复中原，起用老将张浚，发起“隆兴北伐”，但在符离被金军击溃。两国再次议和。第二次和约，南宋略争回一点面子：对金不再称臣，改称叔侄；“岁贡”改称“岁币”，数额减为每年银绢各二十万两匹。因隆兴和议达成的和约在乾道元年（1165 年）正式生效，故又称“乾道之盟”。

十八　三朝内禅

南宋前期的皇位继承有一特点：以内禅的方式传位。绍兴三十二年（1162 年），高宗将皇位禅让给养子赵昚，是为宋孝宗，从此宋朝皇祚又回到宋太祖一脉；淳熙十六年（1189 年），孝宗禅让于光宗。但宋光宗是一名不成器的皇帝，又患病无法理政，知枢密院事赵汝愚联合太皇太后，于绍熙五年（1194 年），以光宗批有“历事岁久，念欲退闲”八字为由，迫使皇帝退位，由光宗之子、嘉王赵扩继位，是为宋宁宗。

十九　庆元党禁

宋宁宗朝，外戚韩侂胄专权，罢黜朱熹，贬斥赵汝愚，打压同情赵汝愚的道学门徒，并将道学定为“伪学”，加以禁绝，凡韩侂胄所不喜之人，都可以被列为“伪学逆党”。因其时年号为庆元，史称“庆元党禁”。直至嘉泰二年（1202 年），朱熹已逝世，韩侂胄才弛伪学之禁。史家认为，“庆元党禁”使得“南宋乾道、淳熙年间的学术繁荣一去而不复返”。

二十　开禧北伐

权相韩侂胄是主战派，崇岳飞而贬秦桧，在他主持下，追封岳飞为鄂王，改秦桧谥号为“谬丑”。开禧二年（1206 年），韩相发动北伐，但诸路大军均以失败告终。次年，韩侂胄在上朝途中被将士挟持，杀死于玉津园。主和派的史弥远执掌大权，于是宋金罢兵议和，于嘉定元年（1208 年）订立“嘉定和约”。

二十一　端平更化

南宋第五位皇帝宋理宗于绍定六年（1233 年）亲政，改元“端平”，并展开一系列新政，包括罢黜权相史弥远的余党、任用清正守法的杜范为相、平反理学、起用真德秀、整顿财政、澄清吏治，政局为之一新。时人称“端平更化”为“小元祐”。宋理宗与宋仁宗是两宋在位时间最长的君主，但理宗终未能恢复仁宗之治。

二十二　端平入洛

恰如北宋末，金国在辽国的背后崛起，宋朝联金灭辽，引狼拒虎；南宋后期，蒙古军团也在金国背后崛起，南宋重蹈覆辙，联蒙灭金，端平元年（1234 年），宋师收复故土东京开封府、西京河南府和南京应天府，史称“端平入洛”。但入洛的军事行动，打破了脆弱的宋蒙联盟，从此南宋与蒙元进入直接的军事对峙。

二十三　襄阳之战

自宋蒙进入战争状态之后，襄阳是两军争夺的门户。端平二年（1235 年），蒙古兵分三路攻宋，中路大军兵锋直指襄阳。宋蒙襄阳第一次大战，宋军大败，襄阳失守；嘉熙三年（1239 年），宋将孟珙克服襄阳，旋又弃守；淳祐十一年（1251 年），李曾伯再次收复襄阳；宋度宗咸淳四年（1268 年），元军再次大举进攻襄阳，大军围城之下，襄阳守将吕文焕于咸淳九年（1273 年）投降。襄阳城的失守，意味着南宋的防线全线崩溃。

二十四　崖山海战

元军破襄阳城之下，直逼南宋临安。德祐二年（1276 年），南宋第七任皇帝、五岁的恭帝投降。但此时南宋尚未灭亡，因为恭帝的哥哥益王赵昰、弟弟卫王赵昺在大臣的保护下，顺利逃出临安城，一路流亡南下。赵昰在福州被拥立为帝，改元景炎，是为宋端宗。但两年后，端宗便病逝了。宋臣又拥立赵昺为帝，改元祥兴。祥兴二年（1279 年），宋师在崖山海面展开最后的大战，全军覆灭，大宋王朝宣告灭亡。

宋人称呼

写穿越文，或者写古代背景的小说、剧本，特别容易出差错的地方便是称呼。作者如果不具备足够的文史知识，便不可避免地会在称呼上张冠李戴、错将冯京作马凉，比如宋朝背景的故事，却用上了明清时期的称呼。我们现在看到的“包公戏”，几乎都是将包拯叫作“包大人”，但实际上，宋朝并无称官员为“大人”的习惯。

这类称呼的差错，最容易发生在人物对话中。换言之，即第一人称与第二人称最容易出错。下面介绍一些宋朝人常用的称呼，分“第一人称”与“第二人称”两部分。

第一人称

1. 皇帝的自称

说起皇帝的自称，相信许多人都会认为，就是“朕”啊。没错，但在宋代，皇帝并不是成天“朕”个不停。一般来说，在正式场合，宋朝君主通常自称“朕”，而在非正式场合，往往自称“我”，跟民间说话并无什么两样。

例子：《续资治通鉴长编》：（宋仁宗）又曰：“朕日膳不欲事珍美，衣服多以缣缯为之，至屡经澣濯，而宫人或以为笑。大官进膳，有虫在食器中，朕掩而不言，恐罪及有司也。”

《后山谈丛》：上（宋仁宗）不乐，曰：“我常戒尔辈勿为侈靡，今一下箸费二十八千，吾不堪也。”遂不食。

2. 皇太后的自称

宋朝的皇太后一般自称“老身”。例子：《续资治通鉴长编》：太后曰：“相公安可求退？老身合居深宫，却每日在此，甚非得已，且容老身先退。”

有时甚至会如民间女子，自称“奴”。例子：《宋史·陆秀夫传》：时君臣播越海滨，庶事疏略，杨太妃垂帘，与群臣语，犹自称“奴”。

3. 皇后的自称

皇后、嫔妃在皇帝、皇太后面前，自称“臣妾”。例子：《宋会要辑稿》：皇后杨氏奏：“窃见皇太子奏皇帝陛下孝、俭、诚、断事实并及臣妾，乞宣付史馆。臣妾不胜震惧。”《续资治通鉴长编》：元符皇后上皇太后表：“臣妾以臣僚数有章疏……”

4. 臣僚对皇帝的自称

宋朝臣僚跟皇帝说话时，不管是书面，还是口语，一般都自称“臣”。例子：《画墁录》：张文节，嘉祐间长宪台，言事无所避。一日，仁宗谓之曰：“卿孤寒，凡言照管。”公再拜曰：“臣非孤寒，陛下乃孤寒。”

5. 官员自称

年纪较大的官员可自称“老夫”，谦称“老拙”。例子：《续资治通鉴长编》：一日，赐宴都亭驿，坐席相近，酒间，（陈）执中微语（赵）抃曰：“观中丞近日封章，意颇不见容。老夫耄矣，行当引去。”

另有“下官”一词，是官员对上级的谦称。宋人《事物纪原》载，下官，“今人或以自谓也”。例子：《水浒传》：蔡九知府道：“通判乃是心腹之交，径入来同坐何妨。下官有失迎迓。”

6. 平民的自称

平民中的男性可以谦称“鄙人”，例子：《夷坚志 · 王浪仙》：王曰：“远郡鄙人，愿一识都邑。”

男性平民中的长者，则可自称“老汉”“老拙”。例子：宋话本《金明池吴清逢爱爱》：那老儿听了，簌地两行泪下：“复官人，老汉姓卢名荣。官人见那量酒的就是老拙女儿，小名爱爱。”

平民中的女性可谦称“妾”“妾身”，例子：《夷坚志 · 王夫人》：王祝曰：“此天赐妾也。虽然，暗昧之物，妾不敢当。但愿得一子耳。”宋话本《月明和尚度柳翠》：长老在禅椅之上打坐，也看见红莲在门外。红莲看着长老，遂乃低声叫道：“长老慈悲为念，救度妾身则个。”

女性平民中的老年人，则可自称“老婆”“老身”，也可谦称“老妾”。

7. 市井中人的自称

宋朝市井中的百工伎艺，都习惯自称为“助教”。曾敏行《独醒杂志》载：“夫市井、巫医、祝卜、技艺之流，孰不以助教自名。”

第二人称

1. 皇室内部称呼

皇子（包括皇帝）称父亲为“爹爹”，例子：《四朝闻见录》：太后谓上（宋高宗）曰：“你爹爹每夜常设数百枝，诸人阁分亦然。”上因太后起更衣，微谓宪圣（吴皇后）曰：“如何比得爹爹富贵？”

皇子（包括皇帝）称祖父为“翁翁”或“大爹爹”，称曾祖父为“公公”。例子：《四朝闻见录》：宪圣叱王立侍，因责王以“我见你公公又见你大爹爹见你爷今又却见你”，言讫，泣数行下。

皇子（包括皇帝）称曾祖母为“大妈妈”，例子：《四朝闻见录》：嘉王连称：“告大妈妈（宪圣太皇太后），臣做不得，做不得。”

皇子（包括皇帝）称母亲为“娘娘”，例子：《龙川别志》：仁皇于章献御前焚香泣告曰：“自今大娘娘平生分明矣。”仁宗谓刘氏为大娘娘，杨氏为小娘娘。

皇子之间，按其排行，称“大哥”“二哥”“三哥”“四哥”“五哥”“六哥”……例子：宋钦宗称宋高宗为“九哥”，《朝野遗记》：和议成，显仁后（高宗母亲韦氏）将还，钦庙（钦宗）挽其轮曰：“蹄蹄，第与吾归，但得为太乙宫主足矣，无他望于九哥（高宗）也。”

总而言之，宋朝皇室内部的称呼，跟民间家庭成员之间的称呼没什么不同，我们平时从古装电视剧看到的什么“父皇”“皇兄”“皇弟”“皇阿玛”之类的不食人间烟火的用词，不适用宋朝皇室。宋人说：“呼父为爹，谓母为妈，以兄为哥，举世皆然。问其义，则无说。”皇室成员之间的称呼，也是如此。

2. 皇帝对臣僚的称呼

宋朝皇帝对臣僚一般称“卿”，例子：《续资治通鉴长编》：（韩）绛执不可，上曰：“朕初不知，当为卿改。”

请注意，是称“卿”，而不是称肉麻的“爱卿”。宋人也说“爱卿”，但往往是对心爱的女人说的。例子：宋话本《新桥市韩五卖春情》中，一个叫作吴山的富二代给妓女韩五娘写信道：“山顿首，字覆爱卿韩五娘妆次：向前会司，多蒙厚款。又且云情雨意，枕席钟情，无时少忘。……”

偶尔，宋朝皇帝也会“用家人礼”待心腹大臣，不称“卿”，而称之以排行，以表示亲昵，如宋徽宗称蔡京的大儿子蔡攸为“蔡六”，称蔡京次子为“十哥”。蔡絛《铁围山丛谈》：政和初，至尊始踵唐德宗呼陆贽为“陆九”故事，目伯氏曰“蔡六”。是后，兄弟尽蒙用家人礼，而以行次呼之。至于嫔嫱宦寺，亦从天子称之，以为常也。目仲兄则曰“十哥”，季兄则曰“十一”，吾亦荷上圣呼之为“十三”。

3. 臣民对皇帝的称呼

宋朝的臣僚或平民，在非正式的场合，通常都称皇帝为“官家”。例子：《北窗炙輠录》：宫人因曰：“官家且听，外间如此快活，都不似我宫中如此冷冷落落也。”仁宗曰：“汝知否？因我如此冷落，故得渠如此快活。我若为渠，渠便冷落矣。”

而在正式场合，则称皇帝为“陛下”。例子：《渑水燕谈录》：嘉祐中，苏辙举贤良对策，极言阙失，其略云：“闻之道路，陛下宫中贵姬至以千数，歌舞饮酒，欢乐失节。坐朝不闻咨谟，便殿无所顾问。”

4. 对高官的称呼

宋人对宰相级别的高官，一般尊称为“相公”。例子：《续资治通鉴长编》：后（宋仁宗皇后）发哭曰：“天下不幸，夜来官家忽然上仙。”大臣发哭。后曰：“怎奈何，相公？官家无子。”

我们从古装剧中看到的丈夫称妻子为“娘子”、妻子称丈夫为“相公”，不适用于宋人。请注意，在宋代，“相公”是对高官的尊称。不过，在岭南一带，人们见到被贬谪的官员，都叫作“相公”，《道山清话》载：“岭南之人见逐客，不问官高卑皆呼为相公，想是见相公常来也。”

5. 平民对官员的称呼

宋朝的老百姓，习惯于称官员为“官人”，例子：《挥麈录》：大中祥符间，章圣（宋真宗）祀汾阴，至泰山下，聚观者几数万人，阗拥道路，警跸不能进。上以询左右，或云：“村民所畏者尉曹也。俾弹压之。”即命亟召之。少焉，一绿衣少年跃马疾驰而前，群氓大呼：“官人来矣！”奔走辟易而散。上笑云：“我不是官人邪？”

请注意，宋人不会称官员为“老爷”或“大人”。宋人笔记《鸡肋编》载：“世惟子称父为大人，若施之于他，则众骇笑之矣。”宋朝人若是称包拯为“包大人”，将会被人取笑，因为“大人”只用来称呼父亲。见官称“大人”之风，是从元朝开始的，明清相沿，见清代学者赵翼的考证：“觌面称大人，则始于元、明耳。”

6. 对官二代的称呼

宋时，人们习惯称官员的儿子为“衙内”。例子：《水浒传》：陆虞候和富安两个来府里望衙内，见他（高衙内）容颜不好，精神憔悴。陆谦道：“衙内何故如此精神少乐?”衙内道：“实不瞒你们说，我为林冲老婆，两次不能勾得他，又吃他那一惊，这病越添得重了。眼见的半年三个月，性命难保。”

7. 士大夫之间的称呼

宋朝士大夫之间，流行互称“丈人”。《曲洧旧闻》载：“近岁之俗，不问行辈年齿，泛相称必曰‘丈’。不知起自何人，而举世从之。”“丈”字之前，有时候还会加上排行，如司马光被称为“司马十二丈”。

8. 对老人的称呼

对平民中的老年男子，也可以尊称为“丈人”。例子：《录田父语》：先生乃揖田父，进而劳之曰：“丈人甚苦暴露，勤且至矣。”这是宋朝一位官员对老农的称呼。

9. 对女子的称呼

宋人见到年轻女子，不管认识与否，均可称她为“娘子”或“小娘子”。例子：《宣和遗事》：师师出见徽宗，施礼毕，道：“寒门寂寞，过辱临顾；无名妓者，何幸遭逢!”徽宗道：“谨谢娘子，不弃卑末，知感无限！”宋话本《闹樊楼多情周胜仙》：这卖水的道：“告小娘子！小人怎敢暗算！”女孩儿道：“如何不是暗算我？盏子里有条草。”

请注意，如果你穿越到宋朝，见到陌生女子，切不可叫她“小姐”，因为在宋朝，只有那些地位下贱的女性如“三陪女郎”，才称“小姐”，清代学者赵翼曾有考证：“宋时闺阁女称小娘子，而小姐乃贱者之称。”

10. 对男子的称呼

对年轻男子，则一般可称之为“官人”“小官人”。例子：宋话本《金明池吴清逢爱爱》：那老儿听了，簌地两行泪下：“复官人，老汉姓卢名荣。官人见那量酒的就是老拙女儿，小名爱爱。”宋话本《卖油郎独占花魁》：秦重作别，方欲起身，九妈又道：“秦小官人，老身还有句话。你下次若来讨信，不要早了，约莫申牌时分，有客没客，老身把个实信与你。倒是越晏些越好，这是老身的妙用，你休错怪。”

11. 对市井富户的称呼

宋代已经流行称富户为“员外”，宋人方回《续古今考》载：“南渡前，开封富人皆称员外。”其实开封府之外的富人，也有称“员外”的。例子：宋话本《宋四公大闹禁魂张》：“这富家姓张名实，家住东京开封府，积祖开质库，有名唤作张员外。”宋话本《山亭儿》：“这襄阳府城中，一个员外，姓万，人叫做万员外。”《清明上河图》上也有一个广告招牌，上书“久住王员外家”，那是一家王姓富户开设的民宿。

12. 对市井百工的称呼

对医生，可称为“大夫”或“郎中”，例子：《夷坚志·杜郎中驴》：杜泾郎中，河府荥河县上原村人也。世为医，赀业稍给。《清明上河图》中也有一间“杨大夫”医药铺；《东京梦华录》则载有一家“银孩儿栢郎中家医小儿”医馆。

对手工艺人，可称为“待诏”，例子：宋话本《花灯轿莲女成佛记》：“这女娘子的父亲，姓张字元善。母王氏。夫妻二人，无一男半女。原是襄阳人氏，家传做花为生，流寓在湖南潭州，开个花铺”，人称“张待诏”。宋话本《五戒禅师私红莲记》：“这清一遂浼人说议亲事，将红莲女嫁与一个做扇子的刘待诏为妻。”

对酒店服务生，可称为“博士”，例子：《东京梦华录》：“凡店内卖下酒厨子，谓之茶饭量酒博士。”宋话本《闹樊楼多情周胜仙》：“女孩儿迤逦走到樊楼酒店，见酒博士在门前招呼。”话本《山亭儿》：“家里一个茶博士，姓陶，小名叫作铁僧。”

对青楼鸨母，娼家姑娘一般称其为“妈妈”“娘”，而其他人包括嫖客，可以叫她“某（姓）妈妈”。例子：宋话本《卖油郎独占花魁》：捱到天明，爬起来，就装了油担，煮早饭吃了，匆匆挑了油担子，一径走到王九妈（鸨母）家去。进了门，却不敢直入，舒着头，往里面张望。王九妈恰才起床，还蓬着头，正分付保儿买饭菜。秦重认得声音，叫声：“王妈妈！”九妈往外一张，见是秦卖油，笑道：“好忠厚人！果然不失信。”

清河郡王张俊宴请宋高宗的菜单

南宋绍兴二十一年十月，高宗皇帝应邀赴清河郡王张俊的家宴。这场饭局非常的奢华，我们来看菜单吧。

一　餐前小吃（小坐时食用）

1. 水果盘——绣花高饤一行八果罍：香圆、真柑、石榴、橙子、鹅梨、乳梨、榠楂、花木瓜

2. 干果盘——乐仙干果子叉袋儿一行：荔枝、圆眼、香莲、榧子、榛子、松子、银杏、梨肉、枣圈、莲子肉、林檎旋、大蒸枣

3. 香药——镂金香药一行：脑子花儿、甘草花儿、朱砂圆子、木香、丁香、水龙脑、史君子、缩砂花儿、官桂花儿、白术人参、橄榄花儿

4. 蜜煎——雕花蜜煎一行：雕花梅球儿、红消花、雕花笋、蜜冬瓜鱼儿、雕花红团花、木瓜大段花、雕花金橘、青梅荷叶儿、雕花姜、蜜笋花儿、雕花橙子、木瓜方花儿

5. 酸咸小吃——砌香咸酸一行：香药木瓜、椒梅、香药藤花、砌香樱桃、紫苏柰香、砌香葡萄、砌香萱花柳儿、甘草花儿、姜丝梅、梅肉饼儿、水红姜、杂丝梅饼儿

6. 腊味与腌制品——脯腊一行：肉线条子、皂角铤子、云梦豝儿、虾腊、肉腊、奶房、旋鲊、金山咸豉、酒醋肉、肉瓜齑

7. 拼盘——垂手八盘子：拣蜂儿、番葡萄、香莲事件念珠、巴榄子、

大金橘、新椰子象牙板、小橄榄、榆柑子

二　第二轮餐前小吃（宴席上食用）

1. 水果切片——切时果一行：春藕、鹅梨饼子、甘蔗、乳梨月儿、红柿子、切橙子、切绿橘、生藕铤子

2. 时鲜水果——时新果子一行：金橘、葴杨梅、新罗葛、切蜜蕈、切脆橙、榆柑子、新椰子、切宜母子、藕铤儿、甘蔗柰香、新柑子、梨五花子

3. 蜜煎——雕花蜜煎一行：同前

4. 酸咸小吃——砌香咸酸一行：同前

5. 果子制品——珑缠果子一行：荔枝甘露饼、荔枝蓼花、荔枝好郎君、珑缠桃条、酥胡桃、缠枣圈、缠梨肉、香莲事件、香药葡萄、缠松子、糖霜玉蜂儿、白缠桃条

6. 腊味与腌制品——脯腊一行：同前

三　下酒菜端上来了

下酒十五盏：

第一盏，花炊鹌子、荔枝白腰子

第二盏，妳房签、三脆羹

第三盏，羊舌签、萌芽肚胘

第四盏，肫掌签、鹌子羹

第五盏，肚胘脍、鸳鸯煠肚

第六盏，沙鱼脍、炒沙鱼衬汤

第七盏，鳝鱼炒鲎、鹅肫掌汤齑

第八盏，螃蟹酿橙、妳房玉蕊羹

第九盏，鲜虾蹄子脍、南炒鳝

第十盏，洗手蟹、鯚鱼假蛤蜊

第十一盏，五珍脍、螃蟹清羹

第十二盏，鹌子水晶脍、猪肚假江鳐

第十三盏，虾橙脍、虾鱼汤齑

第十四盏，水母脍、二色茧儿羹

第十五盏，蛤蜊生、血粉羹

四　餐间美食

1. 插食：炒白腰子、炙肚胘、炙鹌子脯、润鸡、润兔、炙炊饼、炙炊饼脔骨

2. 劝酒小吃——劝酒果子库十番：砌香果子、雕花蜜煎、时新果子、独装巴榄子、咸酸蜜煎、装大金橘小橄榄、独装新椰子、四时果四色、对装拣松番葡萄、对装春藕陈公梨

3. 厨师特别推荐——厨劝酒十味：江鳐炸肚、江鳐生、蝤蛑签、姜醋生螺、香螺炸肚、姜醋假公权、煨牡蛎、特蛎炸肚、假公权炸肚、蟑蚷炸肚

五　餐后小吃

1. 准备上细垒四卓

2. 又次细垒二卓：内蜜煎、咸酸、时新、脯腊等件

这份菜单收录在周密《武林旧事》中，今天要是有人将它们复制出来，大概有许多人都想尝尝吧。

两宋名酒

宋代酒业发达，饮酒之风极盛，出现了一批著名的酒品牌。北宋张能臣《酒名记》与南宋周密《武林旧事·诸色酒名》、西湖老人《西湖老人繁胜录·酒名》均收录有宋朝的名酒名录，整理如下：

张能臣《酒名记》所录北宋名酒：

1. 皇亲贵族家酒：

高太皇娘家家宴名酒：香泉

向太后娘家家宴名酒：天醇

张温成皇后娘家家宴名酒：醽醁

朱太妃娘家家宴名酒：琼酥

刘明达皇后娘家家宴名酒：瑶池

郑皇后娘家家宴名酒：坤仪

曹太皇太后娘家家宴名酒：瀛玉

蔡太师家宴名酒：庆会

王太傅家宴名酒：膏露

何太宰家宴名酒：亲贤

郓王家宴名酒：琼腴

萧王家宴名酒：兰芷

五王位家宴名酒：椿龄

嘉王家宴名酒：琬醑
濮安懿王家宴名酒：重酝
建安郡王家宴名酒：玉沥
李和文驸马家宴名酒：金波
王晋卿家宴名酒：碧香
张驸马家宴名酒：醽醁
曹驸马家宴名酒：成春
郭驸马家宴名酒：香琼
大王驸马家宴名酒：瑶琮
钱驸马家宴名酒：清醇
童贯家宴名酒：褒功、光忠
梁开府家宴名酒：嘉义
杨开府家宴名酒：美诚
开封府宴会名酒：瑶泉

2. **东京名酒：**

东京丰乐楼出品：眉寿、和旨
忻乐楼出品：仙醪
和乐楼出品：琼浆
遇仙楼出品：玉液
王楼出品：玉酝
铁薛楼出品：瑶醽
仁和楼出品：琼浆
高阳店出品：流霞
清风楼出品：玉髓
会仙楼出品：玉醑
八仙楼出品：仙醪
时楼出品：碧光

班楼出品：琼波

潘楼出品：琼液

千春楼出品：仙醇

中山园子店出品：千日春

银王店出品：延寿

蛮王园子正店出品：玉浆

朱宅园子正店出品：瑶光

邵宅园子正店出品：法清、大桶

张宅园子正店出品：仙醁

方宅园子正店出品：琼酥

姜宅园子正店出品：羊羔

梁宅园子正店出品：美禄

郭小齐园子正店出品：琼波

杨皇后宅园子正店出品：法清

3. **三京名酒**：

北京（大名府）出品：香桂、法酒

南京（应天府）出品：桂香、北库

西京（河南府）出品：玉液，酴醾香

4. **三辅名酒**：

澶州出品：中和堂

许州出品：潩泉

郑州出品：金泉

5. **河北名酒**：

真定府出品：银光

河间府出品：金波、玉酝

保定军出品：知训堂、杏仁

定州出品：中山堂、九酝

保州巡边出品：银条、错着水

德州出品：碧琳

滨州出品：石门、宜城

博州出品：宜城、莲花

卫州出品：柏泉

棣州出品：延相堂

恩州出品：拣米、细酒

洺州出品：玉瑞堂、夷白堂、玉友

邢州出品：沙醅金波

磁州出品：风曲法酒

深州出品：玉醅

赵州出品：瑶波

相州出品：银光

怀州出品：宜城、香桂

定州出品：瓜曲、错着水

6. 河东名酒：

太原府出品：玉液、静制堂

汾州出品：甘露堂

隰州出品：琼浆

代州出品：金波、琼酥

7. 陕西名酒：

凤翔府出品：橐泉

河中府出品：天禄、舜泉

陕府出品：蒙泉

华州出品：莲花、冰堂

邠州出品：静照堂、玉泉

庆州出品：江汉堂、瑶泉

同州出品：清洛、清心堂

8. **淮南名酒**：

扬州出品：百桃

庐州出品：金城、金斗城、杏仁

9. **江南名酒**：

宣州出品：琳腴、双溪

江宁府出品：芙蓉、百桃、清心堂

虔州出品：谷帘

洪州出品：双泉、金波

杭州出品：竹叶清、碧香、白酒

苏州出品：木兰堂、白云泉

明州出品：金波

越州出品：蓬莱

润州出品：蒜山堂

湖州出品：碧澜堂、霅溪

秀州出品：月波

10. **四川名酒**：

成都府出品：忠臣堂、玉髓、锦江春、浣花堂

梓州出品：琼波、竹叶清

剑州出品：东溪

汉州出品：帘泉

合州出品：金波、长春

渠州出品：蒲蔔

果州出品：香桂、银液

阆州出品：仙醇

峡州出品：重糜、至喜泉

夔州出品：法醹、法醽。

11. **荆湖名酒**：

荆南出品：金莲堂

鼎州出品：白玉泉

辰州出品：法酒

归州出品：瑶光、香桂

12. **福建名酒**：

泉州出品：竹叶

13. **广南名酒**：

广州出品：十八仙

韶州出品：换骨玉泉

14. **京东名酒**：

青州出品：拣米

齐州出品：舜泉、近泉、清燕堂，真珠泉

兖州出品：莲花清

曹州出品：银光、三酘、白羊、荷花

郓州出品：风曲、白佛泉、香桂

潍州出品：重酝

登州出品：朝霞

莱州出品：玉液

徐州出品：寿泉

济州出品：宜城

濮州出品：宜城、细波

单州出品：宜城、杏仁

15. **京西名酒**：

汝州出品：拣米

滑州出品：风曲、冰堂

金州出品：清虚堂

郢州出品：汉泉、香桂
随州出品：白云楼
唐州出品：淮源、泌泉
蔡州出品：银光香桂
房州出品：琼酥
襄州出品：金沙、宜城、檀溪、竹叶清
邓州出品：香泉、寒泉、香菊、甘露
颍州出品：银条清、风曲
均州出品：仙醇
河外府州出品：岁寒堂

周密《武林旧事·诸色酒名》所录南宋名酒：

御酒库出品：蔷薇露、流香
皇家宣赐御酒：宣赐碧香
三省激赏库出品：思堂春
殿司用酒：凤泉
祠祭用酒：玉练槌
临安市场名酒：有美堂、中和堂、雪醅、真珠泉、皇都春
浙西仓出品：皇华堂
浙东仓出品：爰咨堂
扬州出品：琼花露
湖州出品：六客堂
苏州出品：齐云清露、双瑞
淮东总领所出品：爱山堂、得江
江阃出品：留都春、静治堂
海阃出品：十洲春、玉醅
淮西总领所出品：海岳春

江东漕出品：筹思堂
秀州出品：清若空
越州出品：蓬莱春
镇江出品：第一江山、北府兵厨、锦波春、浮玉春
建康出品：秦淮春、银光
温州出品：清心堂、丰和春、蒙泉
严州出品：潇洒泉
常州出品：金斗泉
衢州出品：思政堂、龟峰
婺州出品：错认水
兰溪出品：谷溪春
秀邸出品：庆远堂
杨府出品：清白堂
吴府出品：蓝桥风月
杨郡王府出品：紫金泉
杨驸马府出品：庆华堂
张府出品：元勋堂
荣邸出品：眉寿堂、万象皆春
谢府出品：济美堂、胜茶

西湖老人《西湖老人繁胜录·酒名》所录临安名酒：

玉练槌
思春堂
皇都春
中和堂
珍珠泉
有美堂

雪腴

太常寺出品：和酒、夹和

马步司出品：小槽

皇家宣赐御酒：碧香

内库御酒：流香

殿前司出品：凤泉

供给酒

琼花露

蓬莱春

黄华堂

六客堂

江山第一

兰陵

龙游

藩葑府第酒：庆远堂、清白堂、蓝桥风月